눈부신 여성으로 다시 태어나라

눈부신 여성으로 다시 태어나라

초판 1쇄 인쇄 : 2010년 1월 10일 | 초판 1쇄 발행 : 2010년 11월 15일
지은이 : 헬렌 브라운 | 옮긴이 : 최호연 | 펴낸이 : 성무림 | 펴낸곳 : 도서출판 매일
주소 : 서울시 강동구 성내동 133-1 | 전화 : 02)2232-4008 | 팩스 : 02)2232-4009
출판등록 : 2001년 8월 16일(제6-0567호)

ISBN : 978-89-90134-56-1 03330

※ 잘못된 책은 구입처에서 교환해 드립니다.

사랑과 성공, 행복의 중심에 선
여성들의 바이블!!

눈부신 여성으로 다시 태어나라

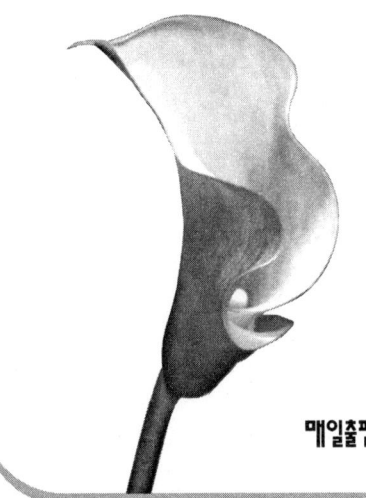

헬렌 브라운 지음
최호연 편역

매일출판

차 례

01 성격 테스트
WHO ARE YOU?

11

눈부신 여성으로 다시 태어나라/당신의 욕구/당신은 누구인가?/정열적인 사랑을 성취하고 싶다/바람직한 남성과 결혼하고 싶다/건강한 섹스를 즐기고 싶다/진실한 친구를 갖고 싶다/멋지고 세련된 여자가 되고 싶다/돋보이고 싶다/권태감을 벗어나서 이 세상을 좀더 신선한 기쁨으로 살고 싶다 — 즉, 당신은 이런 사람인 것이다.

02 사랑
LOVE

24

사랑이란 무엇인가/어디서 남자들을 만날 수 있는가/사랑의 묘약을 주사하라/사랑의 매커니즘/남자를 사로잡는 확실한 방법들/좀더 깊이 새겨둘 것들/서서히, 가볍게 진행하라/선물하는 여자가 되라/경험없는 젊은 여성의 함정들/사랑의 줄다리기/사랑의 장식품들/사랑, 그리고 불안……

03 결혼
MARRIAGE

왜 결혼하는가/어떻게 결혼할 것인가/누구와 결혼할 것인가/어떤 남자에게도 약점은 있다/아무도 말해주지 않았던 결혼생활의 이로운 점/열정적인 사랑이라고 해서 반드시 결혼으로 골인하는 것은 아니다/항상 남편 먼저/유머 감각이 필요하다/핑크빛 결혼을 유지하는 비결 등

04 친구
FRIENDS

친구를 갖는 것의 소중함/서로 주고받는 우정/친한 친구일수록 더욱 조심스럽게/돈과 친구/믿고 용서하라/실패자들, 그들은 당신의 기력을 소모시킨다/소외감, 가장 무섭고도 큰 병/적대적인 사람들에 대하여/친구의 애인/대화술, 귀담아 듣고 성실하게 얘기하라/초대와 방문 등

05 여성과 직업
WHY TO THE SUCCESS IN YOUR JOB
193

남성을 사로잡는 제일의 무기는 직업이다/출발이 중요하다/직장 일에 서툴다고 해서 너무 안절부절할 필요는 없다/가정 형편이 좋지 않다는 것이 일종의 자극제가 될 수도 있다/남들보다 우수한 당신의 소질을 개발하라/자부심을 가져라/대학졸업장이 그렇게 중요하지는 않다/우선 쉬운 일부터 등

06 용모
FACE AND BODY
248

여성과 미모, 그 선망의 허와 실/지성이 미모를 능가한다/개성적인 여자가 돋보인다/피부 관리/윤택하고 부드러운 머리카락/예쁜 발/화장/어떤 화장품을 쓸 것인가/화장품에 지불해도 좋은 정도의 값/향수/성형수술 등

07 의상
CLOTHES

패션은 생동하는 아름다움이다/의상은 출세의 도구가 아니라 출세의 보답으로 오는 것이다/돈을 쓴다는 것과 우아하다는 것은 전혀 다른 별개의 문제이다/개방적인 멋쟁이/새것은 빨리 사고 낡은 것은 빨리 버린다/액세서리/바겐세일을 재치 있게 이용하라 등

08 운동
SPORTS

운동은 생활의 일부이다/힘을 솟게 하고 기분을 상쾌하게 하는 운동/운동은 섹스에 도움을 준다/세상을 자신있게 살아가도록 하는 운동/타인을 위해서가 아니라 자기 자신을 위해서/좋은 자세를 유지하라/어떻게 시작할 것인가/운동의 효과 등

09 다이어트
DIET

여성과 체중/적게 먹는 것과 '실제로' 적게 먹는 것/일정한 페이스를 유지하지 않으면 안 된다/사람들은 당신의 다이어트를 도와주기를 꺼려한다/도중하차는 자기의 의지가 박약하다는 증거밖에는 되지 못한다/몇 가지의 제안들/피로와 건강은 다이어트의 적이다 등

10 사랑받는 여성을 위하여
HAVING IT ALL

누구나 대가를 지불하는 법이다/꽃향기를 음미하라/당신 역시 그곳에 한몫 끼일 수 있다/우리는 모든 것을 두려워한다/당신은 역경을 이겨낼 수 있다/시도해 보라/마지막 조언 17가지/많은 사람이 간 길로는 가지 말라 등

01 성격 테스트
WHO ARE YOU?

 눈부신 여성으로 다시 태어나라

당신은 멋진 여성이 될 수 있다. 당신은 많은 여성들이 선망해 마지않는 모든 것들을 소유할 수 있다. 마치 비너스가 해(海)의 물거품 속에서 탄생하듯이 당신은 눈부신 여성으로서 새롭게 변모할 수 있으며, 그리하여 마침내 주위로부터 사랑받는 여성이 될 것이다. 나는 이제부터 그것을 당신에게 설명하고자 한다.

어떤 사람은 내게 다음과 같이 반문할지 모르겠다 하지만 우리는 특별한 재능이 없으며 눈에 띌 만큼 예쁘지도 않고 지능지수가 월등하게 높거나 수준 높은 교육을 받지도 못했다. 또한 좋은 가문에서 태어났다거나 많은 유산을 물려받지도 않았다. 도대체 우리가 어떻게 그 모든 것을 소유할 수 있단 말인가?

그러나 내 생각은 이렇다.

'스스로 정열을 쏟기만 한다면 누구나 인생에서 보람을 느낄 수 있다.'

바로 내가 그런 사람이다. 나는 내 스스로를 위해서 많은 노력을 하고 있다. 17년 동안의 비서직을 거쳐서 현재의 뉴욕 「코스모폴리탄」 지(誌) 편집 책임자가 되기까지 나는 매일매일 노력해온 것이다. 출발할 때에는, 나 또한 당신처럼 아무것도 가진 것이 없었다.

그러므로 나는 말할 수 있다.

'당신도 할 수 있다'고. 당신은 깊은 사랑을 나눌 수도 있고, 멋진 남성과 결혼할 수도 있으며 또한 진실한 친구와 돈과 명예를 가질 수도 있고, 그 밖의 모든 면에서 삶에 대한 뿌듯한 만족감을 느낄 수도 있는 것이다.

이제 59살이라는 나이를 먹도록 살아오면서 겪어온 경험을 바탕으로 내가 충고해 줄 수 있는 한 모든 것을 당신에게 주겠다. 세상은 신나고 유쾌한 것이라는 것을 당신에게 말해 주고 싶다.

내 나이 또래의 많은 여성들이 스스로 폐물이라도 된 것처럼 우울증에 빠져 있을 때 나는 희열이 줄어들기는커녕 점점 증가해가는 것을 느끼며 살고 있다. 나는 아침마다 넘치는 행복감에 도취되곤 한다. 나는 이런 행복감을 당신과 함께 나누고 싶다.

만일 당신이 무언가 좋은 일이 일어나기를 애타게 갈망하고 있으며, 또한 그런 일을 찾아 나설 용기를 가지고 있다면 나는 당신의 도움이 될 수 있으리라 믿는다.

몇 가지의 설문을 던지겠다. 내 책과 내 경험과 내 능력이 당신에게 도움이 되려면 당신과 내가 서로 유사한 존재인지 아닌지를 알아볼 필요가 있기 때문이다. 그러니 당신의 욕구가 나의 욕구와 같은지를 확인하고서 시작하기로 하자.

당신의 욕구

- 정열적인 사랑을 성취하고 싶은가?
- 바람직하고 멋진 남성과 결혼하고 싶은가?
- 건강한 섹스를 즐기고 싶은가?
- 진실한 친구를 갖고 싶은가?
- 자기가 하는 일에 만족감을 느끼고 싶은가?
- 멋지고 세련된 여자가 되고 싶은가?
- 돋보이고 싶은가?
- 날씬해지고 싶은가?

- 많은 돈을 벌고 싶은가?
- 가족들에게 도움을 주는 존재가 되고 싶은가?
- 자질구레한 걱정들로부터 해방되고 싶은가?
- 권태감을 벗어나서 이 세상을 좀더 신선한 기쁨으로 살고 싶은가?

위의 질문에 대해서는 당신이 "그렇다!"라고 대답했다면 지금부터 내가 하려는 조언은 당신에게 도움이 될 수 있을 것이다. 하지만 여기 또 하나의 테스트가 남아 있다. 나는 욕구뿐만이 아니라 성격이나 인생관이 나와 같거나 비슷한 사람만을 도울 수가 있다 그래서 나는 당신이 누구인지를 알고 싶다. 아래의 설문에 "예스" 또는 "노우"라고 대답해 주기 바란다.

당신은 누구인가?

1. 당신은 영리하다.

당신은 지식인이나 대단한 학자는 아닐지 모르지만 그들 못지않게 세상일에 밝다. 숲속의 작은 동물처럼 당신은 기민하고 민첩하며 적응력이 강하다. 요컨대 당신은 세상 돌아가는 이치를 알고 있다. 당신은 소위 올바른 상식이라는 것을 가지고 있다. 그리고 그것이 당신 자신에게는 너무나 당연한 것처럼 생각되며 다른 사람들도 모두 상식을 가지고 있다고 생각한다.

2. 특정분야에서 당신보다 뛰어난 사람들이 있지만 당신은 당신의 분야에서는 그들에게 결코 뒤떨어지지 않는다는 것을 알고 있다.

우선 당신은 머리가 좋고 유명하며 부유하고 또 사회적으로 성공하여 당신보다 나은 위치에 있는 사람들을 만나게 되면 몹시 우울해진다. 그러나 그들을 다시 한 번 만나게 되거나 그들과 오랫동안 같이 있게 되면 당신은 그들이 과연 당신보다 그토록 뛰어난 사람들인가? 하고 회의를 느끼게 된다.

3. 당신은 거의 광적이다 싶을 만큼 감각이 예민하다. 즉 직감적이다.

당신은 당신 자신이 어떤 남자에게 푹 빠져 들어가고 있는지 아닌지를 즉각적으로 깨닫는다. 그리고 다른 여자들이 그런 경우에 처했을 때도 그것을 즉시 알아챈다. 어떤 사람이 바보짓을 하여 남의 웃음거리가 되고 있으면 당신은 몹시 괴로워한다. 그것은 당신이 대단히 인정 많은 사람이라서 그런 게 아니고(설령 그렇다 하더라도) 다른 사람들이 그것을 보고 느끼는 감정을 당신도 똑같이 느끼고 있다는 사실 때문이다. 일시적으로나마 당신도 평범한 사람들과 다를 바 없는 사람이 아닌가 생각되기 때문이다.

어떤 남자가 당신이 아닌 다른 여자를 깊이 사랑하고 있을 때 당신은 그것을 곧 알아차린다. 그리고 그것 때문에 당신은 몹시 기분 나빠 한다. 당신은 파티가 어쩐지 어색해지는 경우에 즉시 그것을 감지한다. 그리고 판매고가 떨어질 것 같다든지, 당신이 해고당할 것 같다든지, 또는 당신이 누군가를 처음 만났을 때 그 사람이 당신에게 호감을 갖고 있는지를 즉시 알아차린다.

그 밖에도 어떤 사람이 슬픈 일을 당했거나 기쁜 일을 맞았을 때 그 사람이 그것들에 대해 이야기를 하고 싶어 하는지 아닌지를 즉시 알아차린다. 한마디로 말하지만 이렇다. 즉 당신의 감수성의 솜털은 민들레의 그것처럼 항상 예민한 반응을 보이고 있는 것이다.

4. 전화로 한 마디만 들어보면 당신은 그 사람이 어떤 사람인지를 곧 알아차린다.

통화를 하면서 당신은 저 편에 있는 사람은 결코 당신을 도와 줄 수 없다는 것을 감지한다. 다른 사람들은 몇 분 동안 걸려서야 이러한 것을 깨닫지만 당신은 즉시 알아차린다.

5. 감각이 예민한 반면 당신은 몹시 침착하지 못하기도 하다.

당신이 차를 끌고 주유소에 들렀을 때 우연히 두 곳의 기름 탱크 앞에 모두 차가 한 대씩 있었다고 하자. 그리고 종업원도 각각 한 명씩 서 있었다고 하자. 한 쪽의 차는 이미 안의 뚜껑이 열려 있고 다른 쪽의 차는 아직 열려 있지 않다고 하면 논리적으로 생각해 볼 때 뚜껑이 열려 있는 차가 당연히 먼저 급유를 마쳐야 한다. 당신도 그것은 잘 알고 있다. 그런데 뚜껑이 열려 있는 차의 주위에 서성거리고 있는 세 사람—종업원, 차의 주인, 그리고 그의 어린 아들—의 모습을 보고 당신은 그들이 곧 말다툼을 할 것 같은 예감을 갖게 된다. 그래서 당신은 뚜껑이 열려 있지 않은 차의 뒤쪽에 가서 기다리는 게 빠르겠다고 추측하며 그 쪽으로 간다. 다른 사람들의 경우에는 거의 그런 생각을 하지 못한다. 하지만 당신에게 있어서는 예측을 잘못하여 늦게 끝나는 차 뒤에 서서 시간을 허비한다는 것은 거의 참을 수 없을 만큼 울화가 치미는 일이라서 그런 식으로 초조하게 생각을 많이 한다.

6. 당신은 겸손하다

비록 당신이 어느 정도의 매력과 재능을 가지고 있다는 것을 스스로 인정은 하지만 당신 입으로 직접 그러한 것들을 과시하지는 않는다. 당신은 당신이 가지고 있는 것을 굳이 나타 내 보이려 하지 않는다.

7. 당신은 질투라는 것을 모른다

이 말을 다른 식으로 이야기해 보자. 나이가 90이 되도록 교도소에 수감되어 본 적도 없고 병에 걸리지도 않았으며, 한 번도 법률적으로 기소된 적이 없는 사람들에게서 당신은 어떤 훌륭한 기질 같은 것을 느낄 수가 있을 것이다. 당신은 당신도 그런 기질을 가졌으면 하고 바라기만 한다. 그들과 당신과의 사이에 존재하는 차이점을 보고 당신이 느끼는 감정을 묘사할 만한 용어가 아직 마련되어 있지 않다.

8. 당신은 이타적이기 보다는 이기적이다.

당신을 보고 이상주의적인 사람이라고 말한다면 그것은 정확한 표현이 못 된다. 당신은 당신이 원하는 어떤 것을 얻을 수 있기 전까지는 산아제한을 위해 인도에 간다거나 인권시장을 위해 리야드에 갈 만큼 미치광이는 아니다.

9. 당신은 감미롭고 자연스러운 섹스 능력을 가지고 있어 그것으로부터 무한한 쾌락을 얻는다.

당신의 내부에 깊이 감추어진 이 성욕은 다른 사람의 눈에는 쉽사리 드러나지 않는다. 다른 사람들이 볼 때 당신은 전혀 그럴 것 같지 않지만 성욕은 당신의 내부 깊숙한 곳에서 꿈틀거리고 있다.

10. 당신은 특이한 존재이고 또 남과 다르다는 사실을 부끄러워하지 않는다.

당신은 강철로 만든 스웨터를 입고 잘 수도 있고, 새벽 4시에 진공청소기로 청소를 할 수도 있으며, 손가락으로 샐러드를 집어먹을 수도 있다. 그것은 당신에게 나름대로 따라야 하는 숭배의식이 있기 때문이 아니고 단지 스스로 다른 사람의 복사판이 되고 싶지가 않기 때문이다.

11. 당신은 여러 가지 일들을 한꺼번에 수행할 수 있다.

당신은 직업, 사랑, 결혼을 전제로 한 사랑, 친밀한 교우관계 등에 있어서 여러 가지 것들을 동시에 할 수 있다. 당신의 마음은 항상 현재로부터 앞질러 달려가며 이 시간이 지나면, 아니 오늘이 가면, 그리고 이번 주가 지나면, 하고 생각하며 기대하고 있다. 가끔 당신은 쉬기도 하지만 쉬지 않는 시간에는 그런 일들을 모두 한꺼번에 처리한다. 당신은 어떤 행동에 깊이 빠져 있을 때도 있지만 마음은 항상 다음 행동을 생각하고 있다. 앞일을 생각한다는 것은 이른바 준비성이 좋다는 것으로써 바로 당신이 그런 사람이다.

12. 당신에게는 저돌적인 추진력이 있다

당신은 겉으로는 순해 보이지만 이러한 맹렬함이 숨겨져 있어 계획을 앞에 두고 포기하는 경우는 전혀 없으며, 또 그 계획에 더 많은 것을 포함시키고 싶어한다.

당신은 육체적으로는 다른 사람보다 강하지 못하다. 당신의 추진력은 정신에서 나오는 것이다. 사람들 중에는 간혹 육체적인 힘이 부족해 어떤 일을 밀고 나갈 수 없다고 말하기도 한다. 하지만 추진력이라는 것은 육체적인 힘에서 나오는 것이 아니다. 적당히 먹고 충분한 수면을 취하며 운동을 게을리 하지 않는다면 당신에게는 항상 정력이 넘쳐흐른다. 추진력이 없는 사람은 그 정력을 사용할 수 있을 만큼 정서적으로 조화가 되지 못한 사람이다. 당신도 전에는 그런 사람이었을지 모르지만 지금은 이 신기하고 저돌적인 추진력이 점차적으로 내부에서 성장해가고 있다.

13. 당신은 매일매일의 사소한 일에는 거의 미칠 정도로 초조해 하지만 앞으로의 긴 시간에 대한 계획에는 강인한 참을성을 가지고 있다.

당신은 하루아침에 성공하길 기대하지 않는다. 여덟 주일 동안 쉬지 않고 준비한 당신의 일이 실패했을 경우라 하더라도 당신은 그다지 크게 충격을 받지는 않는다. 그럴 때 당신은 실망을 마음속에 새기며 다음 계획에 착수할 것이다.

당신은 그 실망을 차분하게 감출 줄 안다.

14. 당신은 가끔 상심하기도 한다.

당신은 거의 형언할 수 없을 정도로 괴로운 고통을 견디어 낼 줄 안다. 당신은 그이가 다른 여자와 함께 있는 것을 보고 너무나도 충격을 받아 당신 자신이 다시는 웃지도 않을 뿐더러 입을 벌려 말을 하지도 않을 것이라고 확신한다. 남자 때문에 당신이 마음의 상처를 입는 정도는 끝이 없지만 또한 당신에게는 다른 일로도 마음에 상처를 입은 경험이 허다하다. 당신은 가끔 이렇게 고통을 겪지 않고도 잘 살아갈 수 있는 방법은 없을까 하고 생각해 본다. 하지만 그것은 동전의 한 쪽 면일 뿐이다. 다른 쪽 면, 즉 좋은 면은 당신에게 책임감과 사랑할 능력이 있다는 것을 보여주는 것이다.

15. 당신은 아무 일에나 태평스러워하질 못한다.

"그것은 정말로 중요한 게 아냐, 정말로 아냐!" 직장의 일, 그리고 주말의 계획 등에 차질이 생겼을 때 혼자서 이렇게 중얼거린다. 당신은 슬픔에 대해서는 좀더 선택할 줄 알아야 한다. 하지만 당신에게는 중요하지 않은 일이라고는 하나도 없다.

16. 당신은 매우 자의식이 강하다

당신은 자신이 다른 사람들과는 어딘지 다르다고 믿고 있다. 그래서 당신은 누구도 닮고 싶지 않다. 지금의 당신이 좋은 상태이든 나쁜 상태이든 자기의 줏대를 버려 가면서까지 우왕좌왕하며 남을 모방하려고 덤비지는 않는다. 당신은 다만 자기의 약간 거칠어 보이는 피부를 좀더 좋게 보이려는 노력을 하는 정도이지, 설사 카트린느 드느브의 피부라해도 다른 누군가의 것과 자기의 피부를 바꾸고 싶어하지는 않는다. 즉 당신은 강한 사람인 것이다.

17. 당신은 이상과 같은 것들을 모두 원하면서 그렇게 되기 위해 치러야 할 대가를 기꺼이 치르고 싶어한다.

당신은 가슴속 깊이 만족감을 느끼고 싶어할 뿐만 아니라 물질적인 축복도 받고 싶어한다. 당신은 인생이 빈약하고 무미건조하기 보다는 푸짐하고 풍성하기를 바라지만 — 이러한 소망은 당신을 몽상가나 이상주의자와 구별해 준다 — 당신이 원하는 것이 별로 대가가 크지 않다는 생각이나 하면서 시간을 헛되이 보내지는 않는다. 당신은 당신이 원하는 인생을 위해 치러야 할 대가가 다름 아닌 일이라는 것을 알고 있다. 열심히 일하라! 열심히 일을 하지 않고는 좀더 나은 인생을 바랄 수 없다는 것을 당신도 잘 알고 있다. 당신이 그러한 인생을 살기 위해서는 스스로 열심히 일을 해야 한다는 걸 분명히 인식하고 있다.

위에 적은 17개의 설문 중에서 최소한 10개 이상의 항목에 "그렇다!"라고 대답했다면 당신은 나와 같은 사람이다. 비록 5개의 항목에만 긍정적인 대답을 했다 해도 나는 당신을 도울 수가 있다고 믿는다.

자, 이제 우리의 길을 떠나자. 여행이 시작되는 것이다. 나는 당신을 환희에 찬 인생의 여정으로 인도하는 등반 안내자이다.

모든 아름다운 여행은 가볍게 출발하는 것으로부터 시작된다. 우리의 출발도 그렇다. 우리의 행장은 가볍고 기분은 가뿐하다. 발걸음엔 탄력이 넘치고 있으며 미지의 산봉우리와 계곡들에 대한 기대와 예감으로 우리는 가벼운 흥분을 느낀다.

먼저 우리가 가장 갈구해 마지않는 사랑에 대한 이야기로부터 시작하기로 한다. 준비되었는가?

02 사랑
LOVE

사랑이란 무엇인가?

사랑에 대해서는 위대한 문학자들과 철학자들이 수많은 정의를 내렸기 때문에 어느 누구도 지금까지 내려져 있는 정의보다 더 독창적이고 심오한 말은 할 수 없을 것이다.

호머, 셰익스피어, 스탕달, 괴테, 톨스토이, 플로베르 등등 모두가 사랑에 대해 한 마디씩 했다. "인간은 사랑할 때만큼 고통에 대한 방어력이 약해지는 때도 없다.", "사랑은 모든 열정 중에서도 가장 강렬한 것이다. 왜냐하면 그것은 머리와 가슴과 감각을 동시에 공격하기 때문이다", "사랑이란 인간의 지혜로는 결코 정복할 수 없는 인간적인 감정이다" 등등 수도 없이 많다.

또한 사랑의 룰도 상호 모순되는 것들이 많다. 혹자는, "사랑하는 자를 위해 모든 것을 다 주어라. 그러면 이길 것이다"고 말하는가 하면 또 다른 사람들은 그와는 상반되는 룰을 주장하기도 한다. 다음의 룰이 당신에게 옳다고 느껴지는가 생각해 보라.

1. 사랑이란, 일단 시작되면 터널을 통과하는 기차와 같다. 이미 예정된 코스가 있기 때문에 달리 통제하려고 해도 아무 소용이 없다. 어쨌든 기차는 그 터널을 통과하기 마련이니까.
2. 대개의 경우 여자보다 남자가 사랑에 약하다.
3. 남자는 가장 멋진 밤을 지내고 나면 완전히 달라져서 도망쳐 버린다. 적어도 몇 달 동안은.
4. 남자가 전화하지 않는 이유는 그가 원치 때문이다.
5. 무책임해 보이는 남자라고 해서, 또는 혐오스럽게 보이는 남자라 해서 깊이 사랑하지 못한다는 법은 없다.
6. 사랑 때문에 시련을 겪는 정도는 남자가 여자보다 훨씬 심하다. 그리고 그런 사람이야말로 실패자가 아니라 참된 승리자인지도 모른다.
7. 사랑에 실패하는 것에 비할 만한 고통은 없다.

8. 사랑이란 변하는 것이다. 당신은 당신을 화나게 했던 사람을 사랑하게 될지도 모른다. 또 반대로 당신이 흠모하는 사람이 거꾸로 당신을 혐오할 수도 있다.
9. 당신이 다시 사랑에 빠졌을 때 당신의 어떤 것이 새 애인을 고통스럽게 할 수도 있다.
10. 두 사람 중 어느 한 사람이 보다 더 깊이 사랑하게 마련이다.
11. 로맨틱한 사랑만이 가장 좋은 것은 아니다. 어느 면에서는 로맨틱에 대한 고집이야말로 비정상적인 것이다.
12. 어쨌든 사랑이란 우리가 누릴 수 있는 최상의 기쁨을 준다.
13. 사랑을 하는 것보다 더 사람을 잘 알 수 있는 길은 없다.

때로는 고통, 때로는 환희를 가져다주는 사랑이란 저절로 당신에게 떨어지는 것은 아니다. 자기 스스로 사랑의 신호를 보내지 않으면 사랑은 일어나지 않는다. 예컨대 아내에게서부터 떨어져 나가고 싶은 유혹을 느끼는 남자는 이미 다른 여자를 유혹할 소지가 있다. 왜냐하면 그는 사랑의 신호를 보내고 있기 때문이다. 자기 가게의 문을 꼭 닫아 놓으면 설사 다른 사람의 신호와 마주친다 하더라도 그걸 알지 못하고, 따라서 자기 자신의 신호를 보낼 수가 없어진다. 비록 사랑이라는 가게 문을 활짝 열어 놓는다 하더라도 사랑이 당신을 비켜 지나갈 수도 있다. 그러나 당신의 신호가 분명하기만 하면 반드시 사랑은 당신을 찾아올 것이다.

"총으로 남자를 잡을 수는 없다"는 말도 있긴 하지만 방안에 들어앉아 고전소설이나 읽으면서 어떤 남자가 자기를 발견해 주기만 기다린다는 것 또한 있을 수 없는 일임에는 틀림없다.

적극적으로 찾아 나서야 한다.

 어디서 남자들을 만날 수 있는가?

당신과 로맨스를 즐길 남자를 만나는 방법에는 우선 두 가지가 있다. 너무나 일상적인 것이긴 하지만, 친구의 소개와 자기 자신의 힘으로 남자를 발견하는 것이다.

파티 같은 곳에서 적극적으로 신호를 보내는 여자도 많이 있지만 보다 개인적으로 적극적인 방법을 시도하는 여자들도 있다. 남자들이 모여 있는 곳에 나타나는 것만으로 일이 해결되는 것은 아니다.

가장 중요한 것은 상대의 관심을 끄는 것이다. 이때 가장 효과적인 것은 말을 거는 것이다. "여기서 도서관(공항, 또는 우체국)으로 가는 가장 빠른 길은 어딘가요?" "이 접시 좀 들어 주시겠어요?" 등등이다.

  상대방이 응답하지 않으면 그것은 그가 비우호적이라서가 아니라 단지 대화의 내용이 보다 개인적이지 못하기 때문이다. 그럴 경우에는 화제를 돌려 다시 시도하라.

  그 다음에는 첫마디에서 반응을 얻었다 하더라도 대화를 계속시키는 것이 중요하다. 이것이야말로 두번째의 도전인 것이다.

  남자들과 자연스럽게 어울릴 수 있고 쉽사리 관심을 끌 수 있는 장소로는 다음을 열거할 수 있다.

- 운동 경기장 : 테니스장, 핸드볼 경기장, 야구장, 수영장 등.
- 도서관 : 법률, 의학, 문학 등 모든 분야. 특히 대학교 도서관, 거기서 남자들에게 질문을 하라. "여기가 중세사(中世史) 목록실입니까?"
- 미술관이나 화랑 : 항상 주위를 살피고 남성들 곁에 서서 감상하라.
- 조금 소란한 술집.
- 극장이나 음악회장.
- 서점 : 옆에 있는 남자에게 당신이 원하는 책이 어디 있는지 물어보라.

◈ 교회나 교회의 성가대에 참여하면서.
◈ 정치적인 캠페인 장소.

이상이 남자들을 만날 수 있는 곳이다. 우선 그곳으로 가라.

 사랑의 묘약을 주사하라

하필이면 왜 그 사람인가? 아마 그 사람보다 더 멋진 사람들은 당신의 사랑의 화살을 받지 않았기 때문이다. 모든 사람은 다 사랑의 화살을 서로에게 쏜다. 어떤 사람이 다른 사람에겐 피노키오처럼 보이지만 당신에게는 천하 없는 미남처럼 보일 때 당신은 사랑의 주사를 맞은 것이다.

내가 말하는 것은 큐피드가 사랑의 화살을 쏘는 것이 아니라 당신이 사랑의 약으로 주사한다는 것이다. 그처럼 우리는 서로 주사한다. 그러나 우리 스스로 자신에게 주사할 수는 없다.

당신의 사랑의 약은 다른 사람에게 주사하도록 만들어졌다.

어떤 사람은 여러 번 주사한다. 그런가 하면 어떤 사람은 단 한 번 주사하고도 금방 시들어 버린다.

이성적으로 매우 적합한 남자라도 감상적으로 매력을 느끼지 못할 경우도 있다. 우리는 다만 사랑을 느끼는 사람에게만 큐피드의 화살을 쏜다.

내 친구 다이안은 어린아이같이 천진한 남자들에게만 매력을 느낀다. 또 다른 친구인 린다는 동양적인 남자를 좋아한다.

일생에 오직 단 한 번만 사랑의 묘약을 주사하는 경우를 나는 상상할 수가 없다. 그처럼 너무 신중한 사람은 사실은 많은 점에서 낭비하고 있는 것이다.

그러므로 끊임없이 사랑의 묘약을 주사하라. 이것은 진리이다. 그렇지 않으면 당신은 언젠가 꼭 후회하게 될 것이다. 사랑의 묘약을 주사하라.

사랑의 메커니즘

그렇게 해서 당신은 드디어 남자들과 사귀게 된다.

먼저 당신 자신이 그에게 어떻게 더 잘 돋보일 수 있는가에 대해서 얘기해 보자. 최근의 인구조사에 의하면 남자 숫자보다 여자의 숫자가 훨씬 더 많다. 더구나 그 적은 숫자의 남성 중 상당수는 당신이 쳐다보기도 싫어하는, 즉 알코올

중독자이거나 죄수이거나 기타 불성실한 사람들인 것이다. 그러니까 우리 여자들에게는 아주 불리한 데이터라 하겠다.

우리 여자들은 아주 많고 남자들은 적은 숫자 속의 사람뿐인 것이다.

그래서 현명한 여자들은 때로는 아주 어린 대상을 찾기도 한다. 그들은 아직 미숙하므로 당신이 보다 쉽게 사랑을 획득하게 될지도 모른다. 그러나 나이 지긋해진 여자로서라면 당신의 남자 고르기가 흡사 아파트 고르기와 비슷하다는 사실을 알게 될 것이다.

당신이 마음에 꼭 드는 아파트를 사려고 하면 그 아파트는 언제나 당신이 가진 돈보다 비싸다. 당신이 사랑하고 사랑받고자 하는 남자들도 당신의 지불 능력보다는 대개 비싸게 마련이다. 그러므로 당신은 그 지불 능력을 보강할 필요가 있다.

 남자를 사로잡는 확실한 방법들

- 시간을 꼭 지켜라. 여자들은 시간을 잘 안 지키는 동물이다.
- 상대방에 대한 칭찬에 인색하지 말라. 칭찬은 아무리 많

이 써도 지나치지 않다. 그가 입고 있는 옷, 그의 취미, 그가 기르는 개, 그의 요리 솜씨, 그의 가족 등등 칭찬의 재료는 무궁무진하다.

- 특히 파트너의 두뇌를 칭찬하라. "정말 멋진 생각이군요." "그거야말로 완벽한 해결책이군요." 하는 말들은 마술적인 효력을 지닌다.
- 상대방의 모든 것, 즉 그가 마시는 술, 그가 알고 있는 옷의 상표, 심지어는 그가 담배를 붙이는 모습 등에 이르기까지 주의를 집중하라. 특히 교제의 초기 단계에서는 말을 많이 해서는 안 된다.
- 남자들은, "당신에 대해 이야기해 주시요"하고 말을 자주 하지만 결코 그대로 응하지 말라. 당신이 누군가는 사귀는 동안 차츰 알려지게 될 테니까. 한곳에 앉아서 자기의 지나온 과거를 다 이야기한다면 당신은 마침내 화제가 궁해지고 말 것이다.
- 상대방의 생활을 완전히 탐사하라. 그가 하는 말, 그의 가족, 친구 관계 등은 물론 탐사의 대상이 된다. 남자는 자기의 지나온 과정─대학생활, 친구관계, 여름휴가 등─을 이야기하길 좋아한다.
- 특히 남자가 교제 기간에 들려준 이야기들을 기억해 두었다가 다시 그에게 물어보든가 하는 것도 퍽 중요하다. 그가 언젠가 한 이야기를 다시 그에게 들려준다면 그는

아마 기분이 우쭐하여 기절할지도 모른다.
- 남자의 이야기 듣기를 잘하라. 이것이야말로 상대를 끌어당기는 최상의 무기이다. 다소곳이 앉아서 총명한 눈을 뜨고 상대의 이야기에 빠져드는 듯한 모습은 당신을 가장 지적인 인물로 돋보이게 할 것이다. 게다가 그것은 섹시한 모습으로 비칠 수도 있다.
- 만일 당신이 어떤 남자와 사랑을 하고 있다면 결코 그를 싫증나게 해서는 안 된다. 만약 차를 타고 가는데 그가 솔트Ⅱ(전략무기 제한 회담)에 관해 다소 지루하게 이야기한다고 하자. 마침 차가 당신이 어릴 때 살던 집 앞을 지나더라도 결코 그의 이야기를 중단시켜서는 안 된다. (만약 그가 건축가일 경우엔 "저 집이 내가 살던 집인데 어때요?" 하고 물어도 좋을 것이다.) 남자들은 가끔 엉뚱하게도 일방적인 경우가 있다. 그러나 당신은 그렇게 해선 안 된다.
- 당신 파트너의 전 아내나 현재의 아내, 혹은 걸 프렌드를 경멸하지 말라. 강한 자는 약자에 대해서는 항상 좋은 이야기를 하는 법이다. 비판하는 것은 당신의 불안정을 보여 줄 뿐이다.
- 상대와 논쟁하지 말라. 당신은 남자와 논쟁할 수도 없고, 또 결코 논쟁해서는 안 된다. 차라리 고양이하고 논쟁하는 편이 낫다. 전화하는 것과 논쟁하는 것—이 두 가지만 통제할 수 있다면 당신은 이긴 것이 된다.

- 상대방에게 무슨 이야기를 할 것인가에 신경을 써야 한다. 친밀해지고 싶은 나머지 무슨 일이든지 정직하게 이야기하는 것이 과연 효과적인가는 곰곰이 생각해 보아야 할 것이다.
- 잡담하기 위해서 전화하지 말라. 당신이 완성한 주말 계획을 전해주기 위해서이거나 그가 당신에게 전화하기를 요청하기 위해서라면 그건 좋다. 그러나 당신이 외롭기 때문에 하는 필요없는 전화는 삼가라.

"나는 지금 당신을 생각하고 있었어요"라든지, "당신이 무얼 하고 계시는지 궁금해서 전화하는 거예요"라는 식의 전화는 손해를 보게 될 것이다.

 좀더 깊이 새겨둘 것들

남자의 친구들에게 잘해 주도록 하라. 친구들이란 남자에게는 신성한 존재이다. 싫어하는 사람이라 하더라도 아름답고 공정하게 대하도록 노력하라.

그가 보는 앞에서 결코 남을 비판하지 말라. 당신 파트너에게 아이가 있다면 그 아이들은 그이의 인생의 영원한 한 부분이 된다. 될 수 있는 한 아이들과 잘 사귀도록 하라. 처음부터 그 아이들이 당신을 좋아할 리야 없겠지만 당신의 노력 여하에 따라 사태를 얼마든지 호전시킬 수 있다.

가능한 한 당신의 파트너가 당신에게 즐기라고 소개한 것들을 즐기도록 하라. 물론 마약이나 그룹 섹스, 도박 등 도덕적으로 용납할 수 없는 것들은 거절해야 한다. 내가 이야기하는 것은 어디까지나 건전한 쾌락을 말한다. 음식점이나 박물관, 서적, 영화, 스포츠, 보트타기 등이야말로 얼마나 건전한 놀이의 대상인가.

할 수 있는 한 그가 제의하는 것은 무엇이든지 해보도록 하라. 그가 당신에게 어울리겠다고 말하는 드레스를 입고 그의 느낌을 물어보라. 즐거운 미소가 그의 얼굴을 감쌀 것이다.

서서히, 가볍게 진행하라

사랑은 꽃이 피는 것과 같이 서서히 준비하고 진행해야 한다. 급한 것은 금물이다.

토요일 같은 날은 당신의 파트너에게서 몇 시간을 얻어내도록 하라. 그리고 그 시간을 기억할 수 있도록 준비하라.

같이 가볼 곳은 많이 있을 것이다. 사진전람회, 고즈넉한 거리를 산보한다거나 프랑스 영화, 이탈리아 영화감상, 쇼핑 등등 무드를 살릴 만한 곳은 많이 있을 것이다.

물론 그 몇 시간에 섹스를 가질 수도 있으나 그리 중요한 게 아니다. 중요한 건 그 시간을 즐겁게 보내는 것이다. 그리고 그 일에서 당신은 얼마든지 이니시어티브를 잡을 수 있다.

남자를 놀래게 해서는 안 된다. 정중하고 은근하게 그리고 매력적으로 행동하되 결코 지나치게 섹시한 모습을 보여서는 안 된다. 사랑은 가볍고 자연스럽게 시작되고 진행되어야 한다. 토요일에 서너 시간씩 데이트를 하는 대신 갑자기―물론 어느 정도 사귄 지가 오래되었다 하더라도―해변 비치 하우스로 주말여행을 떠나자고 제의하는 것은 지나치게 섹스를 염두에 둔 발상으로 이해되기 십상이다.

당신의 파트너는 어쩌면 당신과 단 둘이 48시간 동안이나 사방 벽 안에 갇혀 마주보고 있기를 싫어할지도 모른다. 그건 너무나 정도가 지나친 일이 될 수도 있다. 남자란 섹스를 추구하는 일에 있어서는 아직도 연약한 편이다. 억지로 남자에게 당신이 여자임을 접근시키지 말라.

사랑을 무르익게 하기 위해서는 약간의 이별도 효과적이다. 거기다 사랑스럽고 섹시한 메모들이 오가면 금상첨화격이 될 것이다. "지난밤엔 정말 즐거웠어―사랑하는 ○○으로부터", 이러한 쪽지를 당신의 남자가 머무는 호텔로 보낸다고 생각해 보라. 이와 같은 섹시한 메모는 파트너로 하여금 주말에 꼼짝 못하고 당신과 함께 비치하우스에서 섹스를 하자는 것과는 전혀 다른 상쾌감을 준다.

멀어진다는 것은 무척 싫은 일이나 전송하거나 환영하러 가는 일은 무척 아름다운 일이다. 그이가 오는 것에 대비해 방안의 촛불을 밝게 하고 샴페인을 차게 해두는 일은 얼마나 아름답고 가슴 설레는 기대인가.

또한 비록 어느 정도 가까운 사이가 되었다 해도 다음과 같은 말들을 성급하게 해서는 안 된다.

"당신은 내 일생에 커다란 영향을 미쳤어요!"

"당신은 나의 일생을 바꾸어 놓았어요!"

지금까지 내가 한 모든 이야기들을 발랄하고 제멋대로 하고 싶어하는 아가씨들은 마음에 들지 않을 것이다. 물론 나의 충고에 반대되는 행동을 해도 좋겠지만 그건 어디까지나 진정으로 사랑하는 사람들이 취할 태도는 아닌 것이다. 여자가 남자와 똑같이 동등한 입장에서 뭐든지 하고자 하는 행동은 자칫 자기 자신을 값어치 없게 보이게 할 뿐 아니라 때로는 결코 사랑을 성공시키기 어려운 길로 접어들게 하기가 쉽다. 사실 나도 다른 여자들이 써 놓은 것처럼 약삭빠르고 여우같은 행동을 하고 싶은 충동이 일어나지 않는 것은 아니나 결국엔 그 충동을 씻어 버린다. 그건 나 자신만을 구하는 게 아니라, 나와 상대방, 그리고 주위의 모든 사람을 구하는 길인 것이다.

 ## 선물하는 여자가 되라

우정이나 애정이 깊어 가면 선물을 하는 것이 상례이다. 비록 가난하다 하더라도 될 수 있는 한 어릴 때부터 선물하는 습관을 길들이도록 하라.

메달, 포스터, 책, 무언가 재미있거나 오래된 것들이 들어 있는 상자 같은 것을 그이를 위하여 선물하라.

대부분의 여자들은 자기가 사랑하는 사람에 대한 최고의 궁극적인 선물은 자기 자신이라 생각하는데 이는 잘못된 생각이다.

물론 그이에 대한 당신의 사랑이 궁극적인 선물이 될 수도 있다. 그러나 당신이 그에게 같이 침대로 가게 허락해 주었으니까 더 이상의 다른 선물은 필요없다고 생각한다면 그것은 낡아빠진 사고방식이므로 영원히 당신의 머리에서 지워버려야 한다.

비록 침실에서 그이가 당신에게 완전히 매료된다 하더라도 그것과 선물은 별개이다.

선물은 선물 나름으로 그이의 모든 것을 사랑하고 귀중하게 생각한다는 표시인 것이다.

그이의 모든 것—몸, 얼굴, 머리, 가슴, 정신 하나하나를 대상으로 하여 당신은 거기에 알맞은 선물을 할 수 있기 때문이다.

사랑이란 상호간에 모든 것을 주고받는 상대적인 행위라 할 수 있다. 어떤 남자가 당신에게 무언가를 해주면 당신도 그에 상응하는 것으로 되갚아 주는 것은 지극히 당연하다. 만약 이러한 상호작용이 없다면 그런 남자와의 관계는 끊는 것이 낫다.

완전한 선물을 찾는 일은 무척이나 어렵다. 상대방의 취미나 기호를 다 파악해야 하기 때문이다.

일반적으로 남자들은 꽃을 받기를 무척 좋아한다.

낚시, 드라이브, 사냥, 음악, 미술, 술 등 남자들의 관심분야는 함정이 없다.

카스테레오가 있는 남자에게 카세트를 선물하거나, 보고 싶어하는 극장의 표를 사는 일 등은 언제나 훌륭한 선물감이 된다.

무엇보다도 선물은 남자의 스타일과 개성 및 관심분야 등을 고려하여 선택해야 한다.

 경험 없는 젊은 여성의 함정들

 남자를 어린아이로 생각하여 귀여워하고 응석을 받아 주는 일은 섹시하고 사랑스러운 행위라 할 수 있다. 또한 그의 건강을 걱정해 주는 일도 마찬가지이다.

 나는 이런 경험을 늦게야 배우게 되었다. 내가 일찍 사귄 남자 중의 한 사람은 위궤양을 앓고 있었다. 그는 항상 내가 무엇이든지 잘 먹는 걸 알고 있었다. 그가 먹을 수 없는 음식을 모조리 내가 먹는 꼴을 보면서 그는 거기에서 무척 야릇한 기분을 느꼈을 것이다.

 그러나 그의 기분을 전혀 고려해 주지 못했다. 비록 그를 사랑했으면서도, 나는 건강한 몸이었다. 그래서 누군가가 다른 사람이 아프다는 것은 도저히 상상할 수 없는 일이었던 것이다.

 수년 후 나는 로스앤젤레스의 타운하우스 호텔에서 나와 데이트를 하기로 약속한 남자가 호텔 방으로 들어오다 문에 머리를 부딪쳐 병원으로 함께 간 적이 있었다.

 나는 그날 밤 그와 데이트를 하기로 되어 있었기 때문에 그의 병상에서 함께 지냈다. 그는 너무나 고마워했다. 그는 완전히 나에게 사로잡혀 버린 것이다.

내가 사랑의 미묘한 흐름을 발견한 것이 이때였다. 내 나이 서른이 되어서야 비로소 처음으로, 친절함과 남에 대한 보살핌의 맛이 어떤가를 알았던 것이다.

남자는 보살펴주고 응석을 받아주어야 할 존재이다. 어린아이인 것이다. 그렇게 해주면 당신은 그를 사로잡을 힘을 얻게 되고 동시에 그것은 즐겁고도 사랑스러운, 그리고 존경받을 만한 일이 된다.

상대방의 기분이나 감정을 물어보고 그를 보살펴주라. 그가 병원에 갔다오면 그 결과를 자세히 물어보아라. 반드시 무슨 병이 있기 때문에 그래야 하는 것이 아니다. 건강한 사람에게도 관심을 기울여 준다는 것은 효과적이다.

상대방의 감정이나 사업 등에 관심을 가져야 한다는 말은 자칫하면 여자는 남자에게 사랑 이외에 또 다른 모르는 ― 혹은 여자가 잘 이해하기 어려운 ― 면이 있다는 철학적인 명제를 전제로 한 것이다. 그렇다. 확실히 남자에게는 여자가 알지 못하는 면이 있다. 그러므로 자세히 관심을 기울이지 않으면 그런 면은 소홀히 지나치기 쉽다. 특히 나이 어린 20대의 처녀들은 이런 실수를 하기가 쉽다. 경험이 부족하기 때문이다.

연상의 남자와 사귈 때는 이런 점에 특히 유의하여 그가 무엇을 필요로 하는지를 파악해야 한다. 사랑을 하노라면 사랑밖에 생각나지 않아서 남자가 필요로 하는 것이 무엇인지를 놓치기 쉽다.

남자는 여자와 마찬가지로 인간적이고 그리고 문제점도 어느 정도 가지고 있다. 나는 언젠가 부동산업자와 잠자리를 함께 한 적이 있었다. 그는 그날 낮 1백만 달러나 손해를 보았었다. 나는 그것도 모르고 그와 만났던 것이다. 나중에 그는 그가 그토록 엄청난 손해를 본 날 내가 어쩌면 그렇게 잠을 잘도 자는지 놀랐다고 말해 주었던 것이다.

나는 당시 스물다섯이었고 그의 인생에 무슨 일이 일어나고 있는지를 이해하지 못했던 것이다. 나는 당시 너무나 풋내기였고 바보였다.

다시 한 번 강조하는 바이지만, 가능한 한 빨리 당신과 관계없는 것에 대해서도 당신의 파트너의 일만큼은 관심을 기울이도록 해야 한다. 그렇지 않으면 당신은 그의 세계에 들어가지 못하게 된다.

 사랑의 줄다리기

사랑은 줄다리기라는 말이 있다. 맞는 말이다.

가끔 여자들은 남자가 찾기 어려울 정도로 숨어버리는 것도 사랑을 성공으로 이끄는 한 방법이 된다. 사랑에 관한 모든 조언자들은 이따금 여자가 몸을 뒤로 빼면 남자는 적극적인 자세로 여자를 찾고자 한다고 말한다. 그건 어쨌든 몸을 뒤로 빼는 일은 환상적이고도 아름다운 자세로 해야 한다.

일반적으로 여자는 몸을 뒤로 빼면 소극적인 자세를 취할 입장에 있다고 할 수 있다.

어떤 두 여인이 내게 한 이야기에 따르면, 그들의 현재의 남편은 독신 때 미친 사람처럼 그들은 따라다녔다고 한다. 여자가 도망치면 도망칠수록 그만큼 더 찾아 나서더라는 것이었다.

한 여자는 유명한 영화배우였고 그를 찾아나선 남자는 은자(隱者)였다. 또 한 여자는 귀여운 아들을 가진 댄서였고 그녀를 찾아나선 남자는 60세의 약사였다. 그들 두 여인은 확실히 추적의 대상이 됨직했다.

그러나 남자와 동등한 정도의 여자, 혹은 남자보다 좀 밑지는 듯한 여자들도 숨바꼭질을 할 수 있을까! 그리고 그때에는 누가 찾아나서게 될 것인가?

당신이 꼼짝도 않고 당신 상자 안에 들어가 질식해 죽더라도 어쩌면 아무도 뚜껑을 열고 당신을 꺼내주지 않을지도 모른다. 그러나 분명한 것은, 당신은 사랑에서 항상 위엄과 자존심을 유지하지 않으면 안 된다는 점이다. 결코 주인의 명령대로 움직이는 여자 노예처럼 행동해서는 안 된다. 그것은 파멸의 길일 뿐이다. 면밀한 계획을 세워 언제 몸을 움직이는 게 좋을지를 결정해야 한다.

그러면서도 열성과 적응력을 잃어서는 안 된다. 그것은 젊은 여성들의 중요한 무기이기 때문이다.

사랑의 장식품들

일단 사랑이 깊어지면 보다 같은 방향으로 사랑을 진행시키길 바란다. 그것은 사랑의 재미이고 아름다운 함정이기도 하다.

샴페인을 곁들인 점심식사, 한밤중의 데이트, 두 사람만의 여행, 그를 위한 야한 옷차림, 매달리고 춤추고 밤을 지새우고, 그리고 태양 아래서의 건배와 눈 속에서의 뒹굴기……, 이 모든 것들이 사랑의 행위이고, 도처에서 그것을 할 수 있다.

1930년대의 명화 같은 소리라고 할지 모르지만 당신은 일생 동안 몇 번쯤은 영화배우가 되어야 한다. 그래야 사랑을 멋지게 경험할 수 있기 때문이다.

어떤 사람들의 사랑은 영화의 한 장면 같은, 또는 농구경기의 결정적이고 극적인 순간의 반복으로 구성되어 있다.

그러나 나는 당신의 아름다운 젊은 날 온갖 장식을 갖춘 사랑을 해보길 권하고 싶다.

크리스마스가 온다. 멋진 크리스마스 트리를 만들어 놓고 그와 함께 환상적인 파티를 열고 따끈따끈한 음식, 그이를 위한 선물, 머리엔 반짝이는 가루, 몸엔 아름다운 비단과 모피외투, 이것은 가히 마술이다. 그리고 그 기억은 영원히 당신 두 사람에게 마술적인 효력을 갖게 될 것이다.

크리스마스가 왔는데도 이런 아름다운 것들이 하나도 없다고 생각해 보라. 얼마나 삭막한 사랑인가. 아니 그것을 사랑이라 할 수 있을 것인가.

아름다운 장식들은 당신의 낭만적인 사랑의 강도를 더해 준다. 크리스마스뿐만이 아니다. 애인과 함께 떠나는 여행 또한 그러한 강도를 더해 줄 것이다.

가장 섹시한 사랑이란 어떤 것일까. 당신보다 약간 뛰어난 남자—모든 여자들의 동경의 대상이고 잘 생겼으며 또한 남의 존경을 받는 남자, 다른 수많은 여자를 사랑할 수도 있는 남자가 어떤 사랑의 기적에 의해 수많은 여성들 중에서 하필 당신을 롤라 몬테즈에서 만나 그레이스 켈리로 생각하고 당신을 사랑할 때, 그것도 당신이 그를 사랑하는 정도보다 약간 열렬히 당신을 사랑한다면—이것이야말로 이 세상에서 생각할 수 있는 가장 로맨틱한 사랑이라 할 것이다.

그러나 당신이 갖고 싶은 사랑이 어찌 그것뿐이겠는가.

뱀같이 육감적인 연하의 남자(다른 사람이 그를 존경하지 않는다 한들 그게 무슨 대수리요).

기혼남자.

인생의 회춘을 위해 당신의 아름다움과 귀여움을 필요로 하는 부인을 잃은 남자 등등……

사랑에 있어서는 두 사람의 역할이 각기 있게 마련이고 그 역할이 사랑을 한층 육감적으로 만든다.

연령상의 차이나 개성의 차이에서 오는 역할도 물론 있다. 예컨대 결혼에서는 남자와 여자가 말로 표현할 수 없는 은밀하게 동의한 계약 같은 것이 있듯이 사랑하는 사이에도 역할들이 있게 마련이다.

나는 아버지와 딸 같은 관계가 연인 사이에 존재한다면 그것도 섹시한 관계를 창출할 것으로 생각한다.

반대로 노련하고 세상 경험이 많은 여자와 풋내기 남자와의 사이도 그렇게 될 수 있으며 같은 연령, 같은 관심, 같은 이상의 소유자들끼리도 그렇게 될 수 있음은 물론이다. 오누이 관계도 있을 것이다.

요리할 때 각각의 재료가 하는 역할이 있듯이 사랑에서도 당신은 당신에게 가장 적합한 역할을 창출하도록 힘써라.

 사랑, 그리고 불안

당신이 남자들로부터 사랑의 여신으로 추앙받고 사회의 저명인사로서 대접을 받는다고 하자. 그리고 당신이 당신의 애인으로부터 변함없는 사랑을 받고 그의 마음을 꽉 붙잡고 있다고 하자.

그래도 당신은 마음이 놓이지 않는다. 불안은 어딘가로부터 당신의 마음속으로 스며드는 것이다. 항상 그런 것은 아니고 사랑하는 사람에겐 이따금씩 찾아오는 현상이다. 어쩌면 사랑과 불안은 종이의 앞뒷면인지도 모른다.

어느 하루는 그이와 한없이 즐겁고 유쾌한 시간을 보내지만 바로 그 다음 날 밤이면 까닭없이 마음이 허전하고 쓸쓸한 기운이 뼛속까지 스며들어 담요를 여덟 장이나 덮고 나폴레옹 브랜디를 반병이나 마셔도 몸이 더워지지 않는다.

사랑은 귀신보다 무섭다고 노래한 자는 프루스트와 셰익스피어뿐만 아니라 현대의 앤디 워홀(미국의 저명한 전위화가)도 있다. 사랑은 고문과도 같은 것이다. 혹자는 이렇게 말한다. "내 가슴엔 뱀이 있다……내 가슴은 차디찬 돌로 변했다……." 또 다른 자는 말한다. "사랑할 때는 고통에 가장 무방비 상태가 된다……사랑은 괴로운 전율이다."

제3의 현자는 말한다. "사랑은 인생이 더 이상 좋아질 수 없다고 생각될 때 시작하여 인생이 더 이상 악화될 수 없다고 생각될 때 끝난다."

나폴레옹은 이렇게 선언한다.

"사랑에 대한 유일한 승리는 도피다."

당신의 불안은 부분적으로 그이와 대등하다는 느낌을 가지지 못하는 데서 생겨난다. 그이가 당신만큼 사랑에 적극적이지 못하다거나 그이는 마음만 먹으면 당신을 속일 수 있으리라는 생각들로부터 불안이 싹튼다.

당신의 애인이 모든 면에서 여성들의 선망의 대상이 된다고는 생각하고 그가 밖으로 외출하면 항상 다른 여성으로부터 사랑의 공세를 받을 위험이 있다고 생각하는 것은 자기 자신에 대한 과대망상증이라 할 수 있고 불필요한 불안이기도 하다.

또한 당신은 이렇게 생각한다.

그이는 너무나 섹시하기 때문에 그이로서는 어쩔 수 없이 다른 여성의 유혹에 넘어간다. 나는 그이를 처음 만나 그이를 애인으로 만들 때 침실에서 그이에게 잘해 주었으며, 끊임없이 아름답고 귀엽게 보이도록 노력했으며, 요리도 해주고, 선물도 보내주곤 했다. 이제 그 중에서 어느 하나라도 중지하면 그이는 나를 헌신짝처럼 금세 버리고 다른 여성에게로 옮겨갈 것이다.

이런 불안에서 벗어나려면 우선 당신 스스로 자신감—애인에 대해서는 물론 자기 자신의 실력과 위치를 솔직히 평가하는 일이 필요하다. 대개의 경우 당신도 그이에 비해 별로 뒤떨어지지 않는 인물임을 발견하게 될 것이다. 머리도 그다지 나쁘지 않고 몸도 아름답게 생겼다. 그리고 당신도 하려고 마음만 먹는다면 언제라도 다른 남자를 구할 수 있다.

문제는 당신이 능력이 없다거나 매력이 떨어지는 데 있는 게 아니라 소망의 부족에 있다. 당신은 지금까지 살아오면서 언제라도 단 한 번 한 사람의 남자가 아니라 여러 명의 남자를 사랑하겠다고 결심한 적이 있는가.

할 수만 있다면 많은 수를 택하라. 우리는 당신이 매력을 느끼는 남자의 자질을 절대적으로 보장해 줄 수가 없으니까 말이다.

일반적으로 사랑의 초기 단계, 즉 정열과 로맨스의 시절이 지나고 나면—사실 이런 시절은 금세 지나가 버린다—연인들 사이엔 아마 평등이 존재하지 않게 될 것이다.

둘 중의 어느 한 쪽이 다른 쪽보다 더 사랑을 하게 된다. 한 쪽이 다가서면 다른 쪽은 뒤로 물러선다. 서로 끝내 타이밍이 맞지 않는 일도 허다하다. 당신이 그를 보고 싶어 못 견디고 있는 시간은 그가 당신을 보고 싶어하는 시간과 반드시 일치하지는 않는다.

  어떤 사람이 엘리자베스 테일러에게, "당신이 리차드 버튼과 결혼할 때 누가 더 많은 사랑의 힘을 가졌었나요?"하고 물었더니, 엘리자베스는 "나는 이것처럼 어리석은 질문을 받아본 적이 없어요. 두 사람이 서로 사랑할 때는 힘과 같은 것은 존재하지 않아요"라고 대답했다.

  그러나 엘리자베스의 대답은 틀린 것이다. 분명히 사랑에는 힘이 있다. 그리고 그녀의 경우에 처음엔 리차드 버튼에게는 힘이 없었다. 영화 「클레오파트라」 촬영 당시 엘리자베스는 도시에 나온 풋내기 처녀에 지나지 않았으니까, 리차드 버튼에게는 별 관심이 가지 않는 여자였을지도 모른다. 나는 사랑의 경우 여자는 55%, 남자는 45%만 자기의 감정과 몸을 바친다고 생각한다.

  열광적인 여자는 그렇지 못한 여자보다 사랑을 더 잘한다. 또한 불안은 때로는 가장 순수한 종류의 성적 매력을 낳는 수가 있다. 불안에 젖어 있을 때 당신은 굶주린 뱅갈산 호랑이처럼 침대에서 한층 더 적극적으로 나오게 된다. 나는 일만의 불안이 없으면 결코 섹시한 사랑을 할 수 없다고 단언할 수 있다. 애인에 대해 확신을 가지지 못할 경우 사랑의 행위는 보다 무르익고 보다 집착하게 된다.

> 사랑, 그리고 고통 항상 행복만이 있는 것은 아니다 때로는 비참한 실망 상태에 빠질 때도 있는 것이다

그 사람과 결혼하고 싶은데 그 사람이 거부한다면 당신은 하늘이 무너지는 절망감을 느낄 것이다. 문제는 무엇이든지 간에 당신은 자신감과 침착성을 잃지 말아야 한다.

내가 남자 문제로 실의에 빠졌을 때 나는 친구인 샬로트와 상의하였다. 내가 2주일간 멕시코 여행을 하게 된 걸 알고 샬로트는 말했다. "2주일간 멕시코에 있으면서 멋진 새 남자와 데이트라도 하렴!"

그때 나는 너무나 비참했었다. 나는 나의 참담함을 그이에게 보이지 않기 위해서 입을 굳게 다물고 한숨을 삼키었다. 그것은 쉬운 일이 아니었다. 나는 울 것만 같았다.

그러나 여행을 마치고 집에 돌아왔을 때 고통은 상당히 가시어져 있었다. 재미있는 여행이 약이 되어 준 것이다. 내 주변에는 아무것도 변한 것이 없었으나 내 마음은 변한 것이다. 즉 평온을 되찾은 것이다. 그 뒤로는 그 남자 친구를 보고도 그다지 큰 고통을 느끼지 않아도 되었다.

내 친구 그레첸도 비슷한 얘기를 했다. "남자 문제로 내가 실의에 빠져 있을 때 나는 여행을 떠났다. 그 여행을 마치고 돌아왔을 때 나는 그를 우상으로서가 아닌 눈으로 바라볼 수가 있었다. 내가 없다고 해서 그가 죽지 않고 그대로 있었듯이 이제 나 또한 그가 없어도 살 수 있게 된 것이다. 그 뒤로 나는 조용한 여자가 되었다. 때때로 나는 마음을 가라앉히는 방법으로써 여행을 택한다."

당신은 당신의 고통에도 불구하고 스스로를 자제하고 상냥해지려는 노력을 해야 한다. 누구를 원망하지 말라. 절망적인 몸짓으로 호소하지 말라.

여자들은 쉽게 울음을 터뜨리곤 한다. 그러나 울지 말라. 우는 것은 자제력을 상실했다는 것을 보여줄 뿐 화내는 것보다도 나쁜 결과를 초래한다. 당신 옆에서 누가 운다고 생각해 보라. 당신 또한 옆에서 우는 사람에게 별 공감을 못 느낄 것이다. 남자에게 지나치게 하소연하지 말라.

"오! 당신이 허락만 한다면! 당신을 사랑할 수만 있다면!"

이렇게 매달리는 것은 추해 보일 뿐이다. 당신은 그이가 허락만 한다면 그이를 아주 행복하게 해주리라고 믿고 있겠지만 상대방 쪽에서는 오히려 당신이 매달리지만 않는다면 아주 행복해 할지도 모르는 것이 아닌가.

 사랑, 그리고 질투

우리는 지금까지 남자와의 트러블에 관해 이야기했다. 그 트러블의 원인은 다른 여자일 수도 있다.

지금부터 이야기하는 것은 반드시 당신이 겪고 있는 현실은 아닐지도 모른다. 그러나 귀담아 들어두어야 할 이야기이기도 하다.

질투심이 없는 여자란 없다. 어떤 남자가 자기의 여자는 질투할 줄을 모른다고 말했다면 그것은 거짓말이다.

자기의 남자가 다른 여자와 침대에 들어간다는 데 상처받지 않을 여자가 어디 있겠는가. 이젠 끝장이라는 절망감이 당신을 휩쌀 것이다.

한 번 실수하는 남자도 있고 아예 타고나기를 제비 같은 남자도 있다. 제비와 같은 호색한이라면 단두대에 올려서 처형해야 한다. 당신은 그와 필연적으로 헤어지게 될 것이다. 그런 경우라면 어떤 잔인한 말을 했다해도 나는 당신을 용서하고 싶어진다. 또 당신이 아무리 정숙하게 행동한다 하더라도 그런 남자의 사랑을 당신에게로 되돌릴 수는 없을 것이다. 너무 극단적으로 말해서 매우 미안하다.

물론 의심하고 염탐을 하기 때문에 고통이 더욱 가중될지도 모른다. 충분히 일리가 있는 말이다. 내가 어떤 제비와 연애할 때였다. 증거를 찾기 위해서 그의 주변을 깡그리 뒤졌다. 그러나 끝내 찾지 못했었다. 그들은 숨기는 데에도 가히 천재적이었다. 그런 남자가 결혼했다고 해서 바람피우는 것을 그만두리라고 기대하지 말라. 그 사람은 가능한 한 모든 노력과 수단으로 걸헌팅을 계속할 것이다.

평생에 한 번쯤은 애인의 새 여자 친구 때문에 속을 썩이게 될 것이다. 그러나 그것이 자주 계속되지만 않는다면 그것 때문에 크게 스스로를 탓하거나 괴로워할 필요까지는 없겠다. 리브 울만, 줄리 크리스티, 다이안 키튼, 재키 오나시스, 오드리 헵번 등 유명한 여자들도 그런 불행을 겪었다. 다만 당신은 두 번씩이나 그런 불행을 맞기를 원하지 않는다.

당신의 남자가 그 다른 여자와 아직 깊은 관계에까지 가지는 않았다 하더라도 당신의 걱정은 매우 심각하다. 너무 질투하지 말라. 당신이 그녀를 만나본다면 그녀가 그렇게 대단한 미인이 아니라는 사실을, 그리고 그다지 매력적인 여자가 아니라는 사실을 확인하게 될 것이다. 그녀를 당신의 남자로부터 물리치려는 점보다는 나는 당신이 스스로의 품위를 너무 떨어뜨릴까 보아서 걱정이 된다.

그녀에 대해서 너무 알려고 하지 말라. 오히려 그녀에게 도움을 줄 수 있는 일에 찬성하라. 어떠한 트릭도 좋다. 문제는 그녀가 아니라 바로 그이이기 때문이다.

뒷조사를 하지 말라. 남자가 여자를 원하지 않을 때라면 세상의 그 어떤 여자도 남자를 어떻게 할 수 없으며, 한편 남자가 여자를 원할 때에는 많은 여자가 있는 법이니까. 그녀가 꼭 그이에게 필요한 것이 아닐 수도 있는 것이다. 당신이 바라는 것이 질투를 극복하는 것일 때 당신은 차라리 모르고 있는 편이 더 유리할 것이다.

1968년 100야드 수영 자유형에서 우승한 버벌리 존슨은 말한 바 있다. "나는 다른 선수에 대해서는 전혀 신경 쓰지 않는다. 다른 선수가 어디쯤 가고 있는지를 둘러보는 사이에 나는 벌써 뒤처지기 시작할 것이다. 경기에서 이기는 비결은 계속 헤엄치는 것이다." 계속 헤엄쳐라. 당신의 길을 꾸준히 가라!

그이에게 버림을 받는다면……

당신의 사랑은 웨일즈의 찰스 황태자와 다이애나 비의 그것과는 상당한 차이가 있다. 당신은 지금 아주 괴로워하고 있다. 그이는 조금씩 당신으로부터 멀어지고 있는 것이다.

지금 당신에 대한 사랑의 필요성은 밀폐된 장소에서의 산소의 공급만큼이나 절실하다. 그러나 묘한 것이다. 사랑의 등식(等式) 중의 하나는 한 쪽의 중요성이 증대할수록 다른 한 쪽의 냉담이 또 증가한다는 것이다.

그이는 전화를 기다리다 거의 질식할 지경에 이르렀을 때 그이로부터 연락이 온다. 점심식사? 오! 환상적인 데이트! 그러나 그뿐이라는 것이 밝혀진다. 오직 식사뿐이라는 것이다. 침실의 스케줄은 없다. 당신의 눈은 흐려지고 이제 그 맛있던 음식들이 전혀 입에 당기지 않는다. 그이와의 사이가 차츰 나빠질 때 당신이 침대에서 빠져 나오는 아침 기분은 뭍으로 나오는 고기의 심정과도 같으리라.

그런 때는 기분을 바꾸라. 정한 시간에 직장에 나가 열심히 일하라. 부지런히 전화하고 회합에도 참석하고 리포트로 작성하라. 일함으로써 모든 것이 해결된다는 뜻이 아니다. 그러나 당신의 일은 분명 커다란 위안을 줄 것이다. 일은 당신의 무너진 균형을 바로잡아 준다.

사무실 친구들과 야외로 소풍가는 것도 좋다. 헬스클럽 같은 곳도 사랑에 질식한 사람을 위한 장소가 될 수 있다.

혼자 고민하지 말고 여러 사람의 조언을 구하라. 그리고 우선 그 조언을 굳게 믿어라. 당신은 조금씩 좋아질 것이며, 당신도 다른 사람에 대해 어드바이스를 할 수 있게까지 될 것이다.

 ## 그이가 새 애인을 갖는 데 대해서 당신도 새 로맨스를 만든다면……

지금까지 이야기해 온 수동적인 방법이 아니라 능동적으로(즉, 이에는 이로) 애인의 변심에 대처하면 어떨까? 다시 말하면 그가 새 여자를 사귄다면 당신도 새 남자를 사귀라는 말이다. 사실 당신도 마음만 먹는다면 언제든지 새로운 남자와 사귈 수 있다는 사실은 분명하다.

어떤 점에서 그것은 아주 공평하고 타당한 일이다. 그렇지만 어떨까? 당신이 정작 사랑하는 남자를 두고 새 애인을 갖는다는 것은 비행기를 타려는 사람이 고속버스 정류장에서 어물거리고 있는 것과도 같다. 또 사실 말하자면 우리 여자들은 한 남자를 지독하게 사랑하고 있는 한 또 다른 사랑을 잉태한다든가 하는 것은 하지 못한다.

그러니까 당신이 새 남자를 사귀는 것은 어디까지나 전시효과인 것이다. 진짜의 로맨스가 아니라 그이의 질투심을 부채질하여 다시 당신에게 돌아오게 하자는 데 그 목적이 있을 뿐이니까. 사실 그런 방법도 때로는 필요할 뿐만 아니라 아주 효과가 있을 때도 있다. 특히 당신이 아주 멋지고 값비싼 여자였을 때는 말이다.

그러나 주의할 점이 있다. 새 파트너가 당신을 진짜로 좋아하게 된다 하더라도 당신은 그를 정말로 좋아해서는 안 된다. 당신은 단지 그이와의 사랑을 확실하게 하기 위해서 그를 만나고 있는 것뿐이다. 이 점을 명심하라.

내가 아는 여배우 한 사람은 남편이 한눈을 팔자 그의 질투심을 자극하기 위해서 가짜 로맨스를 가졌다. 그녀는 매우 멋진 여자였으므로 그것은 아주 쉬운 일이었다. 남편도 자기의 아내가 어떤 여자 못지않게 좋은 여자라는 것을 잘 알고 있었다. 남편은 곧 한눈팔기를 그만두고 그녀에게 돌아왔다. 물론 그녀도 가짜 로맨스를 끝냈다. 그들 둘은 그런 일이 있은 뒤로는 더욱더 굳건하게 결합되었다.

사랑, 그리고 이별

사랑의 항로에는 항상 이별이라는 복병이 도사리고 있다. 그것을 피할 수 있는 길이 가장 현명하겠지만 어쩔 수 없는 일은 사실 누구도 어쩔 수 없는 것이다. 물론 이 말이 절대적인 진리는 아니다. 이별로 인해 더 좋은 상대를 만나는 수도 있으니까. 어쨌든 그것을 피할 수 없다면 일찍 관계를 청산

하는 게 좋다.

언제 헤어지는 것이 현명한가. 간단한 방법이 있다. 사랑의 즐거움보다 고통이 더 심할 때가 바로 헤어져야 할 시각이다. 한 시간도 더 이상 고통을 견딜 수 없다고 생각되면 이제 이미 이별은 피할 수가 없다.

또한 이별은 전혀 예기치 않게 오는 수도 있다. 나는 과거 베이비줄리와 연애를 했었다. 어느 날 아침 그의 아파트에서 잠이 깨었을 때 문 밖에서 한 젊은 여인이 통곡하는 소리가 들렸다. "문 좀 열어줘요! 줄리……당신을 사랑해요……문 좀 열어 주세요!"

그 소리를 듣는 순간 갑자기 뭔가가 내 머리통을 쳤다. 우스꽝스럽게 들리겠지만 이 남자와는 끝장이라는 생각이 들었다. 나와 그 여자는 한 남자를 놓고 흡사 씨름판의 씨름꾼처럼 격렬하게 맞붙어 싸우는 격이 되었던 것이다.

나는 옷을 입고 조용히 그의 아파트를 빠져 나왔다. 그 후로 그의 아파트는 다시 쳐다보지도 않았다.

나는 종종 자기의 애인과 헤어지기를 안타까워하는 여자들을 본다. 내가 아는 어떤 여자는 아이들이 있는 그 어느 파일러트와 열애중이었는데 남자의 변심으로 괴로워하고 있었다. 그 남자는 정말 멋진 남자였고 여자 또한 그에 못잖은 미인이었다. 젊고 육감적이며 매력적인 모습이었다.

그 두 사람은 호텔 로비에서 이별의 키스를 하고 있었다.

여자는 울고 있었다. 나는 그 장면이야말로 이별을 하지 않으면 안 되는 여인의 고전적인 모습이라고 생각했다. 만약 더 이상 미련을 갖는다면 그 여자는 가슴이 터져 죽을 것이다. 물론 그 남자를 대신할 인물을 찾는 일이란 쉬운 것은 아닐 것이다. 그렇지만 지금의 고통인들 어떻게 참을 수 있겠는가. 나는 그 여자에게 말해 주었다. "이젠 그 남자와 헤어질 때입니다……당신을 위한 또 다른 남자가 반드시 나타날 겁니다……우리들의 인생에는 언제나 그런 가능성은 있으니까요"하고 말이다.

애인과 헤어진 뒤에 해야 할 일과 해서는 안 되는 일들, 당신이 그를 떠날 수도 있고 반대로 그가 당신을 떠날 수도 있다. 사실 헤어짐이란 먼저 퇴짜를 놓았다고 해서 그것이 우위를 입증하는 건 아니다. 이별을 하는 이유는 고통이 크기 때문이다. 그가 당신을 버린다고 해서 그가 운 좋은 사람 또는 잘난 사람은 아니다.

그가 당신을 버리건, 아니면 당신이 그를 버렸건 간에 당신은 그에 따르는 모든 고통을 견디고 새로운 시도를 해야 한다. 그것을 위한 나의 생존에 대한 룰을 몇 가지 소개하고자 한다.

1. 결코 방문을 안으로 걸어 잠그고 들어앉아서 그이의 사

진이나 편지 등을 보거나 혼자서 술 마시고 담배 피우며 죽을 듯이 비탄에 잠기지 말 것. 어느 정도 자기 연민이나 비탄에 잠기는 것은 있을 수 있겠으나 지나친 자기 학대와 증오심은 피해야 한다.
2. 이별 직후 고통과 싸우지 말 것. 만약 처음부터 싸우게 되면 당신은 녹초가 될 것이다. 대개의 경우 이별의 순간부터 고통이 따르는 법인데 반대로 고통이 나중에 나타나는 수도 있다. 이것은 더 나쁜 현상이다. 어느 시기까지는 고통이 당신을 점령하게 내버려 두라. 전쟁에서도 침범군은 항상 얼마 동안은 상대방을 유린하는 법이다.
3. 우는 것도 괜찮다. 눈물이란 자연이 주신 회복계획(recoveru plan)의 일부이니까. 당신은 고문당한 당신의 불쌍한 영혼을 일부러 속일 필요는 없다. 고통과의 싸움은 때때로 당신을 마비시킬 정도로 괴로울 수가 있다. 필요하다면 두서너 번이라도 실컷 우는 것이 좋다. 그리고 나면 정신이 맑아지고 다시 옛날에 계획했던 일에 매달릴 수 있게 된다.
4. 당신에게 잠 못 이루는 밤이 찾아올 수도 있다. 나도 그런 경험이 있다.

파국 이후 잠이 오지 않는 밤이면 나는 침대에서 일어나 베게를 전부 꺼내 거실로 가 소파에 누워서 배 위에 통

조림을 얹어 놓고 큰 소리를 질렀다. 되는 대로 실컷 지껄였다. "이것이 그가 한 짓이고…… 이것은 내가 한 짓이고…… 그의 기분은 이러했고 내 기분은 그때 이러했지." 한 시간쯤 이렇게 하고 나면 속이 어느 정도 후련해진다. 그러면 나도 다시 침대로 들어간다. 따끈한 우유를 한 잔 마시고 잠에 빠져들 수 있다.

결코 때가 되지도 않았는데 억지로 기분 전환을 하려고 해서는 안 된다. 그것은 마치 익지도 않은 푸른 바나나를 오븐에 넣고 익히려는 것과 같이 어리석은 짓이다.

5. 괴로움을 속시원히 털어놓을 수 있는 친구가 필요하다. 그런 특별한 친구는 조용히 끊임없이 당신의 이야기를 미주알고주알 들어줄 것이다. 어쩌면 그는 그 자신의 얘기도 숨김없이 들려줄지도 모른다.

그녀가 또 훌륭한 친구라면 그녀는 결코, "네가 그런 남자를 사랑하다니 넌 바보구나"라든가, "그 사람은 널 사랑하지 않았어"라고는 말하지 않을 것이다.

어쩌면 당신은 이제 이별을 하고 난 다음이니까 그를 훌륭하게만 기억하려 할지 모른다. 현명한 친구라면 그 남자의 다른 면을 당신에게 상기시켜 줄 것이다. 속을 털어 놓을 친구가 없다면 카운슬러를 찾아가는 것도 한 방법이 될 수 있다.

6. 사태가 아주 심각하다고 생각된다면 전문가의 도움을

받을 필요가 있다.

 ## 새로운 남자를 찾아서

이별 이후 처음 몇 주 동안은 무척 괴롭다. 당신은 자신이 아주 가치없는 인간처럼 생각되고 친구들도 만나기가 꺼려진다. 그러나 그건 시간이 해결해 준다. 처음 시일이 지남에 따라 고통의 강도는 약해지고 일상생활로 서서히 복귀하게 된다.

한시라도 빨리 그 고통에서 벗어나기 위해서는 여러 가지 방법이 있다. 여행을 한다거나 사람이 많이 모이는 클럽에 나가 기분전환을 하는 수도 있고, 보다 야심적인 일에 몰두할 수도 있다. 어떤 여자는 유명 여성잡지의 미인대회에 나가기 위해 노력하는 것을 보았다.

이 기간에 당신을 괴롭히는 또 한 가지 문제가 있다. 그이도 나처럼 괴로워할까 하는 것이 그것이다. 어쩌면 그럴 것이고 어쩌면 그렇지 않을 것이다. 어쩌면 그도 당신에게 여러 번 전화하고 싶은 기분에 사로잡혔을지도 모른다.

그러나 그가 당신보다 더 고통을 느끼느냐 않느냐 하는 것은 당신의 본질적인 문제가 될 수 없기 때문이다. 이제 당신에게 다가선 문제는 그를 극복하고 새로운 인생을 출발시키는 일이다. 즉 새로운 남자를 발견하는 일이다. 이것만이 유일한 해결책이라 할 수 있다.

그러나 여기에는 세 가지 문제가 당신을 가로막는다.

첫째, 과거의 쓰라린 감정에서 벗어나는 일이다.

둘째, 누군가 다른 사람을 발견할 수 없다는 점이다. 그러나 그것은 환상이다. 결코 과거의 그 사람이 가장 이상적인 연인은 아니니까.

셋째, 과거와의 기억, 특히 그 사람에 관한 기억은 잊어야 한다. "그이는 지금쯤 수많은 여자와 즐기고 있겠지"하는 생각을 할 필요가 없다.

당신이 기억해야 할 것은 당신도 남의 사랑을 받을 수 있는 인물이고, 또한 남을 사랑할 줄 아는 사람이라는 자신감이다. 당신에 관한 이미지, 과거부터 있었던 그 이미지를 되살려야 한다. 첫번째 사람에게 매력을 준 여자는 다른 사람에게도 매력의 대상이 된다. 처음에 실패했다 하여 다시는 사랑을 하지 못하는 여자를 나는 본 적이 없다.

당신은 영화나 소설의 비극의 주인공이 아니다. 또 그럴 필요도 없다. 오매불망 오직 한 남자만 사랑하고 그에게서 버림을 받아도 잊지 못하는 여자가 되어야 할 이유란 어디에도 없기 때문이다.

당신의 매력, 당신의 아름다움, 당신의 에센스는 충분히 다른 남성의 사랑을 받을 수 있다. 그러므로 기회를 포착하여 신이 주신 많은 남자를 당신의 가능성에 계산해 넣어라.

 새로운 출발

 새로운 출발은 빠르면 빠를수록 좋다. 어느 정도 몸과 마음을 과거의 쓰라림으로부터 해방시켰다 싶어지면 새로운 인생을 모색하라.
 새로 만나는 사람들은 당신의 마음을 괴로운 과거로부터 말끔히 씻어줄 것이다. 비록 그들이 과거의 그이보다 못하다 하더라도(이건 어디까지나 환상의 작용이 크다) 그들이 당신을 위해 이야기하고 애를 써 주면 그들에게 주의를 집중하도록 해야 한다.
 당신이 새롭게 찾는 이는 반드시 버트 레오놀즈가 아니라는 점도 명심하라. 때가 되면 자주 데이트에 응하라,
 그러나 반대로 여기서 주의해야 할 것이 있다. 너무 지나치게 새로운 남자에게 매달리지 말라. 흡사 절망에 빠진 여자이기라도 한 것처럼 너무 일찍, 너무 깊이 빠져들면 쉽사리 거절을 당하기가 쉽다.
 남자와 함께 있는 것이 중요하긴 하지만 당신은 결코 절망

적인 여자가 아니다. 절망적인 여자는 어떤 남자도 찾아낼 수가 없다.

한 번의 파탄을 겪었다고 하더라도 당신은 여전히 쾌활하고 친절하며 너그럽고, 또한 인내심도 있는 여자여야 한다는 사실을 잊어서는 안 된다.

차근차근히 서두르지 말고 새로운 세계를 열어가노라면 언젠가는 사랑의 실패를 극복하게 될 것이다. 새로운 사람과의 생활은 새로운 정열과 새로운 자신감을 불어넣어 줄 것이다. 사랑은 그처럼 개방적인 것이다. 너무 오랫동안 자신의 몸과 마음을 가두어 두어서는 안 된다.

처음에는 다소 부끄러움도 앞서겠지만 이윽고 당신은 과거의 당신이 성취했던 것보다 더 큰 사랑의 승리자가 될 수 있다는 사실을 발견하고 마침내 하느님께 감사를 드리게 될 것이다.

03 결혼
MARRIAGE

 왜 결혼하는가?

우리는 도대체 무엇 때문에 결혼해야 하는 것일까? 돈이 필요해서? 천만에! 남편을 돈이나 벌어오는 기계로 생각하는 것은 마치 공룡을 애완동물로 키우려는 것만큼이나 어리석은 일이다. 그렇다면 섹스 때문에 결혼해야 하는 것일까?

터무니없는 소리! 단지 섹스 때문만이라면 남편이 아니라 애인을 구해야 할 것이다.

늙어진 다음 서로 의지하고 말동무라도 하기 위해서라는 이야기도 있다. 하지만 그것만도 아니다. 누가 백년해로를 보장해 준단 말인가? 늙어질 때까지 서로 마음이 변하지 않는다는 보장은 없다. 더구나 여자는 남자보다 14세나 더 평균 수명이 길다. 말하자면 당신의 말동무는 그때 이미 세상을 떠난 뒤일 수도 있는 것이다.

자식이 딸린 이혼녀들의 경우 자기의 어린 것들에게 믿을 만한 새 아버지를 구해 준다는 기분으로 결혼하는 경우도 있는 모양이다. 그렇지만 많은 이혼녀, 그리고 남편과 사별한 많은 여자들이 새 남편 없이도 아이들을 잘 키우고 있다. 그러니까 이것 또한 결혼을 꼭 해야만 하는 이유가 될 수는 없다.

그런데도 불구하고 왜 우리는 굳이 결혼을 하는가? 그것은 우리가 보통의 사람이기 때문이다. 보통의 경우 우리는 우리 주변에 어떤 각별한 사람이 없으면 살아가지를 못한다. 남편이 바로 그런 사람이다.

때로는 참기 어려운 독신생활의 지겨움이 우리를 결혼하도록 유혹하기도 한다. 마침 그런 지겨움을 느끼고 있을 때 결혼의 가능성을 가진 남자는 바로 당신의 곁에 있게 된다. 그래서 두 사람은 마침내 결합하게 되는 것이다.

또한 우리는 한 남자를 소유했다는 충족감을 공적(公的)으로 승인받고자 결혼하기도 한다. 결혼식이란 다름 아닌 한 남자의 소유에 대한 공적인 선언이며 과시이기도 한 것이니까.

그렇다면 내가 말하고 있는 이런 이유들만이 결혼을 하게 되는 이유란 말인가? 꼭 그런 것은 아닐 것이다. 그렇긴 해도 이런 이유들은 사람들이 결혼을 하게 되는 중요한 까닭들의 일부인 것만은 분명하다.

그런가 하면 위에서 내가 부정했던 이유들—즉, 남편이 벌어오는 돈이나 또는 섹스, 서로 의지할 상대 등등이 여전히 결혼하게 하는 중요한 까닭으로 작용하고 있다. 다만 예전과 달라진 점 하나는 임신 때문에 결혼하게 되는 경우가 적어졌다는 것이다. 그것은 어쩌면 과학의 발달이 가져다 준 여성들을 위한 축복인지도 모른다. 또한 수없이 결혼하게 되는 예도 현저히 줄어들고 있다.

아무튼 우리가 결혼을 하게 되는 까닭들이란 모두 그렇고 그런 것들이다. 문제는 왜가 아니라 어떻게 이다. 우리는 어쨌거나 결혼하게 될 것이니까 어떻게 하면 보다 행복한 결혼생활을 누릴 수 있느냐에 더 관심을 가지게 된다. 자, 어떻게 하면 당신의 결혼생활을 보다 풍부하고 충족한 것으로 만들 수 있을 것인가.

좋은 결혼생활은 상호 협조의 마음가짐으로부터 온다. 그것은 마치 부신(副腎) 작용에 대한 얘기와 비슷하다. 우리는 부신이 저 스스로—그러니까 자율신경이라고 부른다—제가 해야 할 일을 하고 있다는 것을 알고 있다. 그런데도 우리는 그것을 육안으로 확인할 수는 없다. 다만 우리의 비뇨기

결 혼 69

관이 여전히 아무 이상이 없는 것으로 보아서 그 자율신경은 제 직능을 수행하고 있음을 미루어 판단하게 된다. 당신의 결혼생활이 파탄에 직면하지 않았을 뿐만 아니라 여전히 평온하게 계속되고 있다는 사실은 당신의 남편이 ― 또는 당신이 ― 그 부신기관과 같이 노력하고 있는 증거이다.

다시 한 번 강조하거니와 보이지는 않지만 꾸준히 노력하는 상호간의 부드러운 협조야말로 좋은 결혼생활을 위한 모든 것이다.

작가 쥬디스 크란츠는 말한다.

"당신이 가족이나 친구를 아무리 가깝게 생각한다 하더라도 남편은 언제나 그 이상이다. 마침내 당신은 남편이야말로 세상에서 가장 훌륭한 당신의 가족이며 친구라는 사실을 깨닫게 될 것이다. 당신이 남편에게 지나치게 의지할 수 있다는 점에서가 아니다. 당신은 물론 당당한 만큼 독립심이 강하다. 그런 독립심에도 불구하고 남편은 아주 소중한 것이다. 당신의 인생 속에 한 남편이 있다는 사실은 당신의 보람을 위해 1천 퍼센트나 더 멋진 일인 것이다."

NBC 방송국의 앵커맨인 톰 브로카우 씨와 이미 대학시절에 결혼한 메레디스 브로카우는 이렇게 말한다.

"결혼생활은 두 사람을 풀어서 서로 섞어버리는 어떤 것이다. 그렇게 해서 둘은 아주 밀착되어지고 하나가 되는 것이다. 서로가 서로를 믿는 마음이야말로 결혼생활의 가장 크고 중요한 부분이다."

역시 탁월한 앵커맨인 월터 크론카이트의 아내 베시 크론카이트의 견해는 다음과 같다.

"나는 과부들에 대해 연민을 느낄 때마다 생각하게 된다. 역시 동반자가 없는 인생은 불행할 수밖에 없다고 말이다. 누군가와 함께 살아간다는 것은 매우 소중한 것이다."

코네티커트 출신의 상원의원과 오랜 로맨스 끝에 결혼한 케시이리비코프의 이야기를 들어보자.

"나는 그를 완전하게 신뢰한다. 내가 이 세상에서 그이만큼 신뢰할 수 있는 사람은 아무도 없다. 그러면서도 나는 그에게 믿음을 바치면 바칠수록 나 자신이 된다. 당신도 남편을 사랑하면 할수록 스스로의 개성이 소멸하는 것이 아니라 깊어지는 것을 느끼게 될 것이다. 남편에게 감추어야 할 일은 아무것도 없다. 그이가 받아들이지 못하는 진실은 아무것도 없다."

제리 스터러의 아내인 앤 메러는 또 이렇게 말한다.

"세상에서 유일하게 함께 일하고 싶은 사람이 바로 그이랍니다. 그래서 우리는 항상 함께 있지요. 그러니까 우리의 매일매일은 바로 데이트인 거죠. 굳이 따로 데이트를 할 필요가 없답니다."

대강 이상과 같은 것들이 훌륭하게 결혼생활을 누리는 아내들의 말이다. 이런 말들이 나오기까지는 깊은 사랑과 오랜 노력이 필요하리라는 것은 너무도 분명한 일이다.

결혼에 대한 많은 정의 중에서 내가 좋아하는 것은 이런 것이다. "결혼이란 당신이 어느 곳에 있든지 간에 그곳을 찾아내어 전화해 주는 남자를 갖는 일이다. 또한 결혼은 당신의 일을 자기의 일처럼 진지하게 생각해주는 어떤 사람을 갖는 일이다."

그러나 위의 정의를 뒤집어 보라. 당신은 당신의 남편을 위해 보다 더 노력하지 않을 수 없을 것이다. 필요할 때는 늘 그이의 곁에 있어 주고, 그렇지 않을 때는 보이지 않는 곳에서 노력하라.

결혼이란 협상이 아니다. 협상이란 너무 딱딱한 말이다. 요구 조건을 내걸고 서로 저울질한다는 것은 너무도 살벌한 일이다.

남편과 아내란 그처럼 서로 조건을 따지지는 않는다. 얼마나 좋은가? 그것은 서로 조화를 유지하는 것이다. 그의 주장에 대해 당신의 생각을 조화시켜 마침내 절충이나 협상이 아니라 두 사람이 함께 만족하는 방법을 모색하는 것이다. 이 조화라는 말을 잊지 않는 한 많은 부부들이 오래오래 행복을 유지하게 되리라고 나는 믿는다.

많은 사람들의 결혼생활은 살아가면서 점점 좋아진다. "우리들의 결혼생활은 9년이 지나고 나서야 비로소 원만해졌답니다." 최근에 내가 들은 말이다.

많은 독신 여성들이 내세우는 것은 자유로운 생활이다. 하지만 따지고 보면 결혼해야 할 남자란 그렇게 엄청난 숫자가 아니다. 당신은 한 사람과 결혼한다. 한 사람 때문에 자유가 구속되어서는 너무 좁은 인간이다. 우리는 서로 조화할 수 있는 사람이 될 필요가 있다.

　서른아홉 살이 된 내 친구 하나는 딱하게도 일찌감치 남편과 사별했다. 그뒤 그녀는 여자 친구들의 방문을 환영했다. 그 이유는 남자 손님들과 함께 있으면서 그들의 사고방식에 적응하려고 쓸데없이 신경쓰는 일이 싫다는 것이다. 그녀는 그때 남성 혐오자와도 같았다.

　그런 그녀가 과부가 된 지 2년 만에 어떤 남자를 만났다. 그녀는 거의 정신없이 보였다. 그러더니 마침내 그녀는 이제 여자들과만 함께 지내는 일에는 전혀 흥미가 없다는 것이었다. 오직 그 남자하고만 함께 있고 싶다는 것이었다.

　독신여성이 독신을 고집하는 이유 중의 하나는 가능성 때문이라는 것을 나는 알고 있다. 즉 남편에게만 매달려서 미래의 가능성을 기다리기 보다는 스스로의 가능성과 협상하는 것이다. 그렇지만 시간은 흐르고 당신의 미래가 그렇게 유망하지만은 않다는 사실을 깨닫게 될지도 모른다. 내 친구의 경우와 같이 가능성이 보이는 남자가 나타날 경우 당신은 마침내 결혼을 승낙하게 될 것이다.

　때때로 여자들은 생각하기도 한다. 많은 남성들이 관심을 보여주는 20대와 30대 초반까지는 그런 열화와 같은 사랑을 즐기다가 그 이후에 결혼하면 좋겠다는 식으로 말이다. 내가 그런 사람일지도 모르겠다. 그러나 나는 내가 그렇게 했다고 해서 이 방법이 최선의 것이라고는 생각하지 않는다.

나이가 들어서의 결혼이 와해되지 않고 안전한 것이 되리라는 보장이 없다. 당신은 나이와 상관없이 당신의 남자는 당신 곁에서 떠나갈 수 있다. 어떤 방법이 최선의 것인지는 당신 자신이 판단해야 할 것이다.

결혼이란 일종의 모험이다. 그것도 일생일대의 모험인 것이다. 또한 그것은 꼭 권해볼 만한 모험이기도 하다. 인생의 전부는 아니더라도 인생의 많은 부분이 이 결혼과 함께 오기도 하고 가기도 한다.

어떻게 결혼할 것인가

꼭 마음에 흡족한 남자가 있어서만 결혼하게 되는 것은 아니다. 남자가 그다지 썩 내키지 않는 데도 불구하고 결혼을 하게 되는 경우를 우리는 자주 보고 있다. 어쩌면 결혼에 골인하는 대부분의 경우가 그럴지도 모른다. 그런 사실을 염두에 두고 다음 몇 가지를 생각하도록 하라.

1. "나는 결혼하기를 원하고 있다"고 생각하는 자기 암시가 필요하다. 실제로는 썩 내키지 않으면서도 겉으로는 "결혼하고 싶다"고 말했다고 해서 큰 죄가 될 것은 없다. 당신은 지금 아주 열렬하게 결혼하기를 원하고 있다.

2. 배우자 선택에 있어서 양보할 마음의 준비를 갖추고 있어야 한다. 모르긴 해도 그는 놀랄 만큼 탁월한 사람이 아닐 것이다. 한두 가지의 사소한 약점 정도가 아니라 당신이 생각하고 있는 최저 기준을 밑도는 결함을 가지고 있는 남자일 수도 있다. 예를 들면 그는 아주 인색하거나 얼띠게 보이는 남자일지 모른다. 그러나 완벽하게 흡족한 남자란 없는 법이다. 늘 양보할 마음가짐을 갖도록 하라.

3. 꼭 어느 한 남자만이 당신의 결혼 대상자는 아니라는 점을 명심하라. 당신이 죽자사자 사랑하는 사람만이 유일한 결혼 대상자는 아닌 것이다. 또한 결혼을 하기 위해서는 서로 깊이 사랑해야 한다고 생각할 것도 아니다. 어떤 점에서는 사랑에 들떠서 결혼하기 보다는 결혼하기 위해서 사랑하는 쪽이 더 바람직한 것인지도 모른다. 왜냐하면 사랑은 눈을 멀게 하기 때문에 상대방의 실상을 보지 못하게 되는 경우도 있을 수가 있다. 이제부터 일생을 함께 해야 할 그 남자를 잘못 본다는 것은 참으로 위험한 것이다.

작가 이르마 쿠르츠는 이 점에 대해서는 이렇게 말했는데 아주 의미심장하다. 즉 "현명한 사람들은 사랑과 결혼을 분리한다. 사랑하는 이와는 침대로 가고 친구로 생각되는 이성과는 결혼을 하는 것이다. 그러므로 친절한 친구와도 같은 남자와 결혼하라. 그리고 당신 또한 남자에게 친절한 여자로 보이도록 노력하라. 그러려면 아마도 명랑하며 매사에 감사하는 마음씨가 필요할 것이다."

4. 단지 결혼 그 자체만을 위하여 결혼하게 된다면 어떤 죄의식에 사로잡힐 가능성이 있다. 하지만 그것이 그처럼 나쁘기만한 것은 아니다. 도대체 일생에 단 한 번의 결혼도 하지 말고 살아야 한단 말인가? 기회를 잡으라! 그래서 결혼을 하라. 단지 결혼 그 자체만을 위해서 결혼했다 하더라도 괜찮은 남자를 만날 가능성은 크다. 그런 남자를 골라 결혼생활에 정성을 기울인다면 당신은 반드시 성공할 것이다.

5. 기대에 맞는 남자가 없다고 해서 쉽게 낙망하지 말라. 자기의 떡은 언제나 작아 보인다. 그렇지만 누가 과연 당신의 기대에 차는 남자란 말인가? 수십억의 그렇고 그런 여자들이, 또한 수십억의 그렇고 그런 남자들과 결혼하였으며 모두 잘살 그들 또한 열 번 스무 번의 기회를 가졌던 것은 아니다. 그들도 단 한 번의 결혼 기회가 주어졌을 뿐인 것이다. 당신 또한 단 한 번의 기회를 잘 활용하라. 당신도 얼마든지 만족한 결혼생활을 할 수가 있는 것이다.

이상과 같은 기본적인 상식을 바탕에 깔고서 다음 문제를 생각해 보자. 당신은 이제 결혼하고 싶은 여자다. 그래서 주위를 둘러보고 있는 것이다.

여기 한 남자가 있다. 당신은 그를 당신의 결혼 대상자로 결정했다. 자, 어떻게 할 것인가?

당신이 결혼하고 싶은 남자를 차지하는 방법을 생각해 보자. 그런 당신을 위해서 나는 몇 가지의 원칙을 제시하고자 한다.

첫째, 그는 미혼자이거나 아내가 없는 남자이어야만 한다. 한 남자가 기혼자가 아닐 때에만 당신은 그와 만나서 좋아할 수도 있고 데이트를 하거나 잠자리를 함께 할 수도 있으며 같이 살 수도 있다. 그러니 기혼자와는 결혼하지 말아야 한다는 것은 너무도 당연하다. 그런 사람이라면 재미는 보는 한이 있더라도 결혼 상대로서는 잊어야 한다. 결혼 규칙은 기혼자와는 관계가 없다.

둘째, 결혼에는 타이밍이라는 것이 중요하다. 때때로 남자란 자기 자신은 그 사실을 모르고 있지만 준비를 갖추고 있는 경우도 있는 법이다. 마침 그가 아이를 가질 준비가 되었을 때 그곳에 있던 유일한 여자가 당신일 수도 있는 것이다.

결혼은 한 번도 하지 않고 여자를 참새 버리듯 하는 내가 아는 어느 매력적인 남자는 내게 이렇게 말했다. "서로가 상대에게 충실하지만 어느 날 그녀가 아랫입술을 떨면서, '당신 아이를 갖고 싶어요'라고 말하면 나는 떠날 때가 됐다는 것을 안다." 남자란 모두 이런 존재일지도 모른다.

이상과 같은 점에서 결격사유가 없는 남자라면 당신은 계획에 착수할 수가 있게 된다. 당신은 이제부터 여러 가지 일을 하지 않으면 안 된다. 한 남자를 소유하게 된다는 것은 분명 쉬운 일은 아니다.

당신이 체중을 줄이고 싶으면 식사량을 줄이듯이 한 남자를 황홀케 하려면 그에게 좋게 보여야 하고 부드러워야 하며 늘 그를 즐겁게 해 주어야만 한다. 어떤 남자는 지겨운 시간만을 제공하는 신경질적인 여자들과도 결혼하지만 보통은 그렇지 않다.

흔히 정서적으로 불안하거나 신경질적이고 상대하기 어려운 여자들은 남자를 잃게 된다. 그렇다고 크게 부담을 가질 것은 없다. 그와 함께 있으면 행복한 것처럼 보이기 위해서는 당신이 꼭 실제로 행복해야만 하는 것은 아니다. 당신은 어떤 표정도 꾸밀 수 있다. 사실 여자끼리 말이지만 거의 모든 여자가 다 그렇다. 당신은 늘 즐겁고 늘 웃는 여자가 되지 않으면 안 된다. 찌푸린 얼굴을 가지고는 어떤 남자도 잡을 수 없는 것이다. 이제 좀 노골적으로 이야기하자. 밀어붙이지 말라. 귀찮게 하지 말라. 결혼에 대한 화제를 쉽게 입에 올리지 말라. 설사 남자가 묻더라도 조심해야 한다.

당신의 생각이 확실치 않은 척하라. 언젠가는 결혼을 하겠지만 당신은 아직 확신이 없는 것이다. 함부로 돌진하지 말

라. 그 남자가 진짜 결격사유가 없는지를(즉 기혼자이거나 딴 여자가 있는지) 확인하고 나서 그를 밀가루 반죽처럼 조심스럽게 다루어야만 한다.

하지만 중요한 순간이 언젠가는 오게 될 것이다. 그때는 정신을 바짝 차려야 한다. 그 귀중한 순간이 그냥 흘러가도록 버려두지는 말라. 다시 말해서 그것은 그가 당신에게 열중하고 가능하면 더욱 열중해지기를 바라는 일 년, 혹은 그 내외의 기간을 뜻한다. 당신은 확고하게, 그리고 조용히 사태를 발전시켜야만 한다. 조금씩 앞으로 다가서라.

내가 결혼을 하고 싶었던 남자, 즉 지금의 내 남편인 데이비드와의 그 생생한 경험을 나는 기억하고 있다. 내가 이 문제를 텔레비전에서 너무 자주 이야기했기 때문에 지금은 세상 사람들이 모두 알고 있는 말이지만 나는 그때 이미 두 번이나 결혼한 경험이 있어서 나와의 결혼을 원하지 않고 있는 줄 알고 있었다. 내가 결혼 이야기를 할 때면 "왜 이 상태로 지내면 안 된다는 거지? 지금 이 상태로 좋잖아?" 그는 그렇게 불평을 늘어놓곤 했다.

실로 1년 3개월이 걸렸다. 어떤 경우에는 나보다도 더 오랜 투자 기간이 필요할지도 모른다. 내 젊은 친구 한 명은 그가 선택한 남자와 결혼하는데 3년이나 걸렸지만 그녀는 그 기간 내내 약해지기는커녕 더욱 강해져 갔다. 그러므로 끈기를 가져라. 열 번 찍어 넘어가지 않는 나무는 없다.

내 생각 같아서는 보통 투자기간을 일 년 정도 잡으면 알맞을 것으로 생각된다. 너무 오래 기다리면 그에 대한 열정이 정상에 달했다가 식어서 다시 반대편으로 하강할 수도 있다.

그리하여 만일 필요하다면 최후의 무기를 사용하게 된다.

"나는 당신을 좋아하고 사랑해요. 나는 일생을 당신과 함께 보내고 싶지만 그러자면 우리는 결혼을 해야만 해요. 하지만 당신은 그걸 원치 않는다구요. 좋아요! 여기서 난 당신과 헤어지겠어요!"

그리고 당신은 떠난다. 이것은 최후의 통첩이다. 다만 남자가 속아 넘어가지 않아도 할 수 없다는 위험이 있다. 그렇지만 이제 당신은 내친걸음인 것이다. 그러나 이 방법이 때때로 효과를 볼 때도 있다.

수없이 많은 여자들이 그런 식으로 결혼했다. 나도 그랬다. 만일 남자가 당신과의 결혼을 원치 않을 경우 이런 방법도 생각해야 한다.

때로는 불행한 결과도 있을 수 있다. 즉 남자가 당신의 최후통첩에도 불구하고 홀홀히 나가 버린다면 이것은 불행이랄 수 있겠다. 그렇지만 너무도 집착할 것은 없다. 억지로 밀고 나가지 말라. 그 이상은 당신의 능력밖의 일이다. 당신은 최선을 다했지만 어쩔 수 없을 때는 미련없이 후퇴하라. 그때는 눈을 돌리는 것이다. 그리하여 다시 새로운 힘을 모아서 다른 대상자를 찾아 나서야 할 것이다.

누구와 결혼할 것인가?

 누구와 결혼하느냐고? 어쩌면 이런 얘기는 쓸데없는 시간 낭비일지도 모르겠다. 왜냐하면 당신은 지금 연애중인 그 사람과 결혼을 하게 될 거니까.

 그렇지만 알 수 없는 것이 세상일이다. 누가 좋은 남자인지를 지금은 알 수가 없다는 말이다. 대부분의 원만한 결혼이 행운에 의해서 이루어진다는 사실을 아는가? 다시 말해서 좋은 남자를 얻었느냐의 여부를 따져보려면 상당한 세월이 지나가야만 한다는 말이다.

 오랫동안 당신은 결혼을 잘 했다고 생각하면서 살림을 살지만 어느 날 갑자기 실로 너무 뒤늦게 남편과 그 남편의 생활양식이 당신이 원했던 것과는 전혀 다르다는 것을 깨닫게 된다. 생활양식이란 물론 한 남자와의 결합에 있어서는 그 점이 그리 크게 중요한 것이 아니지만 그 밖에도 많은 문제가 있을 수 있다. 돈의 문제만 하더라도 그렇다. 사랑만이 문제일 뿐이라고, 남편의 경제능력을 따진다는 것은 재미없고 치사한 문제라고 당신은 말하고 있는 모양이지만 반드시 그렇지만은 않다.

나의 친구 우슐라의 말처럼 우리는 장래의 남편이 도시의 아파트에서 살아갈 것인지, 아니면 먼지투성이 농촌에서 살아갈 것인지, 프랑스로 휴가를 가는 대신 노름빚을 짊어질 것인지, 멍청이들과 교제를 할 것인지, 발랄한 친구들과 어울릴 것인지 따위의 문제에 신경을 쓰는 것보다는 분명 냉장고의 내구성이 어느 정도인지에 관해서 점검하느라고 더 많은 시간을 보낸다.

또한 우리는 우리가 아는 한 남자와 결혼하는 것이 아니라 그의 잠재적 생활양식과 결혼하는 것이다. 하지만 너무 젊어서 그 같은 것을 쉽게 식별할 수가 없다. 그러니까 될 수 있으면 남자의 진정한 본 모습을 파악할 필요가 있다는 말이다.

젊을 때는 섹스라는 아편에 깊이 빠져서 잘 모른다. 그러나 그것이 덜 중요하게 되는 훗날의 생활이 어떻게 되기를 원하는가에 대해서 깊이 생각하는가에 자신도 결혼한 이후에야 그 문제를 비로소 생각하기 시작했으니까.

내가 고작 그 정도였다니 기가 막히지만 사실이니까 인정할 수밖에 없다. 나이 들어 결혼을 하게 되면 좀더 현명해질 수 있다고 나는 생각한다.

대공황기에 가난하게 자란 나는 어머니와 여동생을 도우

면서 항상 나의 남편감은 활동적이고 능력 있는 남자여야 한다는 것을 알고 있었다. 항상 다이내믹한 남자— 결국 내가 사랑을 느끼고 결혼한 사람은 그러한 남자였다. 물론 결혼 후 데이비드가 몇 번인가 실직을 했을 때에는 하느님이 나의 바보스러움을 벌하는 것이라는 생각을 했었다. 하지만 역시 내 남편은 능력 있는 사람임에는 틀림이 없었다.

「섹스와 독신녀」라는 영화가 대성공을 거두어 내가 전국 흥행을 위해 바람을 일으키고 돌아다니던 어느 여름날 밤 데이비드는 실업중이었는데 공항에서 나를 만나, "좋은 아이디어가 떠올랐다. 우리 함께 헬렌 걸리 브라운 회사를 시작하는 거야"라고 말했다.

나는 거의 기절을 할 것 같았다. 생계나 겨우 끌어가고 있는 이 초라한 내가? 어림도 없는 소리! 그러나 그 이야기가 있은 지 얼마 후 데이비드는 20세기 폭스사로 다시 돌아왔고 그 후부터 가난은 다시는 나를 싸고 맴돌지 않게 되었다.

하느님 감사합니다!

결혼운이란 나쁠 수 있는 것에 못지않게 좋을 수도 있다는 것은 아주 흥미 있는 일이다. 여기에서 다음과 같은 별로 심오하지 않은 심오한 이치가 존재한다. 즉 만일 한 번의 결혼에 운이 따르지 않는다면 다음 번 결혼에서는 따를 수 있다는 것이다!

그럼 생각해 보자. 남편을 고르는 어떤 지침이 있는 것일까? 있다. 내 지침을 따르자면 첫째, 착한 남자와 결혼하라는 것이다. 인생이란 바로 당신에게 수없이 많은 공포를 강요하는 것인데 그 중에서도 가장 큰 공포가 남편이라면 당신이 무슨 재주로 그것을 감당할 수 있겠는가?

남자가 착하다고 해서 당신이 끌리는 것은 물론 아니지만 그래도 당신의 운이 괜찮다면 당신과 그 사람 사이에 성적 교감 작용도 훌륭하게 발전할 수 있을 것이다.

둘째, 당신이 그를 사랑하는 그만큼이라도 당신을 사랑해 주는 사람과 결혼하라. 그 이상 훌륭한 일이 어디 있겠는가. 이 사실을 인정하던 하지 않던 모든 인간관계에는 사랑하는 사람과 사랑받는 사람이 있는 법이다.

스탕달은 이러한 역할을 희생자와 행운자로 그리고 있는데, 말할 필요도 없이 사랑을 받는 행운아가 바로 당신이기를 바라겠다. 그렇지만 희생자라고 해도 나는 사랑에 관한 아주 행복한 희생자라고 생각된다. 그것이 바로 사랑의 마술인 것이다.

사랑한다는 것은 당신으로 하여금 발돋움을 하게 만드는 경탄할 만한 일이지만 이 경탄은 근심을 수반할 수가 있다. 나이가 들면 더욱 그렇다. 그래서 나는 가능하면 사랑받는 쪽이 되기를 바란다.

셋째, 당신이 더욱 사랑하는 편이라 하더라도 당신을 소중히 할 어떤 사람과 결혼하도록 하라. 아내를 소중히 여기지 않는다는 것처럼 아내에게 있어서 최악의 문제는 달리 없다. 내가 아는 아름다운 여자 가운데는 유명할 뿐만 아니라 모두에게 아주 매력적인 남자와 이혼한 여자가 있다. 몇 년이 지나도록 그는 자기 아내에게 따뜻한 말 한 마디나 자상한 사랑을 표시하지 않았기 때문에 그녀는 자기가 버림받았다고 느끼게 되었다. 그녀 자신이 이 같은 상황을 초래했는지 어땠는지는 알 수 없는 일이다.

아무튼 사랑이 없는 그녀의 인생은 견딜 수 없는 것이 되었고 그래서 그녀는 마침내 이혼했다.

남편이 아내를 아낀다는 것처럼 여자에게 소중한 일이 없다. 그러한 경우 아내는 그 값진 선물에 보답하기 위해 남편의 웬만한 약점과 결함은 견딜 수 있게 된다.

마지막으로 능력 있는 남자와 결혼하라. 당신의 채점표는 잘 모르겠지만 내 생각으로는 아이들에게는 좋은 아버지이며, 당신에게는 훌륭한 애인이라는 정도로는 뭔가 부족하다. 자기 일은 성공적으로 해내는 남편, 나는 그러한 자질을 가장 높이 평가한다. 왜냐하면 무슨 일이 됐든 일이란 남자의 거의 모든 것이기 때문이다.

평생 동안 자기 일을 못 견뎌 하는 남자와 결혼하느니 보다는 나는 차라리 유죄선고를 받은 남자와 결혼하는 쪽을 택하겠다.

물론 이것은 나의 경우이니까, 당신의 경우에는 남편이 하루를 무엇으로 소일하든 그리 큰 문제가 아닐 수 있다.

나는 돈도 거의 벌지 않고 직업도 전혀 없는 남자와 결혼하고도 행복해 보이는 대여섯 명의 여자들을 알고 있다. 이러한 여자들은 자기 보조자로서 애보기 남자를 원하는 스타일인지 모른다. 어쨌든 그런 남자와 행복해질 수 있는 류의 여자들에 대해서는 나도 할말이 없다. 분명한 점은 내 경우에는 일하는 남편이 더 소중하다는 점일 뿐이다.

다른 부부의 행복을 시기하지 말라

다른 사람들의 결혼생활이 당신의 그것보다 더 섹시하고 화려해 보일지도 모르겠다. 그러나 질투하지 말라. 사람이 각기 서로 다르듯이 결혼생활도 서로 각각 다른 것이다.

좋은 집과 보트, 그리고 테니스 코트를 가진 이들을 부러워하는가? 마음대로 여행을 떠날 수도 있는 많은 돈을 가진 사람들을 선망하지 말라. 재산이 우리에게 만족감을 주기도 하는 것은 사실이다. 그러나 그것이 당신의 결혼생활을 반드시 행복하게 해주는 것은 결코 아니다.

돈 많은 사람들은 오히려 더 자주 이혼을 한다. 상류사회에서 사는 이들은 당신이 질투하고 있는 것만큼 아름다운 것이 아니다. 그 사람들까지도 때때로는 평범하고 소박한 생활을 그리워하곤 한다.

재산에 관해서 말하자면 당신도 노력하면 모을 수 있다. 그 점은 당신이 알고 있는 바와 같다. 그러니 그 문제로 너무 속을 썩이지 말라.

문제가 되는 단 한 가지는 그 결혼이 당신에게 적합한가 하는 점뿐이다. 다른 사람의 아내가 예쁘든 혹은 밉든 상관 없는 일이 아닌가.

어떤 남자에게도 약점은 있다

모든 남자들에게도 약점은 있다. 한두 가지의 작고 사소한 것으로부터 때로는 크고 어처구니없는 약점이 있는 것인데 아마도 당신은 그것을 발견하고서는 깜짝 놀랄 것이다. 그렇다고 해서 당신의 남편이 엉터리라는 뜻은 아니다.

당신의 남편 또한 인간이다. 즉 결점을 가진 평범한 사람이라는 뜻이다. 내게 비교적 가까운 거리에서 관찰한 남자들의 몇 가지 약점을 이야기해 보기로 한다.

아내가 있는 층(層)과는 전혀 다른 층에서 "헬렌! 헬렌!" 하고 소리쳐 부른다. 아내가 듣고 있는지는 확인하지 않고 남편은 자기의 말을 시작하기 때문에 당신은 그이의 말을 듣기 위해 아래층으로 할 수 없이 내려가지 않으면 안 된다. 아니면 비우호적이긴 하지만 남편 혼자 그냥 떠들도록 버려두는 수밖에 없다.

아내가 2천 번을 이야기해도 귀담아 듣지 못하는 남자나 수돗물이 흘러 넘쳐도 절대로 알지 못하는 남자는 어찌해야 할까? 필리핀 항공의 시간표, 이미 죽은 친구의 편지, 몇 달 동안은 찾지 않을 사우섬프톤의 집 열쇠, 써버린 크레디트 카드 따위가 언젠가는 다시 소용되리라고 주장하면서 챙겨두는, 주머니에 솔방울들을 가득 채운 듯한 남자에 대해서는 어떻게 할까?

재채기가 너무 커서 접시가 덜그럭거리고, 천정의 페인트 칠이 떨어지고, 고양이가 식탁 밑으로 냅다 뛰어 도망가고, 옷걸이가 들썩거리는 그런 사람에게 "시원하시겠습니다!" 하고 축하해 본 적이 있는가?(당신은 물론 그렇게 말해야 한다는 것을 알고 있지만 그 말을 하기에는 신경이 너무 지쳐 있을 것은 너무도 뻔한 일이다).

지금까지 말한 것들은 사랑하는 남편의 그저 사소한 결점에 불과하다. 큰 결점에 대해서는 거의 살의를 느낀다고나 해야 마땅한 표현이 될 것이다. 격분이라는 어휘 정도로는 당신의 감정을 제대로 표현할 수 없을 지경의 경우도 간간이 있기 마련인 것이다.

로라의 어머니가 로라에게 "남자란 모두 결점을 가지고 있다"라고 말하자, 로라는 다음과 같이 말한다. "나도 알고 있어요. 하지만 찰리의 버릇보다 더 고약한 버릇이 있다는 것을 보여 준다면 난 5백만 달러라도 지불하겠어요!" 우리 모두는 그녀의 말의 뜻하는 바가 무엇인지를 알 수 있다.

　그렇다면 그런 결함이 있음에도 불구하고 그 사람이 왜 이 세상에서 당신이 사랑하는 유일한 남자이며, 그 사람 없이 살기보다는 차라리 죽는 쪽을 택하겠다고 말하게 되는 것일까?

　참으로 신비스러운 일이다. 이런 경우 내가 할 수 있는 말이라고는 남자의 약점 때문에 자기 이마를 치는 것은 어리석은 일이라고 말해 주는 것뿐이다.

　남편은 당신의 약점 때문에 자기 이마를 치지는 않는다. 그런데 왜 우리 여자들은 남편의 약점 때문에 쓸데없이 속을 썩여야 한단 말인가?

모든 결혼에는 금전적인 문제가 있다

　종종 보게 되는 경우지만 부부 중의 어느 한 사람은 인색하고 다른 한 사람은 아주 헤픈 경우가 있다. 그것은 어쩌면 좋은 일인지도 모르겠다. 아무튼 그렇게라도 균형을 이루게 되는 것이 바로 이 결혼인 것이니까.

내 친구 비양카는 말한다.

"윌리에게 있어서 돈은 마치 유리 테이블 위를 구르는 구슬처럼 잘도 빠져나갑니다. 나는 가끔 윌리의 책상에서 구겨진 현금을 모아서 펴 놓곤 하는데 그 돈을 모두 합하면 아마 1백 달러는 넘을 거예요. 그때마다 그이에게서 120달러쯤 훔치기는 여반장일 것이라는 생각이 들어요. 그이에게서 뭔가 빠져나갔다 하면 그건 아마 돈일 거예요. 하지만 만일 그이가 나처럼 짜다면— 나는 식당에서도 남은 빵을 집으로 가져와요— 아마 우리들에게는 친구가 없었을 것입니다."

내 남편 데이비드는 그들을 즐겁게 해줄 성싶은 사람에게만 돈 주기를 즐긴다. 나 역시 내가 아는 사람들에게는 그들을 즐겁게 해줄 수만 있다면 즐겨 돈을 준다. 하지만 다시는 볼일이 없는 호텔 여급에게 20달러씩을 준다는 것은 눈곱만큼도 즐겁지 않을 뿐만 아니라 오히려 분노를 자아낸다.

데이비드는 내가 지독하게 인색하다고 생각하지만 나는 데이비드야말로 허세가 좀 심하다고 생각하는 편이다.

때로는 마누라들이 더욱 허영기가 있다.

"내가 2백 달러는 줘야 구입할 수 있는 유명 메이커 텔레비전과 다름없는 진짜라고 말해줘도 소용없어요. 베티에게는 그런 얘기는 아무 소용이 없지요. 그녀는 기어이 유명 상점에 들어가서 2백 달러를 지불하고 사야만 직성이 풀리거든요. 맙소사!"

짜다는 평을 듣는 어떤 남편의 이야기이다.

하지만 생각해보라. 당신들은 서로 상호 보완적인 것이다. 만일 데이비드가 나처럼 소심하다면 워너 커뮤니케이션 사(社)를 1년6개월씩이나 무모하게 떠나지도 않았을 것이고, 리처드 자눅 감독과의 계약에 의해서 독립영화회사를 만들지도 못했을 것이다. 그랬더라면 「스팅」이나 「죠스」에서 벌어들인 돈도 없었을 것 아닌가?

반면에 나는 결혼할 당시 천 달러(평생 쪼개고 짜게 굴어서)를 가져왔기 때문에 데이비드 아이의 사립학교 학비 및 전세비용과 기타 소소한 돈을 지불할 수가 있었다(데이비드는 그 당시 파산상태여서 결혼비용도 빚을 냈었다).

나는 그에게 저축하는데 대한 인식을 바꾸는데 꽤 좋은 영향을 미쳤다고 생각한다. 이에 대해서 그는 내게 돈 쓰는 재미를 알게 해 줬다.

나는 최근 그의 단골 안마 시술사 유기코 어원으로부터 한 통의 편지를 받았는데 그 편지 내용은 다음과 같았다.

"당신의 남편은 여태껏 경험한 적이 없는 너그러운 환자이며 고객이었습니다. 어느 누가 자발적으로 요금을 올려 주겠습니까? 그분이 제게 그렇게 한 최초의 손님이었습니다."

이튿날 나는 점심용 샌드위치를 다시 재처리하면서 그에게 왜 자기 자신의 사업에는 걱정을 하지 않으면서 유기코의 비용을 그녀가 감동하도록까지 올려줬는지 묻지 않고는 견디기 어려울 정도였다. 그런데 그녀의 다음과 같은 편지 글귀가 생각났다.

"그분은 안에서도 밖에서도 정말 신사이십니다. 그리고 지금은 찾기 힘든, 이제는 사라져가는 존경할 만한 스타일의 어른이십니다."

여성에게 그처럼 감격적인 반응을 불러내는 남자를 어떻게 바꾸려 덤빌 수 있겠는가? 더구나 일주일이면 두 번씩이나 그 앞에서 남편이 완전히 옷을 벗는 여자에게.

부부들마다 돈을 쓰는 방식은 아주 다르다. 어떤 경우에는 모든 수입이 공동으로 사용된다. 그러나 또 어떤 경우에는 남편의 돈은 식량, 주택, 자동차 비용 등에 기본적으로 사용되고 아내의 돈은 휴가 비용이나 여자의 옷값 따위로 지출되며 은행구좌도 별도로 갖는다.

나는 남편의 수입이 나의 수입보다 많기 때문에 합산제를 좋아하는데 그것은 그래야만 더 많이 쓸 수 있기 때문이다. 내가 너무 욕심쟁일까? 요즘처럼 물가고가 터무니없더라도 당신들 두 사람 가운데 한 사람만 빈틈이 없으면 이럭저럭 견디어 낼 수 있다.

가족을 부양해야만 하는 가난한 비서였던 시절에도 나는

먹고 입는 것은 괜찮게 해 나갔고, 빚은 한 번도 지지 않았으며, 그런대로 자그맣고 달콤한 인생을 살았다.

그때는 알뜰하다는 것조차도 쉽지 않던 때였다. 하지만 어쨌든 그렇게 살아왔고 다른 누군가도 그렇게 살고 있을 것이다. 아내들이란 그렇게 소심한 것이다.

나는 돈에 대해서는 한 번도 바보가 되어 본 적이 없다. 결혼한 사람들이 돈 때문에 그토록 아옹다옹하는 모습을 보면 이해가 안 간다. 만일 당신들 두 사람 가운데 어느 누구도 알뜰하지도 소심하지도 못하다면 조언자를 찾으라.

근래 몇 년 동안 데이비드와 나에게 기막힌 조언을 해준 사람은 세금 징수원이었고, 우리 둘 사이에 별 문제없이 지날 수 있었던 것은 데이비드에 대한 나의 결혼이라는 선물 때문이다. 나는 독신일 때 그를 찾아냈다.

당신 역시 당신들 두 사람이 의젓하게 살아가기 위해서는 당신들의 인생에 그 같은 어떤 사람을 필요로 할 수도 있다.

작은 즐거움을 연기하라. 말하자면 고급향수, 큰 옷장, 삶 가죽 코트 따위를. 그러한 것들은 당신이 그러한 물건들을 살 수 있게 될 때까지 거기에서 기다리고 있기 마련이다. 기다리는 여자는 더욱 예뻐 보이는 법이라는 걸 명심하라.

아무도 말해주지 않았던 결혼생활의 이로운 점

「바람과 함께 사라지다」에서 스칼렛 오하라는 17세에 과부가 되어 상복을 입고 일 년 동안 슬픔에 잠겨 있어야만 했다. 과부가 되지 않은 아내들이라 해도 일단 누군가의 아내인 이상 이보다 뭐 특별히 더 좋을 것도 없다. 그들은 파티에서도 다른 남자들과는 춤을 추거나 이야기를 나눌 수 없고 한쪽 구석에서 다른 아내들과 함께 잡담이나 나누고 있어야만 한다.

어느 누구도 당신이 변덕을 떨며 시시덕거리고 경솔하게 굴거나 아무 데서나 자고 다니는 아내이기를 원치 않는다. 당신은 이미 결혼했으니까 더 많은 남자 친구들과 어울릴 수 있으며, 당신은 안정되어 있는 것이다. 당신에게는 당신이 제일 충성을 바치는 훌륭한 남편이 있고 또 다른 사람들도 그것을 안다.

하지만 당신은 그 안전하고도 아늑한 가정내에서도 춤을 출 수 있고 수다를 떨 수도 있으며(예의 바르게 남편을 사랑하는 부인이 부적절한 방법을 사용할 리는 없으니까) 남자를 사귈 수도 있고 재미를 볼 수도 있다.

어울려 논다는 것은 무엇인가? 그것은 그저 남자가 자기 자신을 남자로 깨닫도록 하는 것이며, 그는 남자고 당신은 여자라는 것을 알게 하는 것일 따름이다. 그것이 뭐가 그토록 죄악이란 말인가?

한데 왜 그토록 자기를 관리할 필요가 있단 말인가? 왜 다른 남성들을 의식할 필요가 있는가? 그것은 당신이 여성이고 당신이 살아 있는 한 여성으로 머물면서 생기가 있기를 바라기 때문이다. 당신이 함께 어울려 노는 남자는 당신이 기혼이기 때문에 당신의 주목을 받는다는 사실을 거북하게 느낄지도 모른다. 그러나 천만의 말씀이다. 독신 여성이라고 해서 그가 아무런 말썽없이 즐길 수 있는 안전한 상대는 아닌 것이다.

독신 여성들 역시 거의 그를 붙잡아 두려고 하고 그와 결혼하려고 하고 또는 그를 자기의 무엇으로 만들려고 한다. 독신 여성들의 요구라고 해서 남자를 그냥 남자로 두려는 것은 절대로 아니다. 확실하게 결혼한 여자들은 그에 대해서 소유욕을 갖지 않는다. 그녀에게는 사랑해야 할 남자가 있어서 단지 그녀의 남편이 아닌 다른 남자와 교제함으로써 인생을 좀더 풍성하게 하고자 원할 따름이다.

남자란 결혼할 수도 있고 독신일 수도 있고 그들은 또 아내나 여자친구와 깊이 얽혀 있을 수도 있지만 아무튼 당신이 선택한 상대와 춤을 추어도 당신은 얼마든지 안전하다. 왜냐하면 당신은 그저 그들의 순간적인 주목만을 원할 뿐 다른 것은 아무것도 원치 않기 때문이다. 칭찬도 해주고 함께 즐겨라.

결혼을 하고도 바람을 피우는 사람들에 대해서는 그들이 아직도 여전히 이성으로부터 매력적이라는 것을 증명하기 위해서 애를 쓴다는 통렬한 비판을 받는다.

그래 옳다! 그 점에 대해서 이해한다는 것이 무엇이 그리도 지겹고 어려운가?

결혼한 여자들에게 있어서 중매란 권장할 만한 행동이다. 당신이 좋아하는 사람들을 서로 맺어준다는 것은 기꺼운 일이다.

사업하는 여자는 다른 여자들의 남편이나 애인을 그들이 만나고자 하는 사람들에게 소개해 준다든가 하여 자기의 영향력이나 충고로서 도와줄 수 있다. 결혼한 여자들은 자기들의 호의를 나누어 줌으로써 자기도 함께 즐거울 수가 있다.

당신이 그와 더불어 로맨스를 갖기보다는 단지 그가 흥미 있게 느껴질 뿐인데 점심을 같이 하자고 하기에는 너무 대담하다고 느껴질 경우에는 그와 그의 아내를 함께 저녁에 초대하라. 결혼이란 힘의 기반을 제공한다. 결혼이란 당신이 사랑하고 신뢰하는, 또는 완전히 열중하는 남자와 함께 이루어지는 것이지만 그것이 이 세상의 남자들 모두를 버리게 되는 것은 아니다.

열정적인 사랑이라고 해서 반드시 결혼으로 골인하는 것은 아니다.

정신의학자인 C.A 트립은 "친밀해지면 피곤해진다"라는 말을 한 적이 있다. 그는 또 "서로 모르는 사람들끼리 가까워지면 모든 것을 걸어야 한다"고 말한 적도 있다.

아, 정말 그렇다. 내가 아는 사람 가운데 자기 아내와 시골엘 갔다가 이튿날 혼자서 돌아와서 이렇게 말하는 것을 들은 일이 있다. "로라는 그릇들을 치우기 위해 시골에 머물러 있습니다. 내일이나 올 거예요"라고 말이다.

오, 이것이 결혼이다. 아무튼 최소한 결혼의 일부분인 것이다. 한 사람은 파티가 끝난 후 그릇 따위를 작은 가방에 집어넣기 위해 시골에 머물러 있는데, 한 사람은 또 자기의 볼일을 보고 있는 것이다. 낭만이라고는 전혀 없지만 불행하게도 이것은 사실이다. 낭만이 지배하는 곳에 결혼이란 있을 수 없다고 극언할 수 있다.

사랑이란 서스펜스와 불확실성과 새로움 위에서 자라나지

만, 결혼이란 믿음과 위안과 함께 살아간다는 것 위에서 자라나는 것이다. 그런데 어떻게 결혼이 그토록 낭만적인 것이 될 수 있겠는가?

그러나 결혼에는 당신이 모르는 또 다른 보상이 있다. 그나 나를 죽도록 사랑한다지만 잘못하면 나만 손해 보는 것이 아닐까. 그는 정말 다른 여자들로부터 벗어날까. 나는 정말 그에게 가장 신나는 여자일까. 혹시 빳빳하게 굳어지게 만드는 바보나 아닐까 하는 따위의 근심을 결혼 이후에는 이제 더 이상 하지 않아도 된다. 결혼이란 아무리 섹스가 원만하다 해도 섹스만이 결혼의 전부는 아니다.

비록 이제 더 이상 그가 열병에 걸린 것처럼 느껴지지 않는다고 해도 여전히 그를 찬미해야 하고 침대에서는 신명을 올려야 한다.

따라서 아슬아슬한 섹스란 아주 가까운 사람들끼리 그저 3년 정도밖에 지속되지 않는다는 사실을 아는 여자로서 풍취 없는 섹스에 안주하고 싶지 않은 여자는 결혼하지 말라.

작가 이르마 쿠르츠는 말한다.

"이혼한 여자치고 다른 남자에 열렬하게 빠져보지 않은 여자는 없다. 그들은 혼자 살았어야 했다. 이런 그들에게 결혼이 곧 잘못된 것이다."

그러므로 당신의 결혼이 그다지 열정적인 환희의 상태에 있지 않다고 해서 크게 걱정해야만 하는 것은 아닌 것이다.

당신의 남편을 너무 위대한 인물로 생각하지 말라

당신의 남편은 나폴레옹이 아니다. 처음에는 그처럼 위대해 보이던 남편이지만 살다보면 차츰 단점을 발견하게 마련이다. 그러면 아마도 남편에 대한 당신의 존경심은 줄어들게 될 것이다.

어느 날 나는 로스앤젤레스에서 뉴욕으로 가는 비행기 안에서 자기 아내에게 심하게 당하고 있는 사람을 보았다. "당신은 자기밖에 몰라요! 자기의 껍질에서 나오세요!" 그런데도 그 남자는 1년에 2백만 달러를 벌어오는 코메디계의 천재로 알려져 있는 것이다.

어떤 여자들은 자기가 그런 유명한 남자와 살아보고 싶어 할지도 모른다. 그렇지만 그런 남자라 해도 일단 자기 남편으로 되고나면 조금씩 그 매력이 줄어들게 마련인 것이다. 그러므로 여기에 아내들이 귀담아 들어두어야만 중요하다. 이혼을 당하는 여자들의 대부분은 바로 이것을 지키지 않았기 때문이라고 나는 알고 있다.

특히 대중 앞에서 그저 끌어내리는 짓은 절대 금물이다.

결혼 99

극성스러움은 가장 나쁜 결과를 초래한다. 당신의 남편이 설사 바보 같은 행동을 하더라도 늘 침착하지 않으면 안 된다. 누가 뭐라 해도 그는 당신의 남편이다. 늘 남편을 돕고 감싸주어라. 특히 공중석상에서는 말이다.

아이들의 문제

나는 사실 아이들을 원치 않는다. 아이란 두 사람의 결혼을 굳게 해주는 역할을 하는가 하면 파괴하는 역할을 한다.

여기에 아이들은 태양이며, 달이며, 별이라고 생각하는 엄마들의 이야기가 있다. 이런 사람들의 대부분은 착한 아이들을 가진 경우일 것이다.

다이안 : "첫 애는 정말 힘들었어요. 그리고 그 애가 네 살이 되었을 때 미첼을 갖게 됐지요. 나는 그 아이를 너무도 좋아합니다. 그 아이에 대한 나의 애정은 다른 누구에게도 느낄 수 없는 깊은 것입니다. 나는 가끔씩 아이들의 눈을 들여다보곤 합니다. 그럴 때마다 나는 기쁨이 온몸을 감싸오는 것을 느끼게 된답니다."

에그니스 : "아이를 갖지 않는다는 건 이해가 되지 않아요. 당신은 그 아이들의 몸과 정신과 배(아이들은 항상 먹으니까), 그리고 공부하는 것과 옷 등을 보살펴야 합니다. 당신은 그렇게 해서 아름답고 값싼 보석을 닦고 있는 거랍니다."

이본느 : "그 애들은 언제나 나의 구원 부대죠. 아이들은 너무 귀여워요. 내가 어려울 때면 그 아이들이 도와주곤 하죠. 우리는 함께 적을 향해 진군하는 군대랍니다."

마그리트 : "우스꽝스러운 짓을 하거나 곱셈을 하는 아이들을 본다는 것은 참으로 경탄할 만큼 놀라운 느낌을 갖게 합니다. 당신도 그런 느낌을 받고 나면 애기를 갖고 싶어질 거예요."

말레느 : "아이들이 어릴 때 당신은 그들의 중심입니다. 당신은 태양이고 아이들은 혹성이지요. 그것을 느낀다는 건 표현할 수 없는 만큼의 즐거움이지요."

그런가 하면 아이들을 갖는데 대해 부정적인 생각을 하는 사람들도 있다.

제시카 : "어떤 때는 아이가 없는 부부가 부러울 때가 있

지요. 그들은 서로에게 보다 충실하거든요. 아이
들에게 사랑을 구하지 않고서도 그들은 충분할
만큼 행복해 보여요."

말레느 : "아이들은 결혼을 파괴하는 역할도 합니다. 자연
은 여자에게 남편뿐이 아니라 아이들도 사랑하도
록 만들었어요. 아이가 생기면 더 이상 남편만을
위할 수는 없게 되지요. 그래서 조금씩 남편과의
사이에 문제가 생기는 거지요."

아이를 가질 것이냐 갖지 않을 것이냐, 하는 문제는 당신
의 인생에 있어서 매우 중요한 결정이 될 것이다. 그것은 결
혼생활을 새로운 국면으로 유도한다. 당신이 아이를 가진다
면 남편과 헤어졌을 때에도 아이들은 당신 곁에 남아 있을
것이다. 그리하여 아이들은 당신을 행복하게 하거나 우울하
게 할 것이다. 어떤 길을 선택할 것인가는 당신의 결정 여하
에 달려 있다. 신중하게 결정하고 현명하게 대처하라.

그이의 가족이 당신의 가족이다

당신에게 행운이 따른다면 당신은 친부모와 같은 시부모

님을 만나게 될 것이다. 또한 좋은 시누이도. 그러나 그 반대일 경우도 상상해 볼 수가 있다. 당신이 그를 선택했을 때 또한 당신은 그들(시집 식구) 또한 선택한 것이라고도 할 수가 있다. 그이를 너무 붙잡아만 두지 말라. 그이로 하여금 때때로 가족들과 잘 어울릴 수 있는 시간 여유를 주도록 해야 한다.

당신 또한 마찬가지다. 친근하게 시댁식구들과 접촉하라. 나는 데이비드보다 더 많이 시누이와 만났었다. 데이비드 또한 자기의 장모를 나보다 더 자주 뵈러 가곤 한다.

그들이 당신에게 불친절하고 남편 또한 그들 편만 든다면 결혼 생활은 잘 해나가기가 여간 어렵지 않을 것이다. 당신은 먼저 그들을 사랑하라. 그들을 아끼고 존경하라.

남편의 일을 소중히 생각하라 그를 고무하고 격려하라

남편이 하고 있는 일이 남편을 만들고 그의 모든 것을 형성시킨다. 결국 남편의 일은 당신과 남편과의 결혼생활의 양식을 결정할 수도 있다. 바람직한 남자라면 자기의 직업이 어떤 직업이든 간에 그 일에서 성취감을 느끼려 할 것이다. 일을 즐겁게 생각하지 않는 남자라면 좀 문제다.

남자가 일을 싫어해서 그것 대신 취미생활에 너무 빠지거나 당신에게 의지해 온다면 큰일이다. 그것은 두 사람 모두에게 심각한 문제가 된다. 그것은 당신에게 큰 부담이 될 것이다.

반대로 돈 잘 벌어오는 남편을 문제라고 생각하는 경우도 있을 것 같다. 남편이 벌어다 주는 돈으로 남부럽지 않게 살면서 남편이 일찍 귀가하지 않는다고 불평하는 주부들이 많다. 물론 그런 불평이 있을 수는 있다. 그러나 어느 편인가 하면 직장에서 일하기를 싫어하는 남편보다는 일에 미쳐 조금 늦게 귀가하는 남편이 낫다. 남자에게 있어서 일이란 남자 그 자체이다. 어떤 여자보다도 더 훌륭한 여자가 바로 남자의 그 일인 것이다.

가능한 한 집안일을 당신이 해야 한다. 또한 남편으로 하여금 직장에 대한 야망을 갖도록 격려하라. 그리고 그의 직장 동료들에게 상냥하게 미소지어 보여라.

항상 남편 먼저

세상이 두 쪽이 나는 한이 있더라도 남편이 당신을 보고 싶어할 때나, 당신이 이야기하고자 할 때 또는 당신과 침대에 가고자 할 때, 그것은 무엇보다도 가장 존중해야 할 요구인 것이다.

당신은 남편의 일하고 성취하겠다는 욕구를 이해하는 트인 사람이라면 그 문제는 별로 대수로운 것이 아닐지 모른다. 그러나 그렇다 해도 남편의 요구는 모든 것에 우선한다.

한 번 생각해 보자. 하루 24시간 가운데 8시간은 잠을 잔다 해도 꼭 해야 할 일이나 친구들, 파티 등 당신이 중요하다고 생각하는 일과 함께 남편을 제일로 모실 시간은 16시간이나 있다.

아이들에 대한 일은 또 다른 조언가에게 맡겨야만 하겠지만. 내 생각 같아서는 남편이 아이들보다 먼저라는 생각이 든다. 나의 남편은 항상 1급 대우를 받는다.

집에 있을 때면 그의 아침과 저녁은 반드시 내가 차린다. 나는 가정을 꾸려가지만, 그가 내게 원하는 것이면 어떤 사업상의 일이나 약속도 뒤로 미룰 각오가 되어 있다. 사람이란 원래 조금은 바쁘게 돼 있는 법이다. 그러면서도 나는 내 머리를 매만지고 내가 내고 있는 「코스모폴리탄」 지의 원고를 인쇄업자에게 가져다 준다. 아무리 바쁜 여자라 해도 남편을 최우선으로 모시는 일을 해낼 만큼의 시간 여유는 있게 마련인 법이다.

남편의 비위를 맞추라

 남편의 요구 가운데는 때로는 정말 웃기는 것이 있다. 그 요구에 따르는 것이 대수로운 일이 아니라면 왜 따르지 않겠는가? 하지만 남자란 조금은 우스운 동물이다. 성격이 관대한 내 친구 한 사람은 이런 말을 한다. "내 남편은 신문지가 스토브에서 5피트 거리에만 놓여 있으면 아파트에 불이 나는 줄로만 압니다. '캐롤, 내가 항상 말하지만 당신은 언젠가는 불을 내서 집을 온통 홀랑 태울 거야.' 종종 나는 남편한테 이런 꾸중을 듣지요. 그 스토브는 내화성의 난로인데도 말이에요. 어쩌다 종이 타월이 저절로 스토브 위로 떠돌아다니다가 파일럿 버너에 인화되었다고 칩시다. 아마 그냥 타서 몇 개의 재가 날라다니다 그것으로 끝날 거예요. 남편에게 그 점을 몇 번이고 이야기했지만 마침내 나는 나 자신이 불에 탄 타월이 될 것 같아서 견디지 못하고 결단을 내렸지요. 남편 말대로 하자구요. 요즈음은 남편이 집에 있을 때면 종이 부스러기 하나까지도 치워요. 그렇다고 뭐 자존심이 상하는 것도 아니니까요!"

 그 이튿날 파티에서 바로 그 친구의 남편은 내게 이렇게 말했다. "아내가 무엇을 하려고 한다는 것은 바로 내가 그것을 원하기 때문이에요. 아내는 내가 하라면 모두 하죠. 그것이 논리적이냐의 여부는 문제가 안돼요!"

당신도 그렇게 할 수는 없을까요?

그이를 위해 할 수 있는 가장
좋은 일은 그의 말에
귀를 기울이는 것이다

결혼하기 전에는 당신도 아마 전화에 대답하듯이 그의 말을 한 구절도 빠뜨리지 않고 들었을 것이다. 이제 아내가 된 당신은 너무 바빠서 그렇게 할 수가 없다. 하지만 바쁘다는 것은 핑계에 불과하다.

사실은 그렇게 하기가 귀찮은 것이다.

센스 있는 여자라면 영패를 당한 다저스팀의 야구경기나 기름파동 따위를 토론하기 보다는 뉴요커 지를 읽거나 안방 정리 또는 목욕탕에서의 오이 마사지 등을 하려고 할 것이다.

당신이 야구광이 아니라면, 또는 은행 투자가가 아니라면 대답은 예스일 것이다. 물론 남편과의 토론도 재미있다. 이

결 혼 107

를테면 친구들의 가십 이야기를 할 때라든가 여행계획, 또는 정치 이야기 등 당신 부부가 공동의 재미를 느끼는 화제일 경우에는 물론 그럴 것이다. 그러나 내가 말하고자 하는 것은 시시한 일상적인 이야기에 관한 것이다. 당신 남편이 대화를 하고자 할 때에는 당신은 무엇이 되었건 하던 일을 중단하고 그의 눈을 쳐다보면서 시시한 화제든 훌륭한 화제든 경청해야만 한다. 그래야만 당신은 이혼법정에 서지 않고 당신의 돈을 전부 털어가는 이혼 담당 변호사와 협의하지 않아도 될 수 있게 된다. 남편의 이야기에 열심히 귀를 기울이라.

남편에게만 의지하지 말라

당신의 남편이 아무리 훌륭한 사람일지라도 모든 것을 남편에게만 의지하는 재미없는 아내일 것이다. 그렇지 않은가? 그런 사람은 이기적이고 우물 안 개구리식이고 사람을 믿거나 사랑할 줄도 모른다.

남편하고만 살지는 말라. 친구를 가지라는 뜻이다. 생활을 보다 윤택하게 하기 위해서 오륙 몇 정도의 진실한 친구와 이십 명 정도의 가까운 친구를 가지라고 권유하고 싶다. 모든 사람은 각자 자신을 주위의 위성을 거느린 별이라고 생각할 수 있다. 당신은 주위의 위성에 대해서 중심되는 부분이다. 위성들은 결혼생활에 활력소의 역할을 한다. 모든 것을 그에게 의지하는 것은 남편의 부담을 가중시킨다.

가장 친한 친구가 꼭 여자일 필요는 없다. 로나 베레트의 가장 친한 친구는 2명의 남자이며 「타임」의 편집장 데이비슨은 CBS모닝뉴스의 무비 리뷰어 콜린스의 가장 친한 친구이다. 나도 마찬가지다. 나는 3명의 여자 친구와 함께 「코스모」의 편집자, 가정부와 두 명의 미용사를 친구로 갖고 있다. 남자든 여자든 상관없다. 많은 친구를 가져라. 그래야만 당신은 남편에게 덜 부담스러운 아내가 될 수가 있을 것이다.

남편 칭찬에 너무 인색하지 말라

자기의 남편이 세상에서 제일 훌륭하다고 말하는 사람은 썩 드물 것이다. 그러나 당신은 남편을 칭찬하지 않으면 안 된다. 당신의 칭찬이 거짓말에 가까우면 그것은 아무 소용이 없다. 진실만을 말하는 사람이 좋은 남편을 차지할 수 있다는 것을 명심하라.

친구들은 당신이 남편 칭찬하는 것을 듣기 원한다. 세상의 부부들은 서로를 공격하기 좋아하기 때문이다. 당신의 남편 칭찬은 그런 공격을 위한 좋은 자료가 된다.

어느 날 저녁 어떤 여자는 샴페인 글라스를 들면서 말하였다. "내 남편을 위해서 축배를! 만약 그이가 없었다면 이런 신사 숙녀들을 만날 수 있겠어요?" 그녀는 결혼하기 전부터 우리가 자기 남편을 알고 있다는 것을 알고 있었다. 그러나 반드시 그것만이 진실은 아니다. 그녀야말로 멋진 여자라고 나는 생각한다.

또 어느 식탁에서, 역사상 인물 중 누구와 함께 식사하기를 원하는가 하는 게임이 시작되었었다. 다른 사람은 칼 융이라고 말했다. 또 다른 여자가 "우리 그 이와 함께!"라고 말하였을 때 우리 모두는 침묵하였다. 그녀야말로 뭔가를 아는 여자인 것이다.

유머 감각이 필요하다

소설가이며 시나리오 작가인 카닌은 최근에 TV에서 아내인 여배우 룻 고든과 오래 살 수 있었던 것은 유머 때문이라고 말하였다. "룻이 나를 웃기지 않은 날이 없었어요."

「스크립 하워드」지의 편집장인 잭 하워드는 말한다. "나는 센터아일랜드에서 시내로 드라이브하기를 좋아한다. 그러면 나는 아내 일리노어가 말하는 것을 들을 수 있다. 그녀는 나를 시종 웃게 한다."

그러한 여자들은 자기 남편에게서 사랑받지 않을 수가 없다. 우리 모두의 문제점은 우리가 너무 명랑하지 못하다는 점이다. 우리들은 우리의 귀한 자산이 썩어가고 있는 것을 보고만 있다.

내 친구 케리가 남편에게 한 답변을 나도 할 수만 있다면 참으로 좋겠다. 어느 날 그녀의 남편이 케리가 요리법을 배운다면 요리사를 내보내서 비용을 절감할 수 있겠다고 말하자, 그녀는 "레너드, 당신이 운전을 배워 운전기사를 내보내면 비용을 절감될 텐데요"라고 말하였다. 얼마나 멋진 조크인가!

좋다. 우리는 우리가 유머감각이 부족하다는 판단을 내렸다. 그러나 우리는 그런 멋진 조크를 사용할 수 있을 만큼의 훈련을 할 필요가 있다. 예를 들어 남편이 매일같이 열쇠나 안경을 잃어버리고 허둥댈 땐 당신은 그런 남편의 행동을 하나의 코미디 극으로 보는 훈련을 할 수도 있는 것이다.

유머를 가진 주부가 되라. 우울한 여자들은 즐거운 기분을 갖기 위해서 노력하지 않으면 안 된다. 어떤가? 나는 매일 노력하며 연습하고 있다. 당신은?

집안에서의 자질구레한 일들

「레디스 홈 저널」의 편집인 산드라에노는 말한다. "클리프는 집안일을 곧잘 하지요. 그러나 그는 자기 하고 싶은 것만 해요. 우리가 공평하다고 말할 수는 없겠지요?"

다른 젊은 친구도 말한다.

"마크는 자기의 집안일을 돕는다는 것을 다른 사람에게 말하기 좋아해요. 그렇지만 그는 마치 군인처럼 물건을 마구 던져요."

자질구레한 일을 더 많이 한다고 너무 불평하지 말라. 매우 이해심 많은 젊은 남편을 가진 여자조차 자기들의 일이 너무 과중하다고 말한다. 우리들 나이 정도가 되면 최소한 가정은 우리의 왕국이라는 데에 의심의 여지가 없다.

내 남편이 하는 일이라야 고작 주말에 찾아오는 쓰레기 수거인에게 돈을 주는 역할 정도이다. 물론 그도 싱크대에 접시를 넣는 일 정도는 할 줄 안다. 그러나 그는 더운 물을 어떻게 처리해야 좋을지도 모른다. 산드라와 함께 어느 날 이 문제에 대해 토론하면서 우리는 잘만 연구하면 집안일에 대해서는 오히려 우월감을 느낄 수 있다는 데에 동의했다. 매일 침대 위에서 한 시간 정도 운동을 하고, 데이비드의 아침 식사를 짓고, 화장, 머리 손질을 하고 식모에게 타이프로 할 것을 지시해 놓고 데이비드보다 먼저 출근한다. 이러한 것이 나를 즐겁게 한다.

공평하게 말하면 데이비드도 자기가 먹을 크림을 만들 수 있고, 우리의 복잡한 재무구조를 계산하고, 사우드 댐턴의 집과 아파트의 전기 기술자에게 일을 시키기도 한다. 하지만 그건 시키고서 지켜보기만 하는 일일 뿐이다. 게다가 그런 일은 그리 자주 생기지 않는다. 요즘의 엄마들은 아들에게 집안일을 가르친다. 그런 방법도 있을 수 있겠다. 어쨌든 당신 남편도 그냥 놀고만 있다고는 생각지 말라. 자동차 수리라든가 정원의 공사, 집안 보수 등등 필요하면 부탁하라. 그러나 꼭 오늘이 아니어도 좋다. 자기가 하고 싶은 날 하게 하라.

만약 그가 구질구질한 집안일을 하지 않으려 한다면 당신은 남편을 잘못 선택한 것이다. 그것은 불행한 일이다.

선물을 하라

선물을 싫어하는 사람은 없다. 당신의 남편도 꼭 당신의 생일이나 크리스마스가 아니더라도 종종 선물을 사다 줄 것이다. 남편의 선물이 너무 비용을 초과할지도 모르지만 내가 하는 말을 이해한다면 그것은 결코 비싼 것만은 아니라는 사실을 알 수 있을 것이다. 남편은 분명히 당신의 선물에 보답을 한다.

무엇을 선사할 것인지는 어렵지 않다. 왜냐하면 자신도 모르는 사이에 남편들은 암시를 주기 때문이다. "환장하게도 스쿠우 드라이버를 찾을 수 없구만." 성 발레타인데이에 그것을 사다 주라. "당신, 프랑크가 입은 커프스를 봤소?"

프랑크에게 어디서 샀는지를 물어서 사다 주라. 중세 이야기나 어떤 화가의 그림이나 프랑스 포도주를 좋아한다면 그러한 기호에 맞춰 선물하라.

내가 데이비드에게 한 선물 중 가장 멋진 것은 손수 만든 카드였다. 카드에는 그림과, 그가 말한 세계에서 가장 섹시한 12명의 여자의 메시지가 담겨 있었다. 당신은 당신의 남편이 무엇을 좋아하는지를 알고 있다. 바로 그것을 선물하라.

나는 선물하는 데 인색했었다. 그러나 요즘은 달라져서 선물하기를 매우 즐긴다. 선물이란 많이 할수록 좋은 것이다. 크든 작든 당신의 진심만 충분히 담겨 있으면 얼마나 멋진가? 선물하는 여자가 되라!

그가 선물한 옷을 입고
감사의 말을 하라

우리는 때때로 남편이 선물한 물건을 소홀하게 다루는 경우가 많다. 어떤 때는 그 선물받은 물건을 친구의 것과 바꾸기도 한다. 그렇지만 가능한 한 남편으로부터 받은 선물을 계속 당신이 가지고 있어야 하며 소중하게 다룰 필요가 있다. 더구나 선물을 받고서 투정하는 사람은 아주 미숙한 아내라고 밖에는 말할 수 없다.

"이런 물건을 50달러나 줬어요? 내가 샀으면 25달러로 깎을 수 있었을 텐데……."

이런 말을 듣고 유쾌해 할 남편은 하나도 없을 것이다. 내 친구 엘렌은 그런 실패를 한 뒤부터는 남편이 사다 준 옷을 입고 감사하기 시작했다고 말한다.

어떤 사람은 남편 자체를 사랑하니까 선물과는 상관없이 자기들의 애정이 굳건하다고 말하기도 한다. 사실 그렇기는 하다. 그렇지만 선물의 효과를 과소평가하지 말라. 선물이란 사랑의 부적과도 같다.

남편들은 자기의 사랑하는 여자에게 선물하기를 즐긴다.

선물을 받고 즐거워하는 여자의 모습이란 남자들에게 아주 섹시하게 보이기도 하고 귀엽게 보이기도 하는 법이다. 그가 선물을 하거든 기쁜 표정을 지어라. 그리고 그것이 구두라면 즐겨 신어야 할 것이며 옷이라면 기쁘게 입어야 한다. 항상 남편의 선물을 소중히 하라.

그가 아플 때에는 어머니 역할을 하라

그가 감기에 걸렸을 때 귤이나 버본 위스키를 주면서 보살피지 않는 아내가 있을까? 나는 그런 사람을 상상할 수 없다. 모르긴 해도 당신 남편도 당신이 아플 때는 당신을 보살펴 줄 것이다.

우리집에서의 병간호는 일방적이다. 왜냐하면 아이들도 없는 데다가 내가 앓아본 적이 없기 때문이다. 우리집의 유일한 환자는 남편뿐이다. 남편은 꽤 심각한 조울증 환자이다. 그는 한동안 침울해지는 시기가 있는데 그때에는 나의 보살핌이 필요하다. 하지만 그는 그 시기를 지내고 나서부터는 전보다 훨씬 상냥해진다.

당신이 환자를 간호할 때면 당신은 아주 여자다워져 보이게 된다. 또한 당신의 남편에게 당신이 아주 중요한 사람이라는 인식을 피부로 느끼게 해주기도 할 것이다. 그것은 아주 중요한 일이다. 그리고 그가 다 낫게 되면 이제부터 다시 정상적인 생활이 시작되는 것이다.

남편 구슬리기

우리가 알고 있다시피 당신의 힘으로 남자의 성질을 바꿀 수는 없다. 하지만 근본적으로는 안 된다 하더라도 영향력을 미칠 수도 있고 또 부분적으로는 남자의 행동을 바꾸어 볼 수도 있다.

여자들이란 남편들을 좀 인색하게 만들거나 발레를 함께 구경하게 하고 마음의 여유를 갖게도 하는가 하면 하느님을 믿도록 하기도 한다.

바바라 마르크스와 결혼한 지 얼마 안 되는 프랭크 시나트라는 친구에게 이렇게 말했다. "우리집에는 뭔가 새로운 관계가 이루어지고 있다. 두 사람은 서로 상대방을 가리켜 나의 소중한 반쪽이라고 부른다." 닐시몬이라는 사람은 그의 두번째 처인 마샤 메이슨에 대해서 이렇게 말했다. "그녀는 죽음으로 끝나야 했던 지나가버린 결혼생활에 충실하려고 하기보다는 새로운 삶에 관해 생각하도록 가르쳐 주었다. 나는 그런 아내에게 감사한다."

내 남편의 친구이자 동업자인 리차드 자누크는 세번째 처인 릴리의 권유에 따라 파티에 자주 나가는 보다 사교적인 남자가 되었다. 물론 아직도 그가 어디 가서 오래 머물러 있지 못하는 성미는 그대로이지만.

우리 모두는 참된 신봉자인 남편과 함께 살게 됨으로써(여성들 가운데는 남편을 지극히 믿고 받드는 경우가 많다), 다시 말하면 결혼과 더불어 태도가 좀 나아진 사람들을 보게 된다. 그런가 하면 부부들 중에는 서로에게 별로 좋지 않은 영향을 미치는 경우도 있다.

그들은 결국 서로서로 불신을 조장하고 싸움을 부추긴다. 심지어 어떤 경우는 아주 가까이서 감시를 하는 경우도 있다. 오, 불행한 부부들이여!

데이비드는 마음이 워낙 착하기 때문에 상대방이 그의 세탁부이든 친구이든 아니면 그의 사장이든 간에 언제나 그들의 수고에 대해서 감사하고 있다. 데이비드 같은 사람과 함께 지내는 사람은 누구나 불평을 사거나 고용주를 미워하고 바보 취급을 당하는 일은 없을 것이다. 아무튼 당신이 당신의 남편에 발휘하고자 하는 것이 바로 이런 바람직한 남편으로의 유도이며 영향이어야 할 것이다.

그렇다면 남편의 모든 인격의 변조는 불가능하다 하더라

도 뭔가 조금이나마 변화를 가져오게 하려면 어떻게 하면 좋은가? 첫째로 그것은 바로 당신에게 달려 있다는 것을 명심하여야 한다. 또한 그런 시도가 바람직한 것이라는 믿음도 중요하다.

즉 변화는 그에게도 좋은 것이고 당신에게는 더 좋은 일이라는 것, 그리고 당신과 그이를 위해서 뭐그리 크게 잘못된 것이 없는 그의 행동을 구태여 바꾸어 보려고 하지 않는다는 마음가짐이 중요한 것이다.

당신이 꼭 남편의 태도를 바꾸어 보는 것이 좋겠다고 생각되면 다음 몇 가지 원칙을 지키는 것이 좋을 것이다.

첫째, 모범을 보여라. 당신이 만약 관대하고 친절한 사람이며 남편이 해주기를 바라는 일(이를테면 시부모에게 음식대접을 하거나 다정하게 하는)을 한다면 그대로 하라. 일단 그런 준비가 필요한 법이다.

둘째, 비판을 하지 말라. 비판이란 방어 자세를 취하게 하여 사태를 더욱 악화시킬 뿐이다. 당신이 만약 어떤 사람의 어떤 행동을 바꾸고 싶다면 "당신은 나쁜 사람이오" 하는 식의 교화 또는 교정 방법은 피하는 것이 좋다.

셋째, 조종하라. 그렇다. 조종하여야 한다. 나는 여러분이 조종한다는 것은 억지스러운 일이니 그렇게 할 수 없다고 반박할 줄을 알고 있다. 그러나 조종이란 반드시 나쁜 것만은 아니라는 것을 알아야 한다. 그것은 좋은 결과를 위한 시도인 것이다. 다른 사람들로 하여금 여러분이 원하는 일, 때로는 그 사람들을 위한 일도 하도록 하기 위한 외교와 요령을 쓴다는 말이다. 외교와 책략을 잘 쓰면 나라간의 전쟁도 막는데, 하물며 남편에게 그런 수단을 사용하지 말란 법이 있겠는가?

그러나 당신은 어디까지나 합리적이고 논리적이어야 한다. 다시 말하면 사실을 솔직하게 제시함으로써 당신이 바라는 목적의 정당성을 그가 깨닫도록 해야 하는 것이다.

그러면 남편 조종은 어떻게 할 것인가? 당신은 당신의 목적이 성취될 때까지 한 가지 주제를 제기해 놓고 반복하여 그이에게 주지시킨다.

"조이, 당신은 참 창을성이 많아요. 우리 어머니는 늘 제가 당신과 결혼해서 다행이라면서 당신을 추켜세운 답니다. 그런데도 당신은 장모님을 자주 찾아뵙지는 않는군요 그렇게 자주 찾아뵙지 않아도 좋아요. 6개월에 한 번 정도면 되겠지요. 그러나 가능하다면 이번 금요일 아침보다는 목요일 저녁에 덴버에서 어머니를 모셔다 생일 식사라도 대접하는 것이 어떨까요? 두 노인들은 사실 언제 돌아가실지도 모르거든요……"

이렇게 하는 것은 이를테면 "우리가 이만큼 살게 된 것은 우리 어머니 덕분이에요. 그렇잖아요? 그런데 당신은 언제나 자기만 생각하지 다른 사람은 생각도 않으니!" 하고 말한다든가, 아니면 뚱뚱한 사람에게 "당신은 꼭 돼지새끼 같군요. 왜 음식을 조절하지 않죠? 의지력이라곤 전혀 없으니 내참!" 하고 말하는 것보다는 한결 낫지 않을까?

남편이 고된 하루의 일과를 마치고 시무룩한 모습으로 집에 돌아오면 물론 현명한 당신은 그가 당신에게 역정을 내거나 화풀이를 하기 전에 그의 기분을 바꾸어 줄 줄은 알 것이다. 그것은 이렇게 하는 것이다.

가급적 문에서 그를 맞이하고 시원한 마실 것을 권하는 것이 좋다. 당신이 천사같이 대하는데 어찌 그가 화를 내겠는가. 그런데 당신은 실제로 이 같은 능동적인 천사가 되기보다는 근근이 학대나 모면하기에 바쁘다.

내가 그런 간지러운 말을 어떻게 한단 말인가 하고 반문할지 모르겠다. 그러나 그렇지 않다. 남자들이란 아주 까다로워서 그렇게 하지 않을 수가 없는 것이다. 당신의 결혼생활은 무엇보다도 소중한 것이고 당신이 누구와든 오래오래 함께 살려면 아양스런 조종이 필요하다는 것을 명심하지 않으면 안 된다. 그러나 당신에 대한 불평이나 비판만을 해대는 남자의 비위를 맞추기 위해 이중의 태도를 취할 필요는 없다고 생각한다. 그런 사람에게 비위를 맞추려고 하면 할수록 그의 시무룩한 태도만 점점 더 조장하는 결과밖에 안될지도 모른다.

도대체 당신이 평범하고 불행한 한 인간을 어떻게 왕자로

결혼

바꿀 수 있겠는가. 물론 어떤 아내의 무한한 사랑과 용기로써 술주정꾼이 술을 끊고 난봉쟁이가 가정에 충실하게 되는 경우도 더러는 있지만 이런 경우의 변화란 소개할 만큼 많지는 않다. 당신의 요구를 이해하려 하지도 않고 자기의 남자 친구들과만 어슬렁거리고 돌아다니며 성질이 본래 착하고 너그럽지 못한 사람을 당신의 힘으로 고쳐보겠다는 것은 어려운 일이다. 내가 이미 제의한 바 있지만 결혼은 점잖으면서도 어느 정도 심지가 굳은 사람, 편벽스럽지 않아 당신과 함께 살 수 있을 만한 사람과 하는 것이 좋다.

그럼에도 불구하고 당신이 난관에 봉착하여 마침내 남자의 결점을 고칠 수 없을 때는 당신의 기대를 낮추는 수밖에는 달리 방법이 없다고 하겠다. 따라서 이 문제는 끝내 해결하지 못한 채 넘어가야 할지도 모른다.

주체성을 지켜라

우리는 지금까지 그들로부터 무엇을 얻어내느냐가 아니라 그를 위해서 당신이 원하는 바를 달성키 위해 예의와 겸양과 외교를 활용해야 한다는데 관해 이야기하였지만 어떻든 당신의 요구를 충족시키도록 해야 하는 것이 중요하다.

설혹 그가 당신의 말에 불쾌감을 나타내더라도 계속해서 당신의 입장을 여러 가지 대화 방법으로 설명하여야 한다. 당신은 이웃과 떨어져 지내고 싶지 않을 것이다. 또한 더 많은 시간을 그와 함께 있고 싶을 것이다. 그런가 하면 여러 가지 것들을 갖고 싶기도 하다. 당신이 원하는 것이 무엇이든 그것이 합리적이라고 생각되거든 취하도록 해 보자.

 이 장(章)에서 언급한 남편 회유법에 대한 충고는 오직 행복한 결혼생활, 즉 남편과의 평화공존을 할 수 있도록 하려는 노력의 일환일 뿐이다. 그렇다고 당신의 영혼까지 잃어버리는 일은 없도록 하여야 한다. 당신도 당신의 주체를 가지고 있다. 당신 또한 독립된 한 인간이다.

부부싸움

 결혼생활에서의 부부싸움이란 어떤 것일까? 어떤 사람들은 좋다고 생각하는 것 같다. 그리고 부부싸움을 하는 요령에 대해서 써놓은 책도 많이 있다.

 그러나 남편과 아내가 싸워서 이로운 일이란 하나도 없다. 대부분의 경우 어느 쪽도 옳다 그르다 할 수는 없고 의견의 차이가 좀 있을 뿐인 것을 가지고, 부부싸움은 이기심을 조장하고 가슴을 찢듯 속을 상하게 하며 혈압을 높여 주는 것은 사실이다. 왜 그처럼 혈압을 높일 필요가 있단 말인가? 만약 싸움이 실제로 좋은 일이라면 친구들과는 물론 낯선 사람들과도 더 많이 싸움을 하고 싶어해야만 할 것이다. 그러나 천만에! 싸움이란 우리를 추하고 매력 없게 만들기 때문에 우리는 감히 싸우려 하지 않는다.

다른 사람이라면 우리를 참아내 주지 않는다. 하물며 둘도 없이 소중한 남편하고야! 우리가 아무리 마음이 상처투성이고 불쾌한 기분이라 하더라도 남편과의 싸움을 참아야 할 필요는 많다. 내 남편은 천성적으로 조용한 사람은 아니다. 나의 남편은 자기가 선량하고 공손하다고 생각하면서 나를 코브라나 되는 듯이 취급한다.

어떤 사람들의 말마따나 그는 오점을 가지고 있지는 않지만 그 오점을 남에게 주고 있다. 그래서 모든 시끄러운 것은 모두 내 책임이 된다.

그렇다. 내 남편은 싸움을 걸지는 않지만 상대방과 싸움을 건다고 나는 생각한다. 데이비드는 짜증이 심하고 비합리적인 때가 종종 있어서 이런 때에 내 쪽에서 불쾌한 말을 건넬 경우 결국 우리는 서로 싸우게 된다.

나의 이런 충고쯤으로 당신이 싸우지 않을 방도가 있을까. 싸움을 하지 않기 위한 가장 중요한 원칙은 정신적, 육체적으로 긴장되어 있을 때를 조심하는 일이다. 최악의 싸움은 사람들이 지쳐 있거나 압박감에 사로잡혀 있을 때에 일어난다.

그때 우리는 파리의 르그랑브포르에서 친구들과 함께 저녁식사를 마치고 튤러리 공원을 지나 집까지 걸어가기로 작정했다. 구름 한 점 없는 여름밤이었다.

공원으로 접어들어 반 마일 가량 갔다가 대문들이 닫혀 있는 바람에 빠져나갈 수가 없게 되었다. 그래서 우리 사업동료 일행은 12피트 높이의 대문(마침 발딛을 곳이 있었다)을 매달려 넘어가기로 작정하고 하나씩 발판을 딛고 넘어갔다.

데이비드를 제외하고는 모두가 엉덩이를 공중에 내두르며 기어 넘었다. 데이비드는 문 꼭대기까지는 잘 올라갔지만 궁둥이를 대문 위로 넘기는 순간 뾰족한 창살에 걸려 보기 좋게 양복이 두 가닥으로 찢어지고 말았다. 지능을 가진 인간으로서 어쩌면 대문 하나도 제대로 뛰어 넘지 못한단 말인가.

화가 치밀었다. 호텔에 돌아오자 싸움이 벌어지고 말았다. 옆방의 워렌 비티가 발코니로 기어나와 이 광경을 몰래 지켜보았다고 나중에 술회하였다. 생각해보면 참 우스운 일로 이처럼 싸우기도 하는 것이다.

아무튼 문제는 어떤 일이 있든 싸움은 좋지 않고 바람직하지 않은 것이므로 성질을 죽이고 절제하는 것이 좋다고 나는 말하고 싶다.

싸움은 되도록 피해야 한다.

좀더 나아가 싸움을 피할 수 있는 몇 가지 지침을 들어보자.

남편의 의기소침해진 채 직장에서 돌아오거나 기분이 침울해져 있을 때가 있다. 무거운 압박감과 긴장이 독가스처럼 당신을 둘러싼다. 「All Aboul Eve」라는 영화에서 여배우 마아고 채닝이 격노하면서, "안전벨트를 단단히 조여요. 밤의 난기류가 닥쳐올 거예요!" 하고 소리칠 때의 그런 분위기이다. 그러나 아무리 난기류이더라도 비행기를 곤두박질시키지 않고 몰아갈 수가 있다. 그것은 인격의 문제이다.

나의 예쁜 친구 우술라는 말한다.

"그가 붉으락푸르락(나한테가 아니고 뭔가에 대해) 하면 내가 말려보았자 소용없다는 것을 알 수 있지요. 나는 그를 피해 그날 밤은 혼자서 잡니다."

나는 집에서 의기소침해 있는 그이에게 오히려 동정의 표시로서 가까운 다른 방에 머물면서 그가 잠들 때까지 자지 않고 기다리는 경우가 종종 있다. 당신에게도 이런 식의 일이 이로울 수 있지 않을까?

 ## 서로 거슬리는 일은 삼가하라

한 1~2년 함께 살다보면 무엇을 조심하고 무엇을 피해야 하는지 차차 알게 된다.

우리집에는 어떤 불문율 같은 것이 있다. 내가 책을 읽을 때 그는 증권시장 얘기를 하려고 하지 않는다. 내가 조용히 있고 싶을 때 남편은 TV를 시끄럽게 틀지도 않는다. 데이비드는 내 분위기를 이해하고 있는 것이다.

그런데 그의 욕구가 나의 그것보다 클 때라면 내가 양보할 수밖에 없다. 적어도 얼마 동안은, 나는 그의 분위기를 따르려고 노력하는 것이다.

전번 토요일 아침식사 후에 데이비드는 자기가 체크하고 있는 동안에 「뉴욕 타임즈」지의 증권뉴스를 읽어 달라고 말하였다. 오, 하느님! 내가 벼르던 책을 읽으려고 하는 이 신선한 토요일 아침에 말이다. 내 가슴은 무겁게 내려앉았다 (신나게 야구하고 있다가 엄마에게 불려가는 아이처럼).

당신은 내가 "여보, 이것 나중에 하면 안 돼요?" 라고 말했으리라 생각할지 모른다. 그러나 데이비드는 이런 대답은 아주 싫어한다. 만약 그런 대답을 한다면 싸움이 시작되는

결혼 127

것이다. 그렇게 해서 나는 주말에 내 침실에 숨어서 글을 쓰거나 잡지를 편집하거나 하면서 쓸쓸하게 혼자 지낸 적이 더러 있다.

나는 조용히 나의 분노를 삼키고 (과제가 주어진 아이들처럼. 이 나이에, 이 정도의 위치에서도 말이다) 30분의 황금시간과 지식 획득의 기회를 약간 포기하고 증권소식을 읽어야 했다. 그것은 곧 끝나고 나는 풀려 나왔다. 당신이라면 어떻게 하겠는가. 당신도 이런 경우가 종종 있었을 것이다.

그이의 분노가 폭발하려 할 때는 잠시 그 자리를 피하라

아직 싸움은 시작되지 않았다. 그러나 당신은 혈압이 계속 오르고 있다. 주부들이여! 그러나 당신은 기억해야 한다. 분노를 폭발시키는 쾌감이란 떨어뜨릴 때는 즐겁지만 나중에 값을 치러야 하는 어떤 게임과 같다는 것을.

나는 내가 손해 볼 싸움은 하지 않는다. 그럴 때는 보통 그냥 사과해 버린다. 당신은 내 태도에 대해서 속없는 여자의 짓이라고 경멸할지도 모르겠지만 후회나 근심이나 걱정보다는 사과하는 것이 내 마음이 더 편하다. 이런 점에서 예외란 없다. 당신에게 손해될 곳은 피하는 것이 좋다.

남편 방에서 잠시 떠나서 혼자 있는 것이 바람직하다. 한 시간이 지나면 기분이 조금 가라앉을 것이다. 나는 내 직원들에게 화를 낼 수 없는 지경에는 잠시 사라지는 방법을 쓰곤 한다.

또한 할 수 없이 화를 내어야 할 때라고 해도 첫마디부터 불쾌한 말로 싸움을 걸지 말라. 화가 났을 때 먼저 입을 열지 말라. 당신이 지금 해야 할 일은 자제하는 것이다. 숨을 깊이 들이마시고 다른 쪽으로 신경을 돌려라. 그야말로 참는 것이 약인 것이다.

웃기 시작하라

적대감이 사라지고 당신이 농담을 시작했다고 하자.

당신 : "당신이 그 끔찍한 색깔의 스웨터를 입지만 않는다면 난 어떤 일이라도 거들 수 있겠지요!"
남편 : "흥! 이제야 말을 시작하는군!"

이런 경우 당신과 남편 중에서 누가 더 어리석었느냐를 따지는 것은 어리석은 일이다.

당신이 당신의 행동에 대해서 웃음을 터뜨리기 시작하면 모든 문제는 증기처럼 사라져버린다.

어떤 남편은 격렬하게 싸운 다음 아내에게 이렇게 말했다.

"당신 물건을 모두 싸갖고 여기서 나가!"

그러고 나서 그녀는 일을 보러 화장실로 들어갔다. 남편은 밖에서 문을 잠궈 버린다. 그러자 둘은 그만 피식 웃고는 화해하고 말았다. 싸움은 끝난 것이다. 유머감각이 없는 사람은 이렇게 멋지게 서로 화해할 수가 없는 것이다.

일단 싸움이 시작되면 나는 당신에게 당신의 입을 조심하라는 말밖에는 할 말이 없다. 극단적인 말을 삼가하라. 직선적으로 말하기보다는 완곡하게 말하라.

그러나 아무리 조심하더라도 일단 감정이 폭발하고 나면 거의 자제가 되지 않게 마련이다. 이미 쏟아놓은 말은 주워담을 수가 없다. 싸움을 조심하라. 가능하다면 그것을 피하라.

싸움이 끝나거든 사과하라

싸움이 끝나거든 그이에게 미안하다고 말하라. 물론 당신이 잘못하지 않았다는 것은 안다. 그렇지만 그럼에도 불구하고 미안해 해야 한다. 남자들은 대개 여자보다 너그러운 법이다. 당신이 사과한다면 남편은 그의 아량을 보여줄 것이다.

내가 하는 식을 가르쳐드리고 싶다. 평생 화낼 줄도 모르던 남편이 어쩌다가 나 때문에 화를 냈다는 식으로 나는 얘기하곤 한다. 그러면 남편은 자기가 참으로 몹쓸 짓을 했다고 자책하는 마음을 갖게 된다. 그렇지 않겠는가?

그리고 나서 마음이 가라앉기를 기다려서 싸움의 원인에 대해 생각해 보라. 그래서 어떻게 하면 다시는 싸우지 않을 수 있겠는가를 토의하라. 아마 다음부터는 점점 좋아지게 될 것이다.

자기를 타일러라. 남편과 헤어진다면 당신에게는 새 남자가 나타나지 않을지도 모른다. 그러나 남편은 얼마든지 새 여자를 얻을 수가 있는 것이다. 이런 독백을 하다보면 정신이 번쩍 나게 될 것이다.

어떤 부부싸움은 잠자리에서 해결된다. 잠자리는 문제 해결에 있어서 가장 좋은 장소이기도 하다. 뭐 그런 방법까지 쓰느냐고? 그렇지 않다. 화해를 하는데 있어서는 무슨 방법이든 좋지 않은가? 자, 이제 싸움 얘기는 그만두고 다른 문제를 생각해 보기로 하자.

남편이 실패했을 때

 여자를 슬프게 하는 것 중에서 남편의 실패만한 것도 드물다. 사소한 실패가 아니라 아주 큰 실패 말이다.

 그이가 상처를 당하면 당신도 상처를 당하게 된다. 그이가 성공하면 사람들에게 당신이 칭찬을 받게 되듯이 그이의 실패는 사람들로 하여금 당신을 대단찮은 여자로 보게 한다.

 그이를 격려해 주는 것이 당신의 임무이다. 이때 당신은 아주 극단적인 만큼 그이에 대해서 동정적이지 않으면 안 된다. "당신이 옳았어요, 그 사람들이 잘못 생각한 거예요."라고 말해주어라. 혹시라도 실패의 책임이 남편에게 있지 않을까 하는 생각은 일단 떨쳐버리는 것이 좋다.

 그렇다고 해서 진실을 회피하자는 것이 아니다. 당신은 지금 그이를 위로하고 있는 것뿐이다. 당신의 예리한 판단력은 사실을 바로보고 있다. 즉 실패의 참된 원인을 찾고 있는 것이다.

 당신은 남편을 위로하기는 하지만 같이 그 슬픔에 빠져들지는 않는다. 친구의 한 사람으로서 위로하고 격려하라. 그는 당신의 소유물이 아니다. 그가 굳건하게 일어서도록 도와주어라. 그가 그 스스로 걷고 힘차게 뛸 수 있도록 애정을 갖고 후원하라.

남편이 풀이 죽어 있을 때

남자들이란 직장 일, 아이들 문제, 경제문제 등으로 종종 의기소침해질 때가 있다.

특히 직장에서 문제가 생겼을 때 그가 잘못했다는 것을 스스로 알 경우 그를 바로잡아서 일을 다시 시작하게 할 수는 없을까 하고 생각하게 된다. 그것은 거의 불가능한 것 같다. 이런 때 우선 그 남편의 말만 듣고는 잘못이 어디에 있는지를 정확히 알 수 없다.

다시 말하면 그의 말만 들으면 다른 사람들은 모두 바보들이고 자기만 절대적으로 옳아 보인다. 따라서 다른 사람들에게 책임을 돌리기 쉽다.

두번째로 설혹 그의 잘못된 점을 알아내어 그런 사실을 그쪽에 알려주고 싶어도 이번엔 당신이 그들의 편을 드는 것이 싫어진다.

누가 옳든 그르든 상관없이 당신의 남편은 당신으로부터 전적인 지지와 인정을 받아야 할 필요가 있다.

세번째로는 내가 종종 지적하여 왔듯이 당신이 아무리 그를 지지하고 찬성하더라도 그의 어머니가 될 수는 없다. 그는 필요할 경우 직장을 때려치우고 자기 나름대로의 인생을 개척해 나가야 한다.

당신이 어떤 경우에도 그를 대신해서 일을 할 수 없다. 당신은 비록 옆에서 약간의 코치는 할 수 있으되 매일 일터에 나가 일을 해야 하는 사람은 바로 그 사람이니까.

앞에서도 언급했지만 요령과 외교가 필요하다. 직장문제로 골치를 앓게 될 경우 당신은 그 어느 때보다도 싹싹하게 행동할 필요가 있다. "랄프, 제발 좀 정신 차리세요!" 하는 식의 독촉은 당장은 좋지 않다.

이런 사람은 마치 사기그릇을 다루듯 조심조심 대하여 그야말로 친구가 되어야 할 것이다. 당신은 그가 상황을 헤쳐나가도록 바라면서 양손에 책을 들고 읽듯 이중역할을 하여야 한다.

일정시간이 흐른 뒤 그에게 접근하여 "회사의 그런 몇몇 사람들은 그렇거니 하고 상대하지 않으면 되지요. 당신은 당신 하는 일에만 신경을 쓰면 되겠지요."라고 말하는 방법으로 가능할 것이다.

남편이 실직했을 때

 직장에서 해고된 남편과 사는 것이 아내로서는 가장 고통스러운 일 중의 하나일 것이다. 그가 빠른 기간 안에 다른 적절한 일자리를 구하지 못할 경우 결혼생활은 크게 동요하기 시작한다.

 최근에 있은 두 차례의 대형의 직장에서의 해고사태는 리처드 닉슨과 이란 왕 팔레비의 경우에서 나타났는데 이 경우에도 그 아내들은 꼼짝없이 함께 당하는 수밖에 없었다. 그런 높은 자리에서가 아니라도 실직사건은 언제 어디서나 일어나고 있다.

 실직이란 수입이 없어진다는 정도를 넘어서 인생의 모든 지위를 잃어버린다는 점에서 아주 큰 위협이 된다. 남들은 물론 자신마저도 스스로가 아주 이상한 존재라는 느낌을 갖게 되는 것이다.

 당신이라면 어떻게 하겠는가. 나 역시 흥망성쇠가 자주 변하는 남편을 갖고 있어서 그간 많은 고통을 당해 왔기 때문에 별로 이런 얘기는 다시 하고 싶지가 않다. 그렇지만 냉정하게 생각해 보기로 하자.

자기의 아들이 방송망의 요직에서 해고당하자 리전시 호텔에까지 1만5천 달러를 현찰로 쇼핑백에 넣어가지고 온 극성스런 어머니가 있었다. 새 직장을 찾기 위해 그렇게까지 서두를 필요는 없다고 본다. 분명한 사실은 해고된다는 것이 세상의 끝장은 아니라는 것이다. 매일 매순간 많은 선량한 사람들이 해고되지만 그런대로 살아가고 있다.

거꾸로 생각해 보자. 어쩌면 직장을 쫓겨난다는 것은 어쩌면 더 훌륭한 직업생활을 해나갈 수 있는 전조일지도 모른다.

내 남편의 경우가 그랬다. 아무튼 유능한 사람들은 흔히 실직을 계기로 더 좋은 일터를 찾아 일을 하게 된다. 나는 1년, 아니 2년씩이나 실직상태에 빠져 있다가 아주 근사한 일터를 얻은 사람들을 알고 있다.

남편이 실직상태에 있을 때는 당신 자신이 직업을 갖는 것도 도움이 된다. 누구나 산 입에 거미줄 칠 리는 없겠지만 어떻든 하루 8~9시간 동안을 우울한 집안에서 떠나 있을 수 있으니까 말이다.

당신은 당신의 모든 시간을 남편에게 신경을 쓰며 살 수는 없다. 집에 남편과 함께 있을 때에도 당신은 당신의 볼일을 보며 살아가도록 해야 한다.

 ## 핑크빛 결혼생활을 유지하는 비결

C.A. 트립 박사가 말했듯이 부부간의 성관계는 모든 일에 반응하여 일어날 수 있도록 주의하고 배려하여야 한다. 당신네 부부간의 성생활이라고 달라야 할 이유가 있겠는가? 다른 사람들이 권하는 모든 행위를 시도해봄으로써 언제나 활력을 찾도록 하여야 한다. 그를 섹스의 대상으로 대하라. 언제나 사랑할 준비를 하라.

작년에 런던에서 어느 파티에 참석했었는데 한 젊은 부부가 40분 가량이나 늦게 도착해서는 숨을 헐떡이면서도 별로 미안해하는 눈치는 보이지 않았다. 나중에 그 여인이 나에게 밝힌 바로는, 파티에 오다가 랜드로우버를 멈추고 차 속에서 사랑을 하고 오느라고 늦었다는 것이었다.

"우리 아주 즉흥적이어요. 언제 어디서든 내키기만 하면 그 일을 하지요. 톰은 그 일에 미치다시피 해요. 7년이 지났는 데도 우리는 여전히 상대방의 몸만 대면 흥분한답니다."

이 얼마나 좋은 현상인가!

내가 알고 있는 또 다른 부부는 컨트리클럽에서 다른 회원과 손님들이 베란다에서 식사를 하고 있는 동안 18번째 구멍

결 혼 137

근처에서 사랑을 했다고 한다.

우리는 간혹 장소를 바꾸어 보라는 충고도 듣게 된다. 하나도 이상할 것이 없는 충고이다. 사실 그렇게 하면 큰 효과를 볼 수가 있다.

내가 아는 어느 남자는 부부생활 12년 동안, "밍크처럼 사랑을 한다"면서 "파리에는 성적충동을 주는 곳이 도처에 널려 있다"고 말하고 있다.

파리는 돈이 많이 들지만 랜드로우버의 뒷좌석은 비싸지 않다. 사실 성생활은 돈이 문제라기 보다는 에너지와 하고자 하는 의욕이 문제이다. 알릭 맥그로가 언젠가 말했듯이 장기적인 성관계의 함정은 누구나 하고자 하는 의욕이 없어지는데 있다. 부끄러운 일이다.

부부간의 성생활을 계속하는데 있어서의 문제는 남편의 관심을 얼마나 지속시킬 수 있느냐 하는 점이다. 물론 성관계의 한쪽 파트너인 당신의 경우도 문제는 마찬가지이다. 결혼생활에 활력을 주려면 성생활이 언제나 원만히 지속되어야 한다. 그러면 당신은 어떻게 하면 되는가?

당신은 권태와 싸워야 한다. 권태는 결혼생활의 최대의 적이다. 당신은 당신 자신은 물론 가정 밖에서 일어나는 일에 계속 관심을 가지면서 움직이고 성장해 나가야 한다. 당신을 부엌에서 나오라고까지야 할 필요가 없겠지만 아무튼 당신을 매일매일 새롭고 신선한 여자가 되기 위해 노력하지 않으면 안 되는 것이다. 당신은 직장을 벗어나야 한다. 그리고 일상생활에 일어나는 자질구레한 일들에 대해 그에게 말하고 싶은 충동을 억제하는 것이 좋다.

여성의 변화는 좋은 일이지 결코 나쁜 일은 아니다. 그와 결혼할 당시의 순진성을 계속 유지하려면 당신은 해마다 더 날씬해지고 귀여워지며 세련되고 명랑해질 필요가 있다.

물론 당신 자신을 늘 새롭게 유지하려면 당신 자신의 생활이 있어야 한다. 멋진 헤어스타일이라든가 매니큐어, 마사지, 예쁜 옷 등에도 신경을 써야 한다.

남자들이 미친 듯이 사랑에 빠졌을 때는 당신이 얼마나 값진 옷을 입었느냐에 별로 관심을 쓰지 않았을지 모른다. 하지만 그때는 그때고 지금은 지금이다. 예쁜 옷이 결혼생활을 망치게 할 리도 없거니와 발랄하고 성적매력을 지니고 있는 아내가 축 처져 있거나 불평(꼭 남편에 대한 것이 아니라 생활의 불평)을 하는 아내보다는 훨씬 건설적이고 매력적이라는 것은 너무도 확실하다.

 사랑의 행위를 거절하지 말라

비록 당신이 마음내키지 않는다 하더라도 사랑의 요구를

거절하지 말라. 지쳤다든지 어떤 문제를 골똘히 생각해야 된다든지 생리통이라든지 하는 그 어떤 것도 잠자리에서 사랑을 하지 않겠다는 구실은 되지 못한다.

물론 화가 나 있다면 별 문제이다. 그러나 당신이 몹시 화가 났을 때는 당신의 얼굴에 분노의 표정이 나타나 있을 것이며, 그 역시 화를 내게 될 터인즉 구태여 당신에게 요구를 하여 오지 않을 것이니까 별 염려 없는 일이다.

사랑의 행위에 대한 거절은 그 사람의 전(全) 존재를 거절하는 셈이다. 그럴 필요가 있겠는가? 당신이 내키지 않는 사랑을 했다고 해서 당신에게 해로울 것은 별로 없다. 비록 오르가즘에는 다다르지 못한다 하더라도 친절히 응대하면서 즐길 수가 있는 것이다.

그의 요구를 중단하는 일이야말로 결코 바람직하지 못한 일이다. 다시 말하면 당신의 몸을 필요로 한다는 것이 그가 당신에게 줄 수 있는 최대의 찬사라고도 할 수 있기 때문이다.

당신의 육체는 당신을 나타내주는 가장 구체적인 표현체이다. 그런데 그가 이 육체를 거부하기 시작한다는 것은 당신의 핵심을 버리고 있다는 것이 된다. 어쩌다보니 나는 지금 그가 주인이요, 그대는 노예라고 말하고 있는 셈이 되었는데 그렇다고 내가 그와 같은 생각을 가지고 있는 것은 아니다.

당신은 얼마든지 생활을 개척해 갈 잠재력을 지니고 있다. 남편이란 당신의 생을 충족시켜 갈 사랑스러운 한 부분일 뿐이며, 따라서 남편의 성적 관행에 맞추어지는 존재가 되는 것은 바람직하지 못한 일이다. 그렇더라도 왜 사랑의 행위를 거절해야 한단 말인가. 그이의 사랑을 흔쾌하게 받아들여라.

남편의 성불능

당신의 결혼생활에서 어느 시점에 가면 성불능의 가능성도 예상하여야 한다.

일설에 의하면 모든 남성의 80%가 장기간의 성교 불능 상태를 경험한다고 한다. 여성은 이런 문제가 별로 없다. 왜냐하면 우리 여성들은 아무리 냉담해진다 하더라도 행위를 할 수 있기 때문이다. 그에게 그런 증세가 오면 당신은 어떻게 하여야 할까? 수세에 몰릴 필요는 없다. 그것은 당신의 잘못이 아니니까. 그렇다고 그에게 어떤 압력을 가하지 말라.

성불능은 흔히 정신적 압박상태와 관련이 있기 때문에 당신이 원한다면 그와 다른 문제들에 관해 이야기를 나눌 수 있으며, 그래서 그런 문제들이 해결되면 이 문제가 치유될 수도 있다.

그의 불씨가 꺼져 있는 동안 당신은 과도한 성욕의 발산을 삼가야 한다. 그것은 그의 긴장감만 조장한다. 그가 애를 쓰면 쓸수록 발기될 가망은 사라진다. 어느 날 밤이나 낮에 그가 노력을 하지도 않았는데 다시 성욕을 느끼게 된다. 만약 이 문제가 너무 오래가게 되면 그때에는 정신과 의사를 찾으라.

남편의 외도

우리는 이중의 기준을 가지고 있는 것 같다. 「코스모폴리탄」지의 성조사에서는 여성의 54%가 외도 경험이 있다고 했는데 80%는 그들의 남편이 외도하는 것을 바라지 않는다고 했다.

한 번은 어느 여성 잡지사에서 '데이비드가 외도를 하고 있다면 어떻게 하겠느냐'는 것을 글로 써달라는 청탁을 해왔다. 나는 진지하게 이 문제를 풀어보던 끝에 결국 그를 죽일 것이라고—집에 총이 없으니까 벽난로의 무거운 쇠막대를 들어서—결론을 내리고 그렇게 되면 아마 데이비드가 워낙 물건을 아끼는 마음씨니까 나를 도와 줄 것이라고 썼다.

"이봐 당신한텐 너무 무거울 텐데, 내가 들어주지."하고 말이다.

외도란 한 남자가 한 여자에게 할 수 있는 최악의 짓이라고 생각하는 점에 대해서는 조금도 의심하지 않는다. 나는 어떤 글에서 어느 시대에는 부정한 아내의 남편은 그 아내와 연인을 쏴 죽여도 전통적으로 거의 처벌을 받지 않았으니까, 부정한 남편을 둔 아내가 똑같은 범죄를 저질렀을 경우 벌을 면할 수 있는 것은 당연하다고 쓴 일이 있다. 그리고 이어서 나는 데이비드의 새 애인에게는 해를 끼치지 않으면서 호기심을 가지고 바라볼 것이라고 썼다.

사실 남자가 외도를 하려고 마음먹으면 어떤 여자든 그에 응하는 것은 수월한 것이다. 다시 말하면 희생자이지, 가해자는 아닐 거라는 생각이다.

경우에 따라서는 여자가 먼저 남자를 유혹하는 일도 있으나 그런 경우에도 남성은 언제나 잠재적으로 이미 부정을 준비하고 있는 상태이기 때문에 설혹 정숙한 여자라도 적절한 순간에 이르면 남자의 기폭제 역할을 할 수 있는 것이다.

나의 남편은 아마 정력이 악화되었거나 나의 극성에 못 이겨 여자를 포기하게 될 것이다. 그리고 나는 조급히 이혼을 하지는 않을 것이다. 만약 당신의 결혼생활이 무난하다면 남편의 외도가 좀 나쁘기 하지만 40이 넘은 뒤라면 이혼을 안 하는 것이 좋다고 나는 생각한다.

이혼을 하게 될 때

이혼에 관해서는 많은 글이 나와 있기 때문에 내가 더 언급할 생각은 없다. 얼마 전에 이혼을 한 내 친구가 이렇게 말했다.

"최선의 인생은 남과 더불어 행복하게 살아가는 것이다. 그러나 혼자 평화스럽게 사는 것이 배우자와 불행하게 사는 것보다는 낫다."

결혼한 뒤의 당신의 생활이 고통과 눈물로 가득 차 있다면 혼자 사는 것이 훨씬 더 낫다. 이것은 남자의 경우도 마찬가지이다. 고통이 즐거움보다 더 많다면 당신은 떠나야 한다. 결혼을 해서 죽어지내면 좀더 고통을 참을 수는 있겠지만 결국은 인생이 보다 더 비참해질 것이며 결국에는 헤어지게 된다.

쥬디스 크란츠는 이렇게 말한다.

"편모가 된다는 것이 너무 무서워서 다시 결혼이라는 타협을 해볼까도 생각한다. 타협이란 말은 듣기만 해도 지긋지긋하다. 하지만 이혼한 친구들을 보면 결국 그 당시 화해를 했더라면 본 남편과 그대로 결혼생활을 유지했을 텐데

두번째 세번째에 가서 타협을 하게 되었으니 나 자신이 원망스럽다."

이 장(章)을 끝내면서 나는 결론적으로 결혼과 남자에 대해 이렇게 말하고 싶다. 당신이 결혼을 하면 영향력을 행사할 수 있는 남자를 갖게 되는 것이다. 그러니까 여자 혼자 있을 때 누리지 못했던 힘을 가지게 되는 셈이다. 그런데 남자들이란 쉽사리 지치고 취약한 데가 있다. 어느 정도는 당신의 여유를 갖고 대해야 되며 당신이 남자에게서 모든 즐거움을 빼앗아내려는 심술단지나 무서운 여자가 되지는 말라. 그렇게만 한다면 당신의 결혼생활은 더 이상 나쁜 방향으로는 가지 않을 것이다.

04 친구
FRIENDS

친구를 갖는 것의 소중함

친구의 소중함에 대해서는 아무리 강조해도 지나치지 않을 것이다. 당신이 애인이나 남편보다도 더 자주 접촉해야 하는 사람들이 바로 친구들이다. 애인이나 남편이 없어도 한동안은 살 수가 있지만 우리는 친구 없이는 단 하루도 제대로 꾸려나갈 수가 없다. 더구나 당신이 남들보다 돋보이는 여성이 되고자 하는 경우 친구의 중요성은 더욱 강조되어야 한다.

가끔씩 우리는 친구가 없는 사람을 만나게 된다. 그들은 자기에게 친구를 사귈 수 있는 능력이 없는 모양이라고 우울하게 말한다. 그러나 그런 말이란 있을 수도 없는 것이다. 그것은 마치 자기를 숨길 줄을 모른다고 얘기하고 있는 거나 마찬가지다. 물론 친구를 사귀는 데에도 몇 가지 원칙이 있기는 하다. 그러나 그것을 배우는 것은 너무나 쉽다. 원칙은 기하학과 같은 난해한 것도 아닐 뿐더러 지극히 자명하고 단순한 것이다.

상대방과의 공감대를 형성하도록 하라. 자기와 같은 기호와 취미를 가진 사람에 대해서는 누구나 다 호감을 갖게 된다. 서로 호감을 갖게 된 사람들이 마침내는 친구가 되게 마련이다.

이성에게서 애정을 획득하기란 그리 쉽지 않다. 남녀 간의 애정에는 성적인 매력이 힘을 발휘하고 있기 때문이다. 그런데 그런 이성끼리의 사랑은 쉽게 상처받게 되기도 하고 상처를 주기도 한다. 하지만 우정은 그렇지 않다.

우정은 사랑보다 덜 화려하지만 더 견고하고 인간정신의 교류인 것이다.

앞서 말한 것처럼 당신이 곤경에 처했을 경우 사실상 가족보다는 친구가 더 도움을 준다. 친구는 당신에게 혈연이나 계약을 맺지 않고도 당신에게 좋은 가명을 유지하고 있는 사람이기 때문이다. 당신이 실패하게 되었을 때 가족들은 창피해하지만 친구는 그렇지 않다. 가족이 당신의 실패에 함께 분해할 때 친구는 당신의 실패를 위로하고 격려해 준다. 당신이 어려운 상황에 처했을 때 친구와 상의한다는 것은 너무도 당연할 뿐만 아니라 대단한 도움이 된다. 어려움을 이기려는 당신에게 친구와 상의한다는 것 정도의 지혜로움이란 다시없을 것이다.

친구에게는 오히려 가족에게보다 더 쉽게 당신의 모든 문제를 털어놓을 수가 있다. 물론 그런 친구는 당신의 아주 소중한 친구 한두 명을 가리키는 것이다. 친구라 해서 아무나 다 친구는 아니다. 당신이 곤경에 처했을 때 당신을 도와주고 위로해 주는 사람이 당신의 진정한 친구이다.

그렇다면 그처럼 소중한 친구를 어떻게 선택할 것인가?

필리스 그린나크르는 다음과 같이 말한다.

"두 사람이 모두 계속하여 외로운 처지에 있게 되면 그들 사이에 서로 정신적인 유대가 생겨난다."

이 말이 우정의 일부를 설명해 주고 있다.

또한 친구는 일이나 일상사와도 관계가 있다. 선택할 여지도 없이 당신에게 가까이 다가오는 사람 말이다. 예를 들면 당신과 함께 일하는 동료라든가 또는 남편이나 애인의 친구이거나 등등. 아무튼 인간생활이란 각각 다른 색깔을 지닌 많은 친구들이 있어 서로 관계를 형성하며 살아가게 마련인 것이다.

살아가는 동안 당신은 많은 친구들을 사귀게 될 것이다. 직장동료, 의사, 재정 조언자, 직업상의 친구, 미용사, 디자이너, 실내 장식가 등등. 그들은 당신을 둘러싸고 돌면서 모르는 사이에 당신의 삶에 영향을 미치게 된다. 좋은 친구를 사귀어라. 그러면 당신의 미래는 좋아지게 될 것이니까.

앞의 장(章)에서 우리는 불과 일 년도 채 넘기지 못할지도 모르는 사랑에 대한 것을 얘기하느라 많은 시간을 보냈다. 그런데 친구란 거의 모두가 평생의 친구가 된다.

대개 여자 친구는 정신적인 골칫거리를 가져다주지 않는다. 오히려 마음의 평온을 준다고 할 수 있다. 여자들끼리의 세계는 달콤하고 따스하며 편안하고 안락한 세계인 것이다. 신은 인간에게 멋진 '사랑'이라는 선물을 주었다. 그러나 당신의 삶에 '우정'이 추가되지 않는다면 아직도 당신의 인생은 불완전한 것이다.

내 친구 샤롤테 켈리에 대해서 나는 언젠가 이렇게 쓴 일이 있다. "나는 우울할 때는 샤롤테와 이야기를 나눕니다. 그러고 있노라면 나는 눈보라치는 무서운 겨울밤 밖에서 돌아와 따뜻한 침대에 눕는 것 같은 포근함을 느끼게 되지요. 혹은 몇 달 동안 잊고 있던 손톱손질을 화장사에 맡기고 있는 것 같은 포근함에나 비할까요? 샤롤테는 내게 있어서 배멀미 할 때는 잘 듣는 특효약과 같고 속이 거북할 때는 큰 트림과 같고 어지럼증이 생겨도 돌지 않는 방과도 같습니다. 내가 외로울 때면 그가 더 필요하게 됩니다. 그녀는 그때마다 나를 도와줍니다." 좋은 친구란 모두 샤롤테와 같다.

서로 주고받는 우정

두 종류의 친구가 있을 수 있다. 당신의 좋은 일에 함께 기뻐해 주는 친구와 아픈 일이 있을 때 위로하고 충고해주는 친구. 당신은 당신이 처하고 있는 경우에 맞추어서 친구를 찾아야 한다.

샤롤테는 다음과 같이 쓰고 있다. 즉, "친구란 서로에게 유용해야 한다. 그러므로 서로의 필요성을 교환하라."

이 경우의 '유용하다'는 말을 꼭 계산적인 의미로는 생각하지 말자. 그러나 어쨌든 우리가 친구를 사귀는 것은 서로가 서로에게 무언가를 주고싶고 또 받게 되기 때문이다. 주는 것도 즐겁고 받는 것도 아름답다. 그 상대가 바로 당신의 친구라면 말이다.

극소수의 사람을 친구로 선택한 후 무모한 신뢰를 바치도록 하라. 물론 사심없이 그를 위해주는 것이다. 그런데 이 사심없다는 말을 잘못 생각하여서는 안 된다. 당신은 그에게 선물을 하기도 하고 그를 도와주기도 할 것이며 친구 또한 당신을 여러모로 위해줄 것이다. 우정은 상호적인 것이다.

당신이 어떤 친구로부터 절교를 당했다면 마땅히 스스로

돌아볼 필요가 있겠다. 당신은 받기만한 친구는 아니었는지, 물론 한 친구와 헤어진다는 것이 인생을 변경시키지는 않겠지만 그것을 교훈으로 삼아 다음의 우정을 생각하지 않으면 안 된다. 당신이 그에게 너무 소홀했다고 생각된다면 말할 것도 없이 더욱더 사랑을 쏟아야 할 것이다.

'친구'라고까지는 할 수 없이 다만 '알고 지내는' 정도의 사람이 당신에게 무언가 요구해 온다면 당신은 어느 정도나 들어줄 수 있을까. 군소리없이 가능한 데까지 그를 도우라. 별 어려운 일이 아닌 담에야 늘 남을 위해서 열심히 뛰는 것이 바로 우리들의 기본 원칙이었다. 하지만 그 요구가 너무 벅찬 것일 때는 멀찌감치 포기하는 쪽이 더 현명할 것이다.

가끔은 좀 색다른 요구의 경우가 있다. 나는 머리 염색을 하는 집에서 귀여운 어린 미용사로부터 이런 말을 들은 일이 있었다. "브라운 부인, 아주 피곤해 보이시는군요…… 저……저희 교회에 대해서 좀 말씀드리고 싶은 데요……."

그리고는 그녀는 제칠일그리스도재림교회에 대해 지루하게 설명을 하고 있었다. "당신의 짐을 벗고 평화와 갱생을 찾으실 수가 있어요……."

나는 말했다. "고마워 셀리아, 하지만 안 되겠는걸."

6주 뒤 다시 그 미용실엘 들렀더니 그녀가 말했다. "브라운 부인, 하시는 일이 너무 많으신 것 같아요. 우리 교회가 부인의 안식처가 되어 줄 거예요."

나는 감격하였지만 역시 사양했다.

그 다음에 또 그곳엘 갔더니 셀리아는 그녀에게 있어서의 종교의 의미에 대해서 이야기해 주었다. 그리고는 나에게 있어서도 교회가 어떤 의미를 가질지 말해 주었던 것이다.

"우리 교회에는 외래인을 초대하는 특별한 모임이 있어요. 한 시간만 시간을 내주시지 않으시겠어요?" 하고 셀리아가 내게 부탁했다. 한 시간 정도라면 딱히 거절할 핑계도 생각나지 않았다. 그렇지만 나는 이렇게 말했다.

"셀리아, 내가 교회에 갈 필요가 생기면 네게 말할 게. 하지만 지금은 좀 곤란해. 고마워 셀리아."

그러자 마침내 그녀의 본심이 드러났다.

"브라운 부인, 부인께서 우리 교회에 나와서 전도를 하시게 된다면 아주 굉장할 거예요. 일개 미용사인 제가 전도하는 것하곤 아주 다를 게 아녜요. 부인은 '저명한' 분이시니까요! 그리고 그렇게 되면 저도 교회에 대해서 큰 일을 하는 셈이 될거구요!"

그러니까 결국 그녀는 나를 개종시켜서 교회에서의 자신의 지위를 높이려고 생각하고 있었던 것이다. 그녀가 내게 전도하려는 참 목적이 내 영혼의 구원에 있지 않음을 알게 되자 나는 그녀에게 매정하게 말할 수가 있었다. 나는 무신론자이며 셀레아와 함께는 그 교회에 나가지 않겠노라고.

모든 것을 요구하는 사람에게는 단호하게 거절해야 한다.

그리고는 잊어버리는 것이 좋다. 당신에게 알맞은 정도를 투자할 대상은 얼마든지 있기 때문이다. 남을 도우라. 그러나 당신을 완전하게 다 바칠 필요까지는 없다.

 친한 친구일수록 서로 조심스럽게

우정에는 매너가 필요하다. 즉 교양미가 있어야 한다는 말이다. 그렇다면 교양미란 무엇을 말하는가? 그것은 값싸게 행동하지 않는 것이며 허튼 짓을 하지 않는 것이다. 친한 친구를 상대로 교양 있게 행동한다는 것은 사실 쉬운 일이 아니겠지만 이것은 매우 중요한 점이므로 유의하지 않으면 안 된다.

자기가 할 일을 다하는 데서 당신의 교양은 드러난다. 우아한 제스처란 아주 값비싼 것이다. 책임을 다하라.

「코스모」지의 한 여기자가 불성실하다는 이유로 파면된 일이 있었다. 그녀는 표지 모델의 사진을 탐탁지 않게 생각하고서 신기를 반대했었다.

사진은 아주 훌륭했었는 데도 말이다. 어쩌면 그녀 개인의 기호 문제가 개입되어져 있었는지도 몰랐다. 나는 그녀의 요구에 응해 주었다. 대신 그녀의 고향으로 돌아갈 비행기

표와 호텔 숙박비를 수표로 발행하여 건네주었다. 이것이 교양이다.

내가 아는 한 아가씨는 샌프란시스코의 명문가의 아들로부터 파혼을 당하자 그 남자에게 받은 귀한 보석 반지를 되돌려 주었다. 그녀는 아주 가난했으며 그 반지를 꼭 돌려주어야 할 의무도 없었는 데도 말이다. 이것이 교양미이다. 하루는 마침 잔돈이 없어서 수위에게 75센트를 빌린 적이 있었다. 이튿날 그 돈을 돌려주려고 하자 수위는 내게 이렇게 말하는 것이다. "브라운 부인 참 친절하시군요. 제가 하루 버스를 태워드린 셈치죠." 이것도 멋진 교양미이다.

유머로스하게 자기를 약간 낮추는 데서 교양미는 우러난다. 고집스럽게 성낸 얼굴이 교양미를 지닌다는 건 상상할 수 없는 일이라 하겠다. 늘 무엇을 부탁만 하는 사람에게 이번에는 부탁할 것이 없는지 전화하는 것, 이것도 교양미이다. 교양 있는 사람은 2년간 받지 못한 빚(물론 적은 액수이다)을 독촉하지도 않는다. 다만, 더 이상 꾸어주지 않으면 될 것이다.

다음의 몇 가지는 교양인을 위한 수칙이다. 나는 지금까지도 이것을 지키고 있다.

1. 약속을 지켜라 : 일단 약속을 했으면 어떤 일이 있더라도 꼭 지킨다.
2. 값싼 여자가 되지 말라 : 친구들과 더치페이를 할 때 값

싼 여자는 쉽게 치사한 모습을 보이곤 한다.
3. 어려운 일을 당한 친구를 위로하라 : 실직을 했거나 몸이 아픈 사람이 있다면 함께 걱정해 주는 것이다. 물론 처음에는 모두들 그렇게 하지만 대부분의 사람들은 곧 그를 잊고 만다. 하지만 교양 있는 사람은 줄곧 그가 나을 때까지 관심을 갖는다.
4. 당신에게 호의를 베풀었던 사람을 기억하라 : 언제 누가 당신에게 호의를 보였는지 늘 생각하라. 당신의 형편이 좀 좋아졌다고 해서 쉽게 그들을 잊는다면 곤란하다.
5. 입방아를 찧지 말라 : 당신이 가십을 좋아한다 하더라도 당사자가 없는 데서 미주알고주알 떠드는 것은 나쁘다. 그 친구의 장점을 보고 그것을 칭찬할 수 있는 아량 있는 여자가 되라.
6. 은혜만 바라지 말라 : 당신이 아무리 가난하더라도 일방적으로 받기만 해서는 안 된다.
7. 무뚝뚝해 하지 말라 : 늘 웃는 사람이 되라. 상대방이 유쾌한 조크를 했을 때 목석처럼 서 있다면 그는 당신을 이상한 사람으로 생각할 것이다.

얼마 전에 친구들과 러시아 찻집에 간 일이 있다. 마침 저녁식사 시간이었을 데다가 주인은 차 마시는 사람보다는 식사할 사람을 받으려고 했기 때문에 자리잡기가 쉽지 않았다. 그런데 일행 중의 한 사람이 주인(주인은 내 친구였다)을 마치 웨이터 다루듯이 무례하게 대하는 것이었다. 도대체 매너가 없었다. 나는 아주 궁지에 몰리고 말았었다. 그 뒤로 나는 그 남자 주인을 보기가 민망할 지경이었다.

그런가 하면 나는 힘들게 준비한 파티에 대해서 한 마디의 찬사도 듣지 못한 씁쓸한 경험도 가지고 있다. 애써서 며칠간이나 그들 여섯 쌍을 위해서 음식과 술과 꽃을 준비했었는데도 그들은 이튿날 전화 한 통 보내주지 않았다. 나는 바짝 약이 올랐다. "갈채가 있어야 할 시간의 침묵"이란 이만저만 약 오르는 일이 아니다. 남의 노고를 칭찬할 줄 아는 교양인이 되라.

매너 없이는 성공적인 생을 누릴 수가 없다. 그런데 그게 그리 어려운 것도 아니지 않은가? 누구나 응답을 기다린다. 전화와 편지를, 노고에 대한 인사를 말이다. 나는 응답이야말로 남의 말에 귀기울이는 것 못지않은 크나큰 덕성이라고 믿고 있다.

흔히들 말한다. 마음은 굴뚝같지만 시간이 없었노라고. 그러나 당신이 그 응답이 기다리는 쪽이라고 가정했을 때 당신은 그런 인사치레 말을 믿을 수 있겠는가? 그런 말은 자칫 상대방의 적의만 북돋을 뿐이다. 꼭 명심해 두라. 기발한 칭찬이 아니더라도 좋으니 꼭 그의 노고에 대해 응답하라. 그것이 교양미이고 매너인 것이다.

믿고 용서하라

어머니의 사랑은 이타적인 사랑의 표본이라고 하겠다. 하지만 그것만이 이타적인 사랑의 전부는 아니다. 참된 친구는 다른 친구를 위해서 어머니의 자식에 대한 사랑에 못지않은 이타적인 우정을 바치기도 한다. 그런 사람은 아주 너그러운 심성의 소유자일 것이다.

일전에 코미디언 하케트씨는 이렇게 말했다.

"나는 절대로 원한을 간직하지 않습니다. 왠지 아십니까? 내가 원한을 간직한 채 끙끙 앓는 동안 다른 사람들은 춤추고 기뻐하며 인생을 찬미하고 있을 테니까요. 나는 원한이 갖는 힘을 가지고 생을 즐기겠습니다."

내 남편 데이비드는 아주 너그러운 심성의 소유자이다. 그 때문에 나도 남편과 함께 있는 동안은 좀더 너그러울 수가 있다. 내가 무엇 때문에 극도로 흥분해 있을 때조차도 남편은 나를 설득하여 간단하게 평정시켜 주곤 한다.

누군가에게 화를 낸 뒤 그 화풀이가 결국 자신에게 되돌아오는 것을 나는 자주 보아왔다. 그 화풀이는 돌고돌아 마침내는 자신에게 피해를 준다. 보이지 않는 교묘한 방법으로. 그것을 가리켜 '섭리'라 해도 좋다.

화내는 사람에게는 화가 돌아가고, 너그럽게 용서하는 사람에게는 역시 용서가 주어진다.

무엇보다도 용서하는 사람이 되라.

누군가가 당신을 헐뜯을 때는 어떨까? 등 뒤에서 누군가가 당신에게 악담을 하는 것을 엿듣는다면 당신의 기분은 이루 말할 수 없이 참담해질 것이다.

우리는 자기에게는 말할 것도 없고 누군가에 대해서 늘 불평을 하면서 산다. 사람이란 각각 색깔과 기호가 서로 다르니만치 그럴 수밖에는 없는 일이다. 그것은 가장 친한 사람들의 경우에도 마찬가지다. 그런데 하물며 평범한 사람들끼리 불평이 없을 수는 없을 것이다. 다만, 우리는 그것을 감추고 다독거리며 살 뿐이다.

그러므로 등 뒤에서 하는 말에 신경쓰지 말라. 당신이 없는 곳에서 누가 무슨 말을 할 것인가에 대해서 걱정하지 말라. 그들이 당신에 대해서 입방아를 찧는다면 그것은 그들이 질투하고 있음을 의미하는 것이고, 바꿔 말하면 그들은 결국 당신을 선망하고 있다는 뜻이 되는 것이다.

그러나 당신은 교양인이다. 당신은 결코 누군가를 헐뜯지 않는다. 당신은 남을 옹호한다. 그가 없는 자리에서 늘 그를 칭찬하며 필요하다면 남과 다투면서까지도 친구를 옹호하는 사람이다.

보이지 않는 곳에서 친구를 칭찬하는 사람이 되라.

돈과 친구

물론 당신의 친구 또한 당신 못지않게 부지런하고 성실하다. 그는 하루 8시간씩 또는 10시간씩이나 꼬박꼬박 일을 하고 있다. 그러나 그렇다고 해서 과도한 금전적 부담을 느끼면서까지 그를 도울 필요가 있을까?

좋다. 그가 믿을 만하니까 돈을 빌려 주었다고 치자. 그러나 내 지론은 이렇다. 나는 가난할 때에도 결코 누군가로부터 빚지지 않고서 살아왔다. 그런데 그들이라고 해서 나처럼 하지 못할 이유가 있겠는가.

여유 있는 돈은 궁핍한 사람에게 주느니 더 유용한 다른 곳에 투자하겠다. 돈 때문에 사이를 그르치는 우정을 많이 볼 수가 있다. 참된 우정이라면 돈을 꾸어 주지 않는다고 해서 멀어지지는 않는다.

친구가 남자였을 때라고 해도 마찬가지다. 저축한 돈이 있음에도 불구하고 돈을 빌려 주지 않아서 멀어지는 남자도 있을 수 있다. 하지만 그런 남자에게 돈을 꿔줘라. 당신은 마침내 돈과 함께 친구까지 잃어버리게 되고 말 것이다.

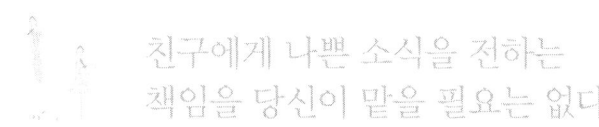
친구에게 나쁜 소식을 전하는
책임을 당신이 맡을 필요는 없다

새로운 친구는 생의 기쁨을 더해준다. 그러나 지금 당신이 친구를 필요로 하고 있다고 해서 상대방도 반드시 그런 것은 아니다. 상대방의 기분을 헤아려보는 주의가 그래서 필요한 것이다.

한 디자이너가 있었는데 그녀는 점심, 저녁, 그리고 주말마다 나를 부르곤 한다. 그것이 오래 계속되자 마침내 나는 그녀의 호의를 사양했다. 정말 미칠 지경이었다. 그녀가 나를 필요로 할 때 내게는 그녀가 그다지 필요가 없었던 것이다. 내가 이 시간에 그녀를 초대한다면 그는 나의 초대에 응했을까? 그녀는 아마 오지 않았을 것이다.

또는 상대방에게 선약이 있을 경우 당신의 초대가 부담스러운 것이 될 수도 있다. 선약이 없는 사람을 선택하라. 친구의 마음을 상하게 할 필요는 없다.

친구의 마음을 상하게 할 필요가 없다는 점에서 또 하나 이야기해야 할 것은 나쁜 소식을 전하지 말라는 것이다. 원래 나쁜 소식이란 그것을 전달하는 사람이 몽땅 뒤집어쓰게 된다. 중세에는 왕에게 불쾌한 소식을 전달하는 사람을 사형에 처하는 경우까지 있었다. 당신이 무엇 때문에 그런 역할을 맡을 필요가 있단 말인가?

얼마 전에 있었던 일이다. 나는 어떤 식당 주인에게 그 집 여자용 화장실이 망가졌다고 말한 적이 있었다. 지금도 나는 그것을 후회한다. 왜냐하면 내가 그 이야기를 하기 전까지 그렇게 즐거워했던 그가 막 화를 내기 시작했기 때문이다. 그를 위해서나 나를 위해서나 그것은 별로 좋은 일이 아니었던 것이다.

불쾌한 내용의 편지를 보내지 말라. 최근에 「코스모」지와 「플레이걸」지를 비교하는 야비한 기사를 오려 부친 편지를 받은 일이 있었다. 알고보니 내가 내는 잡지가 언급된 기사니까 내가 마땅히 관심을 가질 거라고 생각한 어떤 친구가 내게 보낸 것이었다. 천만에! 그런 친절을 나는 사양하겠다. 그는 내게 꼭 필요한 기사라면 어떻게든 알게 될 것이다. 또한 내게 필요없는 기사라면 모르고 지나가게 될 터인즉 그 또한 괜찮은 일이다. 그런데 무엇 때문에 내 부스럼을 긁을 필요가 있다는 말인가. 나쁜 뉴스라면 당연히 친구의 입장에서 내 눈에 띠지 않을 만한 곳으로 숨겨주는 배려를 나는 바라고 싶다. 그리고 그런 심정은 누구에게나 다 마찬가지일 것이다.

예의를 갖출 줄 아는 우정

내가 에크하르트에서 일하고 있을 때였다. 서부 로스앤젤레스의 한 친구에게 전화를 한 일이 있었다. 늘 늦잠을 자곤 하던 그녀가 출근시간에 늦을까봐 걱정이 되었던 것이다.

그런데 그 보답은 그녀의 푸념뿐이었다. "맙소사! 벌써 8시 30분이잖아! 10분 후에는 사무실에 도착해야 하는데!" 내가 뭐라고 말하려 하자 그녀는 마구 소리쳤다. "제발 전화 좀 끊어. 나 늦었단 말이야!" 그리고 꽝! 전화기 놓는 소리.

내가 그때 전화해 주지 않았더라면 아직도 자고 있을 것이 분명했던 그녀는 괜히 나한테 화를 내고 있었던 것이다. 고맙다는 말은커녕!

아무리 바쁘더라도 천천히 수습하라. 힘든 때일수록 자제력이 필요한 것이다. 우정을 지속하기 위한 첫번째 구비조건은 자제할 줄 안다는 점이라 하겠다.

우리는 예의라는 것을 알고 있다. 그 예의라는 것은 한 인간과 인간 사이에 지켜져야 할 최소한의 규칙이라 할 수 있겠다. 그런데도 불구하고 오히려 저명한 인사들이 때때로 무례한 짓을 저지르곤 하는 것을 보고 우리는 아주 놀라게 된다. 그런 장면을 보고 난 다음이라면 아무도 그 저명한 사람을 다시는 존경하지 않을 것이다.

피로감은 예의를 차리지 못하게 하는 교양인의 적이다. 이를테면 운전사나 웨이터들의 무례함 같은 것들은 그 피로가 주원인이다. 그들은 늘 긴장된 일과를 치르기 때문에 좀처럼 지쳐 있다. 하지만 당신이나 나처럼 교양 있는 사람이라면 확언컨대 그들과는 어딘가가 다를 것이다. 아무리 지쳤다 하더라도 친절과 공손함을 가지고 예의를 지킬 수가 있다고 우리는 믿고 있다. 어려울 때에도 예의를 지킨다는 것이야말로 우리들이 참된 교양임을 확인시켜 주는 것이다.

교양인의 다른 특징 하나는 늘 감사하며 미안해 할 줄 안다는 점이다. 실수를 했을 때 거리낌없이 자신의 실수를 인정하는 마음이 중요하다. 그것을 호도하거나 무마하려고 위장된 태도를 취할 필요는 없다. 솔직하게 과오를 시인하는 것은 교양인을 교양인답게 한다. 실수를 한 것 자체가 잘못인 데다가 그 실수를 호도하려는 또 하나의 실수를 더하려 하지 말라.

사무실이나 집에서나 늘 사과할 수 있는 마음의 여유를 가져라. 때로는 당신의 잘못이 아닌 것에 대해서 당신이 사과할 수도 있다. 어쨌든 "내 실수예요. 미안해요"라는 평범한 말 한마디가 실수의 곤경으로부터 당신을 구원하게 될 것이다. 마음 푹 놓고 자신의 잘못을 인정하는 사과야말로 그 얼마나 상쾌한 일인가!

부부생활에 대해서 쉽게 어느 쪽을 편들지 말라

친구의 결혼생활에 문제가 생겼을 때 당신은 주의해야 한다. 그의 이야기를 잘 귀담아 들어주고 함께 생각하며 열심히 도와주는 것은 좋다. 그러나 이것이 당신이 해야 하는 전부이다. 쉽게 어느 쪽을 편들지 말라.

그 커플이 다시 결합하게 되었을 때 어느 한 쪽을 책망했던 당신은 후회하게 될 것이다. 그들은 그 책망을 잊지 않고 있을 것이므로 결국은 한 명이 아니라 두 명의 친구를 잃게 될 것이다.

그 커플이 아주 영영 헤어져버린 뒤라면 좀더 솔직하게 조언할 수가 있을 것이다. 그러나 그때에도 당신은 너무 깊숙이 개입하지 않는 것이 좋다. 모든 일들이 다 그렇듯이 본인의 문제는 결국 당사자 자신이 다 져야 할 짐인 것이다. 친구란 그 짐진 사람들 곁에서 도와줄 수 있을 뿐 그 짐을 나눠지지는 못한다. 당신에겐 당신 몫의 짐이 있으므로.

친구의 하소연에 귀기울이는 것이 그를 돕는 길이다. 쉽게 어느 한쪽 편을 책망하지 말라.

친구의 성공을 칭찬할 줄 아는 여유

가끔 바보 같은 사람들이 있다. 즉 자기보다 더 나은 사람에게 푸대접을 하는 종류의 사람들 말이다. 그들은 그 푸대접이 그들의 관심을 끌 수 있으리라고 생각한다. 하지만 그 따위 짓이란 정신착란증 환자나 하는 행동이다. 그것은 아무 보상도 없는 허튼 짓인 것이다.

친구가 성공했을 때 가장 먼저 축하해 주는 사람이 되라. 가능하면 그의 남편이나 애인보다도 먼저 칭찬해 주는 것이다. 첫번째로 축하를 하는 사람이 주는 이미지는 말할 수 없이 좋은 법이다. 이 원칙은 당신이 나쁜 소식을 첫번째로 전하는 사람이 되지 말라는 말을 뒤집어 놓은 것이나 마찬가지라 하겠다.

우월한 사람들만이 남을 칭찬할 줄 안다. 남의 기쁨을 함께 기뻐해 줄 수 있다는 것은 사실 말이지 여자로서는 큰 도량을 필요로 하는 것이다. 그러나 그의 성공은 넓게 보아 당신의 성공의 일부이기도 한 것이다. 아낌없이 칭찬하라.

다만, 칭찬이 너무 길 필요는 없다. 간단하게 하라. 편지도 한두 소절 정도. 전화는 한 통화 정도의 길이가 좋을 것이다. 특히 상대가 아주 높은 지위에 있거나 유명한 인사일 경우는 더욱 더 그렇다. 그들이 길고 장황한 논평을 좋아하기를 바라고 있다고 생각한다면 큰 오산이다.

실패자들, 그들은 당신의 기력을 소모시킨다

당신의 친구 중에는 빈번히 실패를 거듭하곤 하는 친구도 있을 것이다. 그들은 늘 큰 문제점을 갖고 있는, 그리고 그 문제는 여간해서는 풀리지 않는 악질적인 것이기 십상이다.

그런류의 사람들은 당신까지도 파멸로 이끌지 모른다는 사실에 유의하라.

처음에는 조금 도와주던 것이 차츰 그 도와주어야 할 필요를 증대시켜서 마침내 그는 당신을 모두 짜내어 탕진해 버리고 만다. 그는 괴물이다. 괴물을 키우면 더 큰 괴물을 얻을 뿐이다. 당신의 삶이 다른 사람 때문에 완전히 침식되기를 바라지 않을 것이다.

현명한 사람들은 도울 가치가 있는 사람만을 돕는다. 뭔가 해결될 실마리가 있는 사람들, 그리고 꾸준히 애쓰고 노력하는 사람들이 바로 그들이다. 그러나 가망 없는 인간들에게는 전혀 투자할 가치가 없는 것이다.

나는 내 친구에게 충고해 준 일이 있었다.

"당신은 아무에게나 연민을 느끼고 마침내는 그를 돕느라고 자신을 모두 버리는 어리석은 짓을 그만두는 것이 좋을 것이다. 당신 같은 사람은 누구를 돕기보다는 우선 자기 자신을 돌보는 일이 먼저이다. 무엇보다도 먼저 자기 자신을 생각하라. 당신이 그처럼 실패로 가득한 사람들과 계속 교류하는 한 그 압력 때문에 마침내 파멸하고 말 것이다. 가능한 정도 내에서 남을 도우라."

'실패자들'만이 당신의 기력을 소모시키는 것이 아니다. 상사나 파출부나 어떤 친구들 심지어는 당신의 어머니까지 당신의 심신을 고달프게 하는 경우가 종종 있다. 당신은 그들의 마음에 들기 위해서 조바심을 치며 끙끙대지는 않는가?

용기를 내라. 그리고 그런 정신적인 협박자들로부터 과감하게 벗어나라. 그들은 인생권 밖으로 내몰거나 무력하게 만들 필요가 있다.

당신은 당신 자신의 삶을 살 뿐이므로 씩씩하고 당당하게 앞으로 나가라. 누구의 눈치를 볼 필요 없이 말이다.

적대적인 사람들에 대하여

누구를 헐뜯는 사람들은 언제 어디에나 있게 마련이다. 그런 종류의 인간들은 때때로 영민하고 유쾌한 경우도 있어서 사람들 사이에서 꽤 인기를 누리기도 한다. 하지만 조심하라. 그처럼 영민해 보이며 가십거리를 많이 알고 있는 여자들을 조심하지 않으면 마침내 상처를 입게 된다.

빌리 프리드키는 그런류의 한 작가에 대해 이렇게 말한 적이 있다. "그건 마치 온몸에 코올타르를 잔뜩 묻힌 아이를 다룰 때와 흡사하다. 그가 밉다고 그를 때려보아야 당신은 더러운 코올타르를 묻힐 뿐이다."

언젠가 나는 그런 종류의 인간과 식사를 한 적이 있었다. 그 여자는 나머지 7명의 손님이 듣는 데서 이렇게 말했던 것이다. 즉 "당신은 포르델리니(음식 이름)나 무스(디저트용 과자)엔 손도 안대시겠죠? 하지만 나는 무엇이거나 잘 먹는 사람을 좋아해요."

그러니까 그녀는 제멋대로 나를 편식주의자로 몰아넣고는 나를 미워하고 있다는 이야기를 한 셈인데, 그렇다고 해서 내가 쉽게 화를 낼 리가 있겠는가. 그를 욕해본들 그 욕이 내게 될 것을 나는 알고 있다. 더구나 어느 때를 막론하고 늘 다정하게 구는 것이 우리들의 특권이다. 나는 그 여자에게 나중에는 작별의 키스까지 해주었다. 브라보!

그런데 그쯤이 아니라 아예 적대적인 사람이 있다. 즉 대놓고 면박을 하려는 사람들 말이다.

최근에 어떤 사람과 점심식사를 함께 했었다. 「코스모」지의 발행인이 나를 그에게 소개했다. 즉 헬렌 걸리 여사는 「세계 연감」이 뽑은 미국의 영향력 있는 25명의 여성 중 한 사람이라고 말이다. 그러자 그는 웃지도 않고 내게 물었다.

"그래 당신은 25위입니까? 아니면 24위입니까?"

때때로 보는 경우이지만 파티에 1시간 늦게 도착하고서는 오히려 빨리 가야 한다고 부산을 떠는 종류의 인간들도 있다. 완전히 훼방꾼인 것이다.

그런 종류의 인간들이 내쏘는 독소는 아주 맵다. 비행기에서 어떤 남자와 같이 앉게 되었는데 그는 내가 다른 생각에 열중해 있음에도 자기의 이야기를 들어주지 않는다고 분개해 하는 것이었다.

우리들은 너무 선량해서 누구에게 적의를 가져 본 일이 없다. 우리들은 그런 적의가 상대방에게 줄 피해에 대해서 알고 있다. 당연한 일이 아닌가? 그 대신 우리는 우리에게 내놓고 적의를 통하는 무리들에게 지고 싶지도 않다.

 유명인사를 조심하라

  유명인사는 어찌됐든 당신이나 나와는 다르다. 그렇다고 물론 아주 어려운 상대일 것까지는 없다.
  나는 유명인사에 대해서 다음과 같은 규칙을 세워놓고 있다.
  이 규칙을 당신에게도 권고하겠다.

1. 조용하게 말한다. 경박스럽게 떠들지 않는다. 만나뵙게 되어서 영광이라고 인사한다. 흥분하거나 너무 수다스럽게 굴지 않는다.
2. 그에 대해서 많이 알수록 좋다. 그들의 저서나 연극 영화, 연설 등에 대해서 알고 있다면 당신은 존중받게 될 것이다. 그리고 그런 예비지식을 사용할 기회를 못 가졌다 하더라도 너무 조바심하지 말라. 나중에 빈축을 사게 된다.
3. 당신 자신에 관한 얘기를 적게 하라. 너무 많이 스스로의 이야기를 하면 의아해 할 것이다. 소위 유명인사치고 소탈한 사람은 없다. 당신이 좌중에서 너무 돋보이

는 것도 나쁘다. 그들은 자기 자신의 유명인사라는 점과 당신은 그렇지 못한 사람이라는 것을 잘 알고 있다.
4. 유명인을 도와주는 사람을 경시하지 말라. 어쨌든 그들은 유명인사의 주위에 늘 있는 사람들이며 유명인사들은 대개 자기의 미용사나 안마사들을 아낀다. 그들을 통해서 마침내 유명인사와 가까워지게 되는 것이다.
5. 유명인사와 가까워졌다고 생각되더라도 너무 귀찮게 굴지 말라. 예를 들면 당신은 당신의 친구들 한 부대를 우르르 이끌고 가서 그에게 소개하는 것 따위는 하지 않을 것이다.

유명인사들은 평범한 여자들을 좋아한다.

하지만 당신이 특출나게 아름답거나 큰 부자가 아니라면 그는 당신과 결혼하려고는 하지 않을 것이다. 그러므로 당신은 유명인사를 되도록이면 멀리서 보는 편이 좋다. 무대나 TV 등등에서 말이다.

하지만 당신은 지금 유명인사에 대해서 아주 대단한 호기심을 갖고 있으므로 나의 이런 충고를 이해하자면 한두 명의 유명인사와 사귀어 보아야 할지도 모른다.

수줍음

 수줍어하는 사람들의 대부분은 이기적이며 자기 중심적이라는 브랜드 아모리 씨의 견해에 나는 동의한다. 수줍음이란 너무나 지나치게 자기 속으로 숨는 마음이라고도 하겠는데 그러다보면 당신은 마침내 속으로 기어들어가 굳어버릴지도 모른다.

 나 또한 만성적인 수줍음의 피해자였다. 체험적으로 느끼건데 그것은 거의 선천적인 것으로 절대 없어지지 않는다. 하지만 잘 조절할 수는 있다고 나는 믿고 있다. 수줍음을 조절하기 위해서는 자기 훈련이 필요하다.

 그런 훈련의 하나로서 나는 어느 곳에서건 누구에게나 말을 걸어보곤 한다. 몇 분 동안 버스나 엘리베이터를 기다려야 할 때는 주위에 있는 사람들에게 말을 건넨다.

 당신도 나처럼 하라. 극장에서도 좋고 식당에서도 좋다. 당신 옆자리의 사람에게 한두 마디 말을 건네본다는 것은 유쾌한 일이다. 자칫 지나치게 편벽한 사람을 만나 무안을 당할지도 모르지만 그거야 대수로울 게 없다고 생각하고 무시해 버려라. 처음에는 좀 서툴고 세련미가 부족한 스스로가 밉겠지만 곧 익숙해진다. 그리고 그런 노력이 당신의 수줍음과 지나친 내향적 성격을 고쳐 주게 된다.

나는 되도록이면 칼럼니스트 리스 스미드씨를 본받으려고 노력하고 있다. 어찌된 셈인지 그에게는 쑥스러움이라곤 없다. 그는 누구에게나 말을 건네고 누구하고나 친구가 된다. 화석(化石)에게라도 말을 건네어 그 대답을 들을 수 있을 것만 같다.

도대체 그런 스미드씨의 활달함의 비밀은 무엇일까? 나는 그것이 아주 궁금했다. 그래서 계속 스미드 씨를 관찰해 본 것인데 그 결론은 마음을 활짝 여는데 있다는 것이다. 당신도 그렇게 하라. 확 트인 마음씨는 상대방을 안심하게 할 것이고 서로 서먹하지 않게 자유스런 대화와 교류를 가능하게 하는 것이다.

이건 내 에피소드이다. 한 20세 가량의 금발미녀가 수십 켤레나 되는 구두를 놓고 고르기를 망설이고 있었다. 그 옆에서는 딸을 끔찍이 위하는 미녀의 어머니가 딸의 결정을 지켜보고 있었던 것이다. 나는 마침 그곳을 지나게 되었는데 문득 소리쳤다. "맙소사! 지네만큼 많을 발을 가졌어도 이 신발들을 다 신지는 못하겠군요." 그곳에 있던 엄마와 딸과 구둣방 주인은 마치 미친 여자라도 보는 얼굴로 나를 쳐다보았다. 하지만 무슨 상관이랴. 그런 말을 함으로써 내 수줍음 타는 성격이 좀더 좋아지기만 한다면 그것도 나의 자기 훈련 중의 한 방법이었던 것이다.

소외감, 가장 무섭고도 큰 병

 수줍음보다도 더 나쁜 것, 그것은 소외감이다. 우리는 살아가면서 때때로 고도(孤島)에 혼자 버려진 것 같은 소외감을 맛볼 때가 있다. 이것이 일시적인 것으로 끝나지 않고 아주 오래 계속될 때 결국 당신의 인생은 그 무게에 짓눌리게 될 것이다.

 자, 우리 함께 그 무서운 적인 소외감을 이겨내 보자. 우리는 우리 스스로가 담당하고 자신에 찬 사람이라는 신념을 가짐으로써 그것을 극복할 수가 있다.

 누구나 고립감을 느끼게 되는 상황을 만나게 되지만 그것을 극복하는 사람들은 그것을 그다지 대수롭지 않게 생각하는 종류의 인간들인 것이다. 우리가 그 소외감에 너무 집착해 있는 동안에는 그들은 그런 정도의 일로 심각해 하지 않는 것이다.

 내 남편 데이비드가 그런 종류의 사람이다. 어느 날 나랑 데이비드는 패션계 인사들과 자리를 함께 하고 있었다. 나는 데이비드가 패션 같은 데에는 별 관심이 없다는 것을 알고 있었다. 그리고 패션에 대한 전문적인 이야기를 데이비드가 잘 알아듣지 못하리라는 것도. 그런데도 데이비드는 전혀 지루해 하지를 않았다. 바로 이 점이다. 데이비드는 그들과 어울리려고 노력한 것이지 심각하게 그들의 문제에 빠져든 것은 아니었던 것이다.

너무 심각하게 생각하지 않는 것이 좋다. 그런 점을 알고 있으면서도 나는 낯선 곳에서 그만 자신이 무너져 버리고 만다. 아이들이 없다보니 자식을 가진 부모들을 나는 잘 상대하지 못한다. 또 유명한 연예인이나 내 분수에 넘치는 화려한 보석들도 나를 기죽게 만든다. 뉴욕의 일급 모델들의 그 날씬함과 완벽한 육체! 나는 그 앞에서 그만 코가 납작해져 버리는 것이다.

불편한 분위기는 다른 사람에게 문제가 있기 때문인 경우도 있고 스스로에게 문제가 있을 때도 있다. 절대로 자기는 불편해 보지 못한 축복받은 사람도 있고, 남을 안심시켜 주는 고마운 사람들도 있다. 남을 편안하게 안심시켜 주는 사람이야말로 우리가 바라는 상대이다. 때로는 아주 저명한 인사이면서도 그처럼 스스럼없는 기적 같은 사람들도 있는 것이다.

남편과 함께 친구집에서 프랭크 시나트라를 만난 일이 있었다. 프랭크 시나트라쯤 되면 나 같은 보잘것없는 수줍음쟁이는 주눅이 들었어야 마땅할 텐데도 그날 나는 아주 우아한 태도를 유지할 수가 있었다. 나의 우상은 아주 자연스럽고 스스럼없이 상대방을 안심시키는 사람이었던 것이다. 그런가 하면 이제 고인이 된 쟈 폴비터도 좋은 사람이었다고 기억된다. 그의 집에 초대되어 갔을 때 곁에는 아무도 없었다. 그와 우리 부부, 그리고 그를 따르는 도사견 한 마리뿐이었다. 고기가 섞인 음식과 차가 나왔다. 그런데 처음 먹어보는 음식이어서 나는 그걸 어떻게 해야 할지 몰라 당황하였다. 그때 비터는 친절하게 말했다. "헬렌, 당신은 숙녀니까 이렇게 하는 것을 원하시겠지요?" 이런 세심한 배려가 나 같은 수줍음쟁이를 구제해 주는 것이다.

우리들 중 대다수는 소녀시절에 한 번 정도의 소외감을 느껴 본 적이 있을 것이다. 자기가 은근히 좋아하는 소년이 전혀 관심을 가져주지 않았을 때 느끼게 되는 참담함 말이다.

나도 그랬었다. 중학교 시절 내가 숭배했던 소년이 있었는데 그는 나를 저버리고 다른 여자 아이에게 가버렸던 것이다. 몇 년 동안 나는 그 아픔에서 벗어나지 못하였다. 그 아픔 때문에 나는 내가 작가로서 이름을 떨치게 되기까지 고향에 돌아가지 않았던 것이다.

그 뒤 고향에 가서 다시 그 소년을(이제는 중년남자인) 보았다. 그는 아예 나를 기억하고 있지도 않았다. 하지만 이제는 뚱뚱하게 배가 나온 평범한 속물이 되어 있었던 것이다. 당신의 문제도 결국 이런 것일지 모른다. 너무 위축되지 말라,

굳게 마음을 가지고 앞으로 나가라.

내 경험으로부터 유추된 다음의 몇 가지에 유의하도록 하자. 이 원칙들이 당신의 외로움을 극복하는데 도움이 되길 바란다.

1. 외로움을 느끼는 것은 이기심과 자기중심적 사고 때문인 경우가 많다. 이미 말했듯이 우리 여자들은 바람에 날리는 민들레와 같이 예민한 감수성을 가지고 있다. 그런가 하면 또한 우리는 감정이입에도 능하다. 그러므로 우리는 우리의 이런 소양을 활용하기로 하자. 즉 예민한 감수성으로 상대방의 변화를 즉시 파악한다. 그래서 그가 당신의 이야기에 싫증내고 있다는 생각이 들면 즉각 이야기를 중단할 수가 있는 것이다. 다음 감정이입의 능력을 발휘하여 자신을 컨트롤하는 것이다. 다만, 감수성의 활용은 위에서 말한데서 그친다. 사교상에서의 실패를 너무 예민하게 받아들인다든지 하는 태도는 바람직하지 못하다.
2. 누구나 살아가면서 가끔씩 외로움을 느끼는 것은 마찬가지라는 사실을 생각하자. 당신뿐만 아니라 다른 사람도 그렇다. 그리고 그 상처가 비록 고통스럽기는 해도 마침내 당신을 죽이기까지는 못한다는 사실을 잊지 말자.
3. 잘 어울리는 사람들을 너무 부러워하지 말자. 그들 중

에는 사람들과는 잘 어울리지만 그밖의 면에서는 거의 바보 같은 여자들도 많다. 당신은 좀 내성적이긴 해도 그 점만 제외한다면 그들보다 백 배는 뛰어난 여자이다. 자신을 가져라.

4. 비록 당신이나 나와 같이 쑥스러움을 잘 타는 사람들이라도 대중 속에서 때때로 스타가 될 수가 있다. 즉, 가능성은 있다는 말이다. 나만 하더라도 그렇다. 오랜 외로움의 기간이 끝나자, 나는 「성과 독신녀」로서 유명인이 될 수 있었다. 출판 기념회장에서 나는 여왕처럼 대우를 받았다.

5. 자연스럽게도 조크를 던져라. 그러나 다른 사람으로부터 얻어들은 멋진 농담을 써먹겠다고 너무 의식하지 말자. 때때로 그것의 억지스러움이 더 나쁜 결과를 낳기도 한다.

6. 당신보다도 더 문제투성이인 사람들도 있다. 그런 사람들이 시시콜콜 말을 걸어올지 모른다. 그런 사람들의 불안스런 태도와 서먹서먹한 말씨를 보며 당신은 너그럽고 여유 있는 스스로의 위엄을 확인할 수 있을 것이다.

7. 불편할 때는 누구나 침묵할 자유가 있다. 당신은 자칫 그런 때 침묵하고 있는 당신 자신이 서툴다고 생각할지 모르지만 그렇지 않다. 재미없을 때는 침묵할 배짱을 가져라.

8. 상점의 여자 판매원들이 당신을 괴롭힐 수도 있을 것이다. 그녀들은 저희들끼리 재잘대다가 당신이 들어서면 마치 귀찮다는 듯이 당신을 상대한다. 그럴 때는 당신의 일만 보라. 그런 종류의 인간들의 비위를 맞추어 줄 만큼 우리의 너그러움이 풍족해야 할 필요는 없다.
9. 모임에서의 대화가 낯선 주제를 흐르고 있는 동안은 그냥 침묵하고 있어라. 언젠가는 그들 중 누군가가 당신의 대화를 원할 것이다. 그때 당신은 우아하게 미소짓는다. 모나리자의 미소 말이다. 그리고 긴장을 풀고 그들의 말에 동조하면서 관심을 가지고 있다는 표시로 그들의 눈동자를 주시하라.
10. 중요한 잡지나 신문들을 수시로 읽어두어라. 사소한 상식들이 당신을 구해준다.

대충 이런 정도이다. 당신은 이제 소외감을 극복할 수 있는 여성이 된 것이다.

 친구의 애인

친구의 애인에게 멋진 여자로 보이기란 쉬운 일이다. 왜냐

하면 남자들이란 자기 애인의 친구에 대해서는 아주 약하기 때문이다. 남자들이란 이미 자기 것이 되어버린 자기의 애인보다는 자기 애인의 친구에게 관심을 쏠리게 되어 있다.

그러나 당신은 쉽게 그에게 말려들어서는 안 된다.

어떤 연속극이나 영화에서처럼 쉽게 그에게 말려들다가는 당신의 일생을 그릇되게 하기가 십상이다. 조용히 거절하라. 그는 당신 자체에 관심을 갖고 있는 것이 아니라 자기의 애인에게 매여 있는데 싫증이 난 것뿐이라는 점에 유의하라.

한편 당신은 그 남자의 호의를 당신의 친구에게 털어 놓아서는 절대 안 된다.

그와 반대의 경우도 생각해 볼 수가 있다. 즉 당신의 애인이 당신의 친구에게 접근하는 경우이다. 그러나 너무 질투하지 말라. 그 경우라 해도 모든 것은 마찬가지다.

당신의 애인 또한 당신의 친구에게 관심이 있는 것이 아니니까.

만약 당신의 친구가 그이의 애인이었다면 이번에는 거꾸로 당신이 그이에게 아주 매력적으로 보였을 테니까. 당신은 조심스럽게 유의하기는 하되 지나치게 질투하지 않는 태도를 취해야 할 것이다.

 ## 매력적인 여성이 되는 길

변호사 루이스 니즈는 이렇게 말한다.

"매력이란 연습이 필요한 것이다. 연습과 반복을 통해서 자연스럽게 매력이 몸에 배어든다."

나는 매력이란 상대방을 염두에 두면서 겸손하게 처신하는 데서 우러난다고 생각하고 있다. 매력적인 말은 유머감각을 요구한다. 적의를 품고 있는 사람이 매력적으로 보일 리는 만무한 것이다.

명석하며 남을 즐겁게 해주는데 가히 천재적이라 할 사람이라도 누군가를 쉽게 미워하는 성격을 가졌다면 매력적인 사람이라 할 수가 없다.

나는 최근에 영국의 어느 작가의 방문을 받은 일이 있었다. 그녀의 말씨는 겸허함과 온화함 그리고 다정함이 갖추어져 있었다. 그녀의 태도에 매료된 나는 「코스모」지의 캔버스 휴대용 가방을 선물로 주었다.

나중에 안 일이지만 그녀는 식사를 하러 갈 참이었기 때문에 그 선물은 사실 좀 거추장스러운 것이었다. 그런데도 그녀는 아주 진심으로 고마워하면서 맘에 든다며 나를 칭찬하고는 자기의 소지품 모두를 그 새 가방에 챙겨 넣는 것이었다. 분명 호감이 가는 여자였다.

매력에 있어서 중요한 부분의 하나는 바로 감정의 문제이다.

8월의 어느 날, 당신은 필링(치과에서 쓰는 충전제)이 떨어져서 치과를 찾았다고 하자. 간호사가 나와서 의사 선생님은 휴가중이라고 대답할 것이다. 그 순간 당신은 이 지독한 여름날 시내에서 일에 쫓기고 있었다는 걸 새삼 깨닫고는 울화가 치밀 것이다. "맙소사! 이런 날 일하고 있는 것은 나뿐이잖아!"

그러나 당신 앞에는 지금 간호사 아가씨가 있다. 당신뿐이 아니다. 그녀 또한 지금 일을 하고 있는 것이다. 당신은 좀 더 우아한 태도를 취하여야 한다.

"당신과 나만 남았군요! 이런 여름날에 말이지요." 그리고는 빙그레 웃어보이도록 하라.

그런 태도를 취한다는 건 물론 쉬운 일이 아니다. 그것은 반쯤은 천성에 속하고 반쯤은 노력과 훈련과 자제의 결과이다.

하지만 우리는 처음에 검토해 보았듯이 아주 우아한 품성의 소유자들이다. 조금만 유의하면 우리는 아주 매력적인 여자가 될 수 있는 것이다.

대화술, 귀담아 듣고 성실하게 얘기하라

경청이야말로 가장 소중한 매너이다. 이렇게 말하면 다소 과장된 표현일지 모르겠다. 하지만 겪어보면 이 말의 진실을 믿게 되는 것이다.

당신이 남의 말에 잘 귀를 기울이는 사람이라면 모든 일은 아주 순조롭게 풀려가게 마련이다. 사람들이란 대개 자기를 들어내려는 욕망이 앞서서 남의 말에 귀기울이는 태도를 유의하지 못한다.

그런 소중한 경청의 능력은 뭐 그다지 천부적 재능을 요구하는 것도 아니다. 남다른 기술도 필요 없이 다만 겸손한 마음만 가지면 되는 것이다. 그런데도 불구하고 경청은 얼마나 쉽고도 기가 막힌 효과를 보게 되는 것일까.

경청하는 것이 반드시 이타주의 때문만은 아니다. 오히려 경청에는 몇 가지 까닭이 있다고 나는 생각한다.

1. 화자에게 존중받기 위해서
2. 상대방의 지식이 필요하기 때문에

3. 상대방의 비난이 두려워서
4. 귀찮고 게으르니까 등등

그런데 가끔씩은 아주 처치 곤란한 경우도 있다. 즉, 상대가 아주 쓸데없는 얘기를 수다스럽게 지껄이는 경우 말이다. 그런 때는 지체 없이 그곳을 떠나라. 그런 자리에 오래 앉아 있는 것이 총명의 표시가 될 수는 없다.

멤피스에서 아틀란타로 가는 동안에 만났던 사람을 나는 잊을 수가 없다. 그 사람은 쉴새없이 지껄여댔다. 내가 점심 먹는 동안 「뉴욕포스터」지를 읽고 나서 창문 밖을 내다보고 있는 3시간 동안 내내 떠들어댔다. 마침내 나는 그 사람의 이야기에서 벗어나려고 노트를 꺼내놓고 글을 쓰기 시작했다. 하지만 소용없었다. 그는 여전히 이야기를 계속하고 있었다.

한 달 뒤에 그는 어떻게 내 주소를 알았는지 편지를 보내왔다. 즉 자기가 내게 얘기했던 것들이 언제 출판되느냐는 것이었다. 맙소사!

이런 종류의 극성스런 인간이 아닌 이상 남의 이야기를 경청하라. 당신은 어쩌면 아주 뛰어난 화술의 소유자일지도 모른다. 그리고 당신은 어쩌면 기가 막힌 이야깃거리를 가진 사람일 수도 있다. 그러나 조심하라. 세상 모든 사람이 당신의 화술이나 경험담에 관심을 갖고 있는 것은 정녕 아니다. 그렇다면 오히려 그처럼 두려운 일이 어디 있겠는가.

세상의 거의 모든 대화는 동등하지 않다. 즉, 어느 편은 좀 더 많이 말하고 어느 편은 덜 말하게 된다. 그가 많이 말하는 쪽이라고 한다면 당신은 좀 참아두는 게 좋다. 그가 지쳐버린 다음에 당신 차례가 온다. 오히려 당신이 먼저 다 말해버린다면 얘기가 바닥나서 고심하게 될지도 모르는 것이다.

이런 점들을 염두에 두고 나는 당신에게 훌륭한 경청자가 되는 방법 몇 가지를 제시하고자 한다.

1. 상대에게 기회를 주라. 그의 얘기 끝에 당신에게 기발한 새로운 이야깃거리가 문득 생각났다고 해도 참는 것이 좋다. 중간에 참견하는 사람은 덧나보이는 법이다.
2. 이야기의 줄기를 놓치지 말라. 쉽게 딴 화제로 그 이야기의 줄거리를 옮기려 하지 말라.
3. 이야기가 끝난 듯이 여겨지더라도 잠시 기다려라. 그는 아직 미진한 느낌을 가지고 있을지도 모른다. 그로 하여금 충분히 이야기할 기회를 주라. 그러면 당신은 아마 놀랄 만큼 훌륭한 대화 상대로 알려지게 될 것이다.
4. 이야기의 흐름을 놓쳐버렸을 경우 솔직하게 고백하고 정중하게 사과한 다음 다시 이야기를 부탁하라. 그런 태도는 오히려 당신을 성실하며 총명한 사람으로 보이게 한다.

5. 긴장을 풀고 얘기에 전념하라.
6. 겸손하라. 물론 당신은 그보다 월등한 사람이며 아는 것도 더 많지만 그럼에도 불구하고 겸허해야 하는 것이다.
7. 아주 가까운 사람에게는 좀더 신경을 쓰기로 하자. 즉 그와 그의 가족들에 대해서 소상히 알아두는 것이다. 그의 아이들의 이름, 직업, 생일 등. 그렇게 하면 만날 때마다 또 같은 질문을 하는 어리석음을 저지르지 않게 될 것이다. 나는 50명분의 메모노트를 가지고 있다.
8. 결코 아름답거나 멋진 사람이 아니더라도 그도 자존심을 가지고 있다는 점을 명심하라. 오히려 미인은 칭찬하지 않아도 좋다. 그는 자기가 미인이라는 것을 알고 있으니까. 그러나 그렇지 못한 사람은 칭찬받아야 한다. 남을 칭찬하라.

당신은 당신이 옳다고 생각한다고 해서 모두 털어놓고 마는 바보는 아닐 것이다. 장소와 시간에 따라 당신도 처신하지 않으면 안 된다. 당신은 상대방과 의견을 달리할 줄 알만큼의 주견을 가지고 있다. 동시에 자기의 주견을 잠시 유보할 줄 아는 여유도 가지고 있지 않으면 안 된다.

하고 싶어서 하는 이야기와 하고 싶지 않아도 해야 하는 이야기가 있다. 당신의 친구들과 전자, 당신의 고용주하고라면 후자가 그 상대자들이다.

「코스모」지의 편집자인 보비 애쉴리는 내가 이야기하는 동안이라면 90%의 시간 동안 나는 그녀의 상관이니까, 그런데도 그녀의 태도는 마지못해 듣는 것 같지가 않다. 마치 최면이라도 걸린 것처럼 열심히 듣는다. 그런 태도가 상관을 기쁘게 하리라는 것은 두말할 필요도 없다. 50 : 50의 대화가 있는가 하면 90 : 10의 대화도 있는 것이다.

또한 당신은 당신의 일이 잘되고 있지 않다는 것을 마구 지껄여야 할 이유가 없다. 여자들은 비밀을 잘 간직해 두지 못하는 성미여서 중요한 기밀조차 쉽게 털어놓아 버리곤 한다. 중요한 국가간의 기밀이 새어나가는 루트는 대부분 고위직의 남편을 가진 여자들을 통해서라는 통계가 있는 것이다. 입을 조심하라.

전화 예절

현대인은 전화 없이는 거의 하루도 살지 못한다. 그런 만큼 전화에 관한 에티켓의 중요성은 아무리 강조해도 지나치지 않을 것이다.

1. 전화를 할 때에는 언제나 상대방의 형편을 물어보라. 길게 통화하는 것이 상대방에게 폐가 된다면 이처럼 곤란한 일이 없을 것이다. 미처 묻지 못했거나 그럴 수 없는 경우라면 그의 은근한 메시지에 유의하라. 그러면 그가 더 통화하기를 원하는지 그렇지 않은지 알 수 있을 것이다.
2. 당신께 온 전화를 끊고 싶을 때는 "의사와 약속이 있어"라든지, "해리가 아래층에 와 있어"라는 식으로 거절하지 말라. 보다 부드럽게 하라. 즉 "신디, 아주 재미있었어"라고 해도 좋고, "그래그래……나중에 또 듣기로 하자구나"도 좋다. 당신의 친구들은 모두 눈치가 빠르기 때문에 그게 무슨 소린지 알 것이다. 그러나 그렇지 못한 둔감한 사람이라면 할 수 없이 직접적인 말을 할 수밖에 없겠다. 그건 참으로 곤란한 일이다. 당신은 제발 그런 전화 상대자가 아니기를 빈다.
3. 정보를 알려고 전화했는데 상대방이 잘 응해주지 않을 때는 이렇게 말하라. "알겠습니다. 이제 두 가지만 묻고 끝내겠습니다." 그러면 그들은 당신의 통화가 얼마나 걸릴지를 알고 응해 올 것이다.
4. 전화용건을 속이지 말라. 그처럼 상대방을 불쾌하게 하는 일은 없다. 솔직하게 말하라. 괜히 빙빙 돌려 말하지 말라. 바로 본론으로 얘기하라.

초대와 방문

친구를 초대한다는 것은 좋은 일이다. 파티는 집안에 활기를 돌게 한다. 그때 당신은 주인이며 아주 바빠진다.

깨끗한 방, 아름다운 꽃들, 은은한 음악, 얼음 달그락 거리는 소리, 술잔 부딪히는 소리…….

파티는 당신과 친구를 더 가깝게 하기에는 더없이 좋은 방법이다. 물론 좀 비용이 들기는 하지만 말이다. 다음은 파티에 대한 몇 가지 원칙이다.

1. 초대할 손님을 신중히 고려하라. 초대될 손님들끼리의 관계도 생각해 보아야 한다. 서로 잘 어울릴 수 있는 사람들끼리 모이도록 해야 하는 것이다.
2. 시간을 정확하게 정하고 그들로 하여금 그 시간을 꼭 지키게 하라. 도착시간과 파티 개최시간, 끝나는 시간, 귀가시간 등을 예정해 두고 미리 알려주어라. 함께 초대된 사람들을 서로 알게 하는 것이 어떨까. 내 개인적인 생각으로는 알려주는 것이 좋다고 생각한다.
3. 당신의 입장이 결정되어야 한다. 즉 뒷바라지만 할 것

인가. 손님과 함께 파티에 섞여 즐길 것인가 하는 문제이다. 혼자서 두 가지 역할을 할 수는 없다. 또한 손님들이 직접 자기가 음식을 갖다가 먹을 것인지, 아니면 초대한 측에서 갖다주는 것인지를 분명히 하라.
4. 주의깊게 손님들을 보살펴라. 혼자 외톨이로 떨어져 있는 손님을 격려하는 일은 아주 중요하다. 어느 파티에서나 그런 사람이 한두 사람은 꼭 있게 마련이다.
5. 손님이 많거나 서로 모르는 손님들일 경우에는 소개하는 시간을 가져라.

그렇다면 당신이 손님이 되어 초대를 받게 되는 경우는 어떨까? 먼저 당신은 기우를 버려야 한다. 즉 초대장은 형식일 뿐 실제로는 내가 참석하는 것을 원치 않는 것은 아닐까 하는 쓸데없는 생각은 버린다.

물론 그렇다고 해서 모든 초대에 다 응하라는 것은 아니다. 그 결정은 당신이 한다. 다만, 미리 연락을 해주어라. 못 가게 되었을 때, 또는 가고 싶지 않을 때에도 비교적 솔직하게 얘기한다. 상대방의 마음이 상하지 않을 만큼 성실한 태도로.

일단 파티에 참석하게 되면 당신의 특징은 그 소외감이 들지도 모르지만 용기를 가지자. 대화할 사람을 찾는다. 어느 파티이건 당신과 같이 외톨이로 있으면서 누군가 대화할 상대를 찾고 있는 사람은 있다. 재미있게 어울리고 있는 그룹 속에 억지로 끼어들려고 하지 말라. 언제 어디서나 자연스럽고 우아한 것이 우리들의 특징이어야 한다. 반대로 어떤 지겨운 상대에게 오래 매여 있게 될지도 모른다. 그런 때는 조심스럽게 그로부터 빠져나온다.

"이제 주인을 좀 거들어야겠는데요……", "죄송합니다. 나중에 조용히……" 등등.

파티가 끝나고 돌아오게 될 때(또는 파티 중에라도) 꼭 주인에게 칭찬을 건네라. "멋진 밤이었어요!" 그때를 놓쳤다면 귀가 후 또는 그 이튿날쯤 전화를 걸어주든지 꽃을 보내주든지 엽서를 띄운다.

선물 주고받기

친한 이들끼리 주고받는 선물처럼 흐뭇한 게 다시 있을까? 당신은 자주 선물하는 친구가 되어야 한다. 그 선물의 값은 비싼 것이든 싼 것이든 큰 상관이 없다. 선물은 오히려 비싼 것보다는 값싸고 실용적인 것이 좋은 경우도 있다.

선물을 받으면 답하라. 편지를 써도 좋고 전화를 거는 것도 좋다. 선물이 무사히 도착했는지에 대해서 보낸 쪽에서는 아주 궁금하게 생각하고 있을 것이다. 나는 엽서를 사두었다가 늘 엽서로 답장을 보내는 방법을 쓰고 있다.

  자, 이제 내가 할 수 있는 얘기는 거의 다한 것 같다. 아무튼 친구란 평생의 보배이다. 목숨까지 걸고 우정을 지킨 로마인들이 아니더라도 친구의 소중함을 누구나 알고 있는 것이다.
  널리 사귀고 깊이 위하라. 성실과 끈기와 사랑만이 그리고 너그러움과 겸허함과 관용이 우정을 깊게 그리고 오래 유지하게 한다.

05 여성과 직업

WHY TO THE SECCESSIN YOUR JOB

남성을 사로잡는 제일의 무기는 직업이다

매력 있고 사랑받는 여성이 되기 위한 중요한 요소의 하나는 역시 당신의 직업에 있다. 그리고 당신의 옷은 당신의 직업으로부터 나오기 때문이다.

직업은 당신을 인생의 승리자가 되도록 하고 인생을 윤택하게 해주는 수단이다. 또한 당신이 어떤 직업을 가지느냐 하는 것은 곧 당신이 어떤 남자와 만나게 될 것인가에 대하여 큰 영향을 미친다. 더욱 중요한 것은, 이들 남자들이 당신에게 관심을 가질 것이냐의 여부에도 당신의 직업은 큰 영향을 미친다는 점이다.

아름다운 여비서라면 데이트 신청을 받을 것이다. 하지만 아름다운 회계직 간부라면 데이트 신청을 받을 때 남자에게 더욱 깊은 이상을 줄 것이다. 설령 당신이 아름답지 않더라도, 중요한 업무를 담당하고 있기 때문에 좋은 남자들의 관심을 더 많이 받게 될 수도 있는 것이다. 안정되고 매력 있는 남자들(내가 말하는 좋은 남자)은 당신이 그들과 동등한 직업을 갖고 있거나 적어도 중요한 직업을 갖고 있을 때 더욱 깊은 인상을 받는다. 실제로 여성의 성공에 냉소를 보내는 남자들이 점점 없어지고 있다. 뿐만 아니라 이제는 대부분의 남성들이 소극적인 여자보다는 실천력 있는 여자들의 사랑을 즐기려고 한다.

그렇다면 나는 지금 비서들을 깎아내리고 있는 걸까? 천만에! 나 또한 13년간 비서로 근무했다. 그리고 아직도 많은 회사에서는 비서로 출발하는 길이 가장 좋은 길로 알려져 있다. 왜냐하면 다른 자리로 옮기게 될 때 높은 보수와 좋은 남자가 따라오기 때문이다. 그 과정은 이러하다. 처음에는 그 직업상의 수준에서 그를 대한다. 그 다음엔 그의 주위에 머물면서 그를 매혹시키고 성적으로 그를 사로잡는다. 물론 섹스는 우리에게 만족감을 주고, 우리의 생을 즐길 수 있게 해준다. 하지만 당신은 지금보다 더욱 큰 만족감을 느낄 수 있으며 강가의 수달처럼 우리의 생을 만끽할 수도 있고, 동시에 남자를 사로잡을 수 있다.

그러나 단순히 당신이 만나게 될 남자에게 어떻게 보일 것이냐 하는 것 때문에 당신에게 중요하고도 어려운 직업을 권장하는 것은 절대 아니다. 훌륭한 직업을 가져야 하는 가장 큰 이유는 그 직업이 가져다주는 생활의 질적 향상과 정신적 행복에 있다.

일(그리고 일의 즐거움)과 사랑(그리고 사랑의 즐거움). 이 두 가지는 모든 정상적인 사람들의 인생에 있어서 가장 중요한 요소이다. 아이들 문제는 좀 다른 차원의 문제이다. 아무튼, 무기력한 남자보다 야심 있고 추진력 있는 남자와 함께 있을 때 당신의 인생과 사랑은 훨씬 만족스러울 것이다. 그리고 당신 또한 활동적인 여자라면, 그러한 남자들을 당신이 차지하게 될 것이다.

집에만 틀어박혀서는 결코 멋진 남성도 인생의 행복도 찾을 수 없다

일반적으로 보통여자들은 좀더 쉬운 길, 이를테면 전통적인 방법으로 멋진 인생을 누리기를 바라고 있다. 하기야 적령기의 여자라면 누구나 괜찮은 남자의 이목을 끌 수 있을 것이다. 싱싱한 젊음 그 자체가 섹시하고 소망스러운 것이기 때문이다. 그러니 구태여 힘든 직업을 갖지 않더라도 이 싱싱한 젊음을 밑천으로 좋은 남자를 찾을 수도 있고 또한 만족스러운 결혼을 통해서 인생의 바람직한 모든 것을 얻고 난 후에, 훌륭한 남편의 사랑받는 아내로서 병원 자선위원회나, 자선단체 기금모금에 참여하고, 일주일 중 하루는 박물관에서 보내는 생활을 못하란 법도 없다.

실제로 아직도 많은 여성들에게는 그런 생활이 인생의 목표가 되고 있는 것 같다. 이들은 남편이 중요한 직업을 갖기를 원하면서 자신은 남편에게 헌신적인 내조를 하고, 이따금 무료함을 달래려고 요리강습소에 나가거나 아니면 사소한 직업을 가져 볼 뿐이다. 이들 뿐만 아니라 아직도 많은 여자들이 재클린 오나시스, 재키의 여동생인 리 라드지윌, 그리고 그레이스 왕비 등을 이상형으로 여기고 있다는 것이 내 생각이다.

아, 불쌍하고 어리석은 여성들이여! 재키조차도 나이 마흔여섯에 들어서야 부자가 되고 숭앙받는 아름다운 여성이 되는 것만이 인생의 전부가 아니라는 것을 깨닫지 않았는가! 7년 전에 바이킹 출판사의 편집인이었던 재키는 다시 직업세계로 뛰어들어 지금은 「더블데이」지의 편집인으로 있다. 그녀에게 돈이 필요하지는 않다는 것은 누구나 다 안다. 그녀의 여동생 리 라드지윌드 실내장식가로 일하고 있다.

크리스티 해프너와 크리스티나 오나시스는 아버지의 기업

체를 운영하고 있거나 운영을 돕고 있다. 그레이스 켈리는 어떤가? 아마 그녀의 직업이 아니었다면 그녀는 절대로 모나코의 왕비가 될 수 없었을 것이다. 영화 스타였기 때문에 모나코 왕의 관심을 끌게 되었던 것이다. 그레이스는 연기 생활을 계속하려 했는데 왕이 싫어했다고 한다. 그래서 그녀가 모나코의 사업에 모든 힘을 쏟았다는 것이다. 6년 전 그녀는 20세기 폭스사(이 영화사가 민영화되었을 때 그녀는 떠났다)에 중역으로 들어갔다. 그밖에도 미국에서 시집도 출간하고, 책도 한 권 썼다.

그만큼 왕녀들에게는 왕녀로서의 일이나 궁중생활을 줄이고 스스로의 직업에 몰두하는 것이 곧 행복이었던 것이다. 다시 한 번 지적하는 바이지만, 존 케네디나 레이니에 왕자 같은 남자들은 당신과 나와 같이 자격은 될지 몰라도 유명하지 않은 여자들과는 결혼하려 하지 않는다. 그들은 배우나 모델, 부유한 집의 딸, 돈 많은 여자들과 결혼하려고 한다. 하지만 그들의 아내는(여기에 내 말의 포인트가 있다) 단순히 아내나 엄마의 역할만으로 행복해 하지는 않는다.

최근 「굿모닝아메리카」 지(誌)에서 로렌 베이칼씨가 데이비드 하트만 씨에게 이렇게 말했다. "사람들은 당신 아이들에게 인생이란 곧 일이라는 것을 말해 준 겁니다."

그리고 F. 스코트 피츠제럴드는 그의 딸에게 이렇게 말했다. "네 엄마는 일이 존엄하다는 것을……, 유일하게 존엄한 것임을 너무 늦게야 알았단다." 존엄한 것만이 문제가 아니다. 성취한다는 것보다 좋은 일이 없다.

남자들에 대해 조금만 더 얘기해 보기로 하자

아마 당신은 당신 매혹적인 뭔가를 제공할 수 없는 한, 슈퍼맨을 잡을 수 없을 것이라는 데에 동의할 것이다. 하지만 슈퍼맨, 즉 멋지고 아름다운 남성은 바라지 말아야 한다. 당신이 죽도록 사랑해서 결혼한 멋지고 아름다운 남자는 계속 성공을 거듭하다가, 마침내는 당신에게 싫증을 느끼게 되어 떠나가게 될 때가 오게 된다. 또는 점차 실패를 하게 되어 마침내 중년기의 위기나 직업상의, 혹은 그밖에 불안정으로 인해 당신이 그에게 염증을 느끼게 될 수도 있다.

내가 관찰해 보건대, 남편과 비슷하게 좋은 직업을 가진 여자들은 남편에게 이혼당하는 비율이 낮다. 그리고 헤어질 때에도 사태를 잘 수습한다. 당신이 부유하건 가난하건 간에 당신 남자의 이외의 어떤 일이나 어떤 사람이 당신에게 있다면 그것은 당신이 남편을 계속 잡아둘 수 있는, 즉 당신이 계속 관심을 받을 수 있는 좋은 기회가 될 것이다.

그렇다. 집에만 틀어박혀 있다면 결코 멋진 남성도, 인생의 행복도 찾을 수 없다. 멋진 남성은 직장에 있으니까 말이다.

출발이 중요하다
직업전선으로 뛰어들자

 자, 이제 출발하자. 비록 당신이 어떤 특별한 인물이 되기를 바라지 않는다 하더라도 당신의 재능을 썩힐 수는 없다. 아무리 하찮은 것일지라도 당신은 직업을 가져야 한다. 그 직업이 어떤 것이냐는 중요하지 않다. 그리고 꼭 그 직업이 마음에 들어야 할 필요도 없다. 이런 하찮은 직업은 당신에게 진보를 약속 못할지도 모른다. 하지만 그 직업은 당신에게 그 분야에 들어서게 해준다. 일단 그 분야에 들어섰다면, 당신은 성장하여 정상에 도달할 수 있을 것이다.

 당신은 지금 몇 살인가? 19세? 22세? 30세? 어쨌든 그것은 그리 중요하지 않다. 다만, 당신이 어디에 있든 직업을 필요로 하기만 하면 된다. 그러면 당신은 젊든, 나이가 들었든 간에 가장 미미한 출발점에서부터 출발하여 점차 커 나갈 수 있다. 그리고 계속 그 직업에 머물러 열중하기만 한다면 당신은 점차 성장하여 정상에 도달하는 것이다. 이는 사실이다. 어디에서부터 출발하느냐, 또는 어떤 회사에서 하는 것은 중요하지 않다. 중요한 것은 출발 그 자체이며, 그리고 계속 근무할 수 있다는 그 점이다.

나의 초창기 직업을 얘기해 보겠다. 그 직업은 아주 보잘 것없었고 나도 몹시 비참한 기분이었다. 처음에는 로스앤젤레스의 KHT라디오 방송국의 아나운서 비서로 있었다.(비서학교에서 속기와 타이핑을 배우면서 일주일에 6달러를 지불했다) 아직도 그 남자가 새로 채용된 비서직 지망의 멍청이들에게 고함치는 것을 들을 수 있다. 마치 모든 것을 다 부수어 버릴 듯한 고함이었다.

18살에 그 직업으로 출발해서 그 후 16번이나 옮겨 다니면서 계속 비서직을 맡았었다. 모두 하찮은 것이었다. 25살이 되어서야 좋은 비서직을 얻게 되었고, 그 일에 익숙해졌었다. 참 시시하고 비참했던 8년이었다.

당신은 처음 일자리에서 얼마나 열성을 가질 수 있는가? 시간당 5달러를 받는 직업이라면 굉장한 열성을 보일 기분이 될 것이다. 또한 당신은 그 정도의 가치는 충분히 있다고 생각한다. 하지만 그 일은 아마 몹시 고될 것이다.

그러나 한 가지 직업으로 당신은 이곳저곳으로 옮기게 되기도 하고, 그 방면에서의 재능(누구나 어떤 재능을 갖고 있다)이 나타나기 시작하면 당신도 이른바 전문가가 될 수 있는 것이다.

 ## 직장에서의 섹스문제

 섹슈얼하다는 것이 무엇인가? 섹슈얼하다는 것은 곧 여자의 신체를 사랑하고 여자임을 사랑하는 것이며, 아울러 남자를 사랑하고, 남자의 몸과 당신의 몸 모두를 사랑하는 것을 의미한다. 이러한 것들 중 어느 하나도 당신의 성공을 위해서는 빠져서는 안 된다.

 남자들은 섹슈얼한 것과 자기 일을 사랑하는 것 중에서 어느 쪽을 더 좋아할까? 이것은 비교할 수 없다. 둘 다 좋아한다. 당신 또한 마찬가지다. 당신도 남자를 사랑하는 동시에 일을 사랑하는 것을 한꺼번에 할 수가 있는 것이다.

 직장에서 승진을 하게 되면 점점 남성적이 되고 돌처럼 냉철해지기가 일쑤다. 하지만 당신이 관리자가 된다거나 많은 권력을 가진 사람이 된다고 해서 내면의 당신조차 정말로 바뀌는 것은 아니며, 당신의 생각과 섹시한 모습이 변화하는 것도 아니다. 다른 사람을 감독하기 위해서 언성을 높인다거나 인상을 쓸 필요는 없다.

 대개 직장의 남자들에게보다는 남편에게 언성을 높여 쉿소리를 내는 경향이 더 짙다. 그러나 사무실을 운영하는 것보다 무너진 가정을 다시 일으키는 것이 돈이 더 많이 든다는 것을 명심하라.

매력이나 섹시한 모습만 두고 말한다면, 집에 들어박혀 있는 여자들이 직장여성보다 그러한 것을 가꿀 시간도 많고 하니 더 유리하지 않겠느냐고 생각할지도 모른다. 그러나 이것은 잘못된 생각이다. 남편이 저녁에 집에 일찍 들어오지 않고 직장에 늦게까지 남아 있거나 여성 교제자들과 함께 거리에서 시간을 보내고 있는 이유를 생각해 본 일이 있는가?

일에 성공한 여자들이 가장 섹시한 여자들이다. 왜냐하면 그녀들은 가장 발랄하고 적극적이기 때문이다. 그들은 남자만큼이나 바람직하고 추앙받는 인물이 됨으로써 남자에게 도전한다. 직장은 당신으로 하여금 아름답고 섹시하지 않으면 접할 수 없는 남자들과 접하게 해준다. 이 점은 매우 중요하다.

섹스행위에 관해서 말하자면 일에 대한 정열과 남자에 대한 정열은 완전히 연관되어 있다고 나는 생각한다. 정열과 열정이 있다면 모든 것을 할 수 있는 것이다.

그렇다. 당신은 깊은 사랑을 하면서, 동시에 큰 성공을 거둘 수 있는 것이다.

정열과 열정이 있다면 모든 것을 할 수 있다는 것이다. 그렇다. 당신은 깊은 사랑을 하면서, 동시에 큰 성공을 거둘 수 있는 것이다.

 직장에서 뭇 남성들, 이를테면 사장이나 상사 또는 고객이나 동료사원들에게 얘기할 때도 그들의 눈을 쳐다보며 당신의 섹시한 모습을 한껏 보여 주라. 물론 어느 정도의 비난, 즉 남성들에게 눈꼬리를 침으로써 당신의 일에 성적인 것을 이용한다는 비난도 받을 수 있다. 그러나 관계없다. 성적인 것도 당신이 해야 할 일의 일부이다. 성과 일을 구분하지 말라. 나도 수년 동안 그래왔다.

 섹스는 남성과 여성이 있기 때문에 상대적으로 있는 것이다. 그러나 회의실에서 서로 달라붙는다거나 감정이 불붙는 것은 좀 곤란하다.

 당신은 남자를 만날 때 저 남자는 침대에서 어떨까 하고 호기심이 나지 않는가? 난 그렇다. 차고 수리공이든 모로코 호텔 지배인이든 아무에게든 나의 호기심은 고개를 든다.

 사무실에서 일을 하면서 맞은편에 앉아 있는 남자에 대하여 이런 생각을 한다는 것은 일에 방해가 된다고 생각할지도 모르겠지만 나는 오히려 사무실 내의 남녀 간의 성적인 긴장과 흥분상태가 작업을 완수하는 데 상당히 도움이 된다고 생각한다. 사실 나는 성적인 감정을 느끼지 않고 일한 곳은 한 군데도 없었다.

 ## 신입사원 시절

나는 지금까지 여성에게 있어서 직업이란 어떤 의미가 있는가, 직업이 당신 일생에 어떤 영향을 미치는가, 또한 여성의 진정한 행복이란 무엇인가, 이런 것에 대해서 간단히 얘기했다.

이제 당신은 어떤 방법을 취했던 간에 직업전선으로 뛰어들었다. 성공과 행복과 매력적인 남성을 찾을 수 있는 직장생활이 바야흐로 시작된 것이다. 말하자면 직장 초년병, 즉 햇병아리가 된 것이다. 어떻게 처신하는 것이 당신에게 가장 바람직한 행동이 될 것인가? 이제 그 몇 가지를 얘기해 보겠다.

 ### 직장 일에 서툴다고 해서
너무 안절부절못할 필요는 없다

당신이 첫 직장에서 비참함을 느끼는 것은 어쩌면 당연한 일인지도 모른다. 하지만 당신의 출발 상태는 나의 경우보다는 훨씬 빨리 밝아질 것이라고 나는 생각한다.

내가 처음 직장생활을 시작했을 때 우리 집안사정은 참으로 암담했다. 내동생 메어리는 닐슨 회사의 시청률 조사원으로서 휠체어에 앉아(내 동생은 소아마비였다) 사람들에게 전화를 걸어서 무슨 TV프로그램을 보고 있는가를 알아보곤 했다.

불과 시간당 40센트를 받고 말이다. 그리고 어머니도 시어즈 로벅 백화점의 상품 티켓을 나누어 주는 일을 했다. 따라서 내가 받는 주급 18달러가 없었더라면 우리는 살아갈 수가 없었다.

이러한 경제적 불안정이 아마 나에게 평생토록 아픈 흔적을 남기게 했을지도 모른다. 하지만 나는 그때까지 10대의 티를 벗어나지 못하고 있었다. 대본 중에서 변동된 부분을 등사실로 갖다주는 도중 NBC방송국의 복도를 살금살금 지나가서 빙 크로스비의 쇼 연습 광경을 보곤 하였다.

한 번은 직속상사인 한 프로듀서가 음향효과에 들어가야 할 목록을 작성하라고 했는데, 난 거기서 가장 중요했던 것 세 가지, 즉 자갈 밟는 소리, 삐걱거리는 문소리, 문에 못 박는 소리 등을 빼먹기도 했다.

한 번은 내가 그 쇼의 여러 초대손님들에게 리허설을 하러 NBC 방송국에 나와주십사 하고 부탁을 하게 된 적이 있었다. 그런데 리허설이 연기되었는데 난 그만 가장 중요한 초대손님 한 명에게 그 사실을 통지하는 것을 잊어 버렸던 것이다. 그 유명한 인물이 리허설하러 스튜디오에 나타났는데 거기 아무도 없었다. 나는 눈앞이 캄캄해질 정도의 실수를 저지른 것이다.

1941년 12월 7일 진주만 폭격의 날, KHJ 라디오 방송국과 나와 같은 부서에 있는 다른 비서들은 그 엄청난 뉴스를 듣고는 침대에서 뛰어내려 곧장 방송국으로 달려갔었다. 나도 그 뉴스를 들었다. 그러나 진주만의 우리 KHJ 방송국과 무슨 관계를 갖는지를 나는 몰랐었다. 그래서 다시 자버렸다.

그 밖에도 근무하는 날에 독 있는 담쟁이덩굴에 찔려 아프다고 거짓말을 하고는 바다나 산으로 도망가 버린 적도 있다. 그 다음 날은 아픈 듯이 보이려고 마그네시아 유를 팔과 다리에 바르고는 나타나는 것이다. 맙소사! 그런 일을 내가 했다니…….

내가 말하고자 하는 것은 처음 직장생활에서 너무 신경과민이 되어 안절부절못할 필요가 없다는 점이다.

그리고 정말 회사에서 가치 있는 인물이 되어, 높은 급료를 받고자 한다면 여자로서의 온갖 기회가 활짝 열려있는 28세, 30세 정도는 되어야 한다는 점이다.

그러니 일에 서투르거나 익숙지 않다고 해서 너무 서두르거나 조급하게 생각하지 말고 계속 열심히 일하면 점차 경력이 생길 것이다.

 ## 성공하기 위해서 남들에게 값싼 부탁을 할 필요가 없다

영화사 사무실 급사가 제작자를 최면에 걸어 그의 비서와 함께 그 제작자가 만든 브로드웨이 뮤지컬에 등장하게 된다는 유의 영화가 있었다. 하지만 그런 일이 현실생활에서는 일어날 수 없다. 당신은 뻔뻔스럽게 꿈을 가로채는 유의 행동을 해서는 안 된다. 그와는 달리 한 발자국 한 발자국씩 다가가야 한다는 것을 알게 될 것이다.

당신이 아주 햇병아리 사원일 때 큰 기회를 노리려고 경영자의 사무실로 접근한다든가, 또는 그의 여름 별장에서 잔다든가 하는 일은 절대 해서는 안 된다. 당신의 상사로 하여금 당신이 하려고 하는 모든 것에 관심을 갖고 지켜보도록 만들어야 한다. 그렇지만 무리한 것을 졸라대어 그들을 귀찮게 만들어선 안 된다.

내가 윌리암 모리스 대행업체에서 비서로 있을 때였다. 나는 콜리스 아커 라디오 쇼의 진행을 맡아볼 여배우를 지망하기 위해 상사에게 부탁을 했다.

여배우! 휘황찬란한 조명! 명성! 난 이틀간 출연준비를 한답시고 부산을 떨고 잠을 설쳤다. 그러느라고 결국에는 오디션에 대해 누군가의 물어볼 여유조차 없게 되어 버렸다. 내가 온갖 노력을 다했던 결과는 온통 굴욕적인 창피뿐이었다. 대사는 고사하고 전화 연락도 못할 정도였다.

당신의 성격에도 맞지 않는 것을, 친구나 상관, 또는 모르는 사람에게 강요하여 부탁해서 어떤 기회를 얻으려고 하는 행동은 어떠한 것도 하지 않는 것이 바로 당신이 크게 성공할 수 있는 유일한 길이라고 나는 생각한다.

물론, 일자리(밑바닥 일자리보다는 좀더 나은 일자리)를 얻는데 당신의 가족이나 친지들을 이용하는 것은 괜찮다. 그때 실제로는 아직 당신이 자격을 갖추지 못한 일을 배우자면 꽤 시간이 걸릴 것이다. 하지만 당신은 아주 잘할 수 있을 것이며, 그 결과 초기의 노예와 같은 직업을 뛰어 넘을 수 있을 것이다.

나는 연줄로 일자리를 구해볼 만한 친지들이 없었다. 그러니 지금 좋지 않은 일자리에 있는 사람들에게 말하고 싶다. "남에게 값싼 부탁을 하지 말고 당신의 직장에서 계속 일하라. 당신이 해야 할 양보다 많이 일하라. 공부하라. 차근차근 밟아 올라가라. 선행을 쌓아라. 그러면 마침내 당신은 향상되어 누구나가 알아주게 되고, 또 어느 누구도 당신을 무시하지 못할 것이다."

 ## 가정 형편이 좋지 않다는 것은 일종의 자극제가 될 수도 있다

 뉴욕 항만청의 감독관인 수잔 해일 브론은 34살 때 여성으로서는 첫 감독관이 되었고 거친 선원들을 다루었다. 그녀는 말한다. "당신 친구들이 10대 시절에 유럽 여행을 갈 때 당신은 여름내내 빵집에서 일한다면 어떨까? 아무도 그러려고 하진 않을 것이다. 그러나 그것이 나를 창조한 것이다. 나는 공부하면서 끊임없이 일해야 했던 것이다."

 당신의 가정, 건강, 용모, 경제적인 여유 어느 것 하나 신통치 못하고 배경도 별 볼일 없다면 누가 당신을 도와줄 것인가? 인생에서 일찍 문제에 부딪치는 것은 당신의 성장에 촉진제가 될 수 있다.

 두 사람의 예를 들어보자. 바바리 월터즈와 유능한 에이젠트 슈멩거즈가 말하기를, "당신이 남다른 특권을 누리고, 젊은이로서 고통도 잦은 편이 아니라면 당신은 인생에서 성공하기가 어렵다는 얘기가 된다."

 「뉴욕타임즈」의 여성 지도자에 대한 기사에서 게일 쉬헤이는 인터뷰 대상자 모두가 어렸을 때 한 쪽 부모의 사망, 또는 자포자기한 상태, 아버지의 실패에 따르는 만성적인 생계의 불안정 등의 위기를 겪었다고 말한다.

그 예로 제인 폰다의 아버지는 잠시 헤어져 있는 것으로써 가정을 떠났다. 그녀가 사랑하던 아버지는 갓 10대를 넘은 여자와 사귀고 있었고 어머니에게 이혼을 요구했다. 폰다 부인은 죽었고, 당분간 그 원인을 제인은 알 수 없었다. 나중에 그녀는 어머니가 스스로 목을 찔러 자살했음을 알았다.

로빈 듀크는 국립 낙태의 권리를 위한 행동연맹 회장인데, 그녀의 아버지는 훌륭한 골퍼였지만 실제로 생활이 좋지는 않았다. "그런 만성적인 불안정한 생활은 항상 내게서 떠나지 않았고 내게 강한 책임 관념의 열쇠가 되었다."라고 그녀는 말했다.

조안 리버즈는 직선적으로 다음과 같이 요약해서 말했다. "완전하고 행복한 생활이 보장된 아이는 자라났을 때 호감 가는 깔끔한 사람은 될지 몰라도 제네랄 엑렉트릭 사(社)의 총수는 될 수 없을 것이다."

용모에 대해서는 어떻게 만들어질 것인지 신만이 아는 일이다. 멋지게 생긴 여자는 평범한 인생길에서 다른 길로 빠지곤 했고 지금도 마찬가지 형편이다.

그들은 부호, 유명인 또는 중요한 위치의 인간들에게 매력적인 용모로 인해서 그들 눈에 띄어 일찍 결혼하게 되고, 임신하고 이혼할 때까지 어머니로서 여주인으로서 행세하지만 이혼 후에는 진지한 인생을 살아가기가 인생 초기보다 더 어려울 것이다. 여성은 일생을 어린 자식과 함께 지낼 수도 있지만 무엇인가 더욱 보람 있는 삶을 창조한다면 더욱 멋있는 인생이 될 것이다.

남들보다 우수한 소질, 이것이 성공의 기반이다

 누구에게나 뛰어난 소질이 몇 가지가 있다. 젊을 때는 그 징후만이 나타난다. 아마 30대쯤 되어야 자신의 전문적 재능이 나타나고, 직업으로 택할 수 있을 만큼 형성될 것이다. 그때가 되면, 당신은 증권시장의 동향을 예측할 수 있고, 훌륭한 연구를 할 수가 있을 것이다. 각자의 전문적 재능은 각기 서로 다를 것이다. 나의 세계는 사업관계이기 때문에 당신에게 그것에 관한 것밖에 얘기할 수 없다. 어쨌든 당신의 재능은 직업을 가진 후에야 갈고 닦여질 것이다.

 당신의 적성에 맞는 직업은 어떤 것일까?

 그것을 일찍부터 알 필요는 없다. 당신은 어떤 직업에 적합한가를 알기 위해 적성검사를 해본 일이 있는가. 내 생각엔 그게 별 도움이 되지 못하는 것 같다. 당신은 이런 문제로 머리를 쥐어짜며 궁리하다가 끝내는 지쳐버리게 될 수도 있다. 하지만 일단 직업을 갖고, 자신을 시험해 보면 당신의 생업에 관한 결정을 훨씬 쉽게 내릴 수 있다. 내가 생각하기엔, 당신이 직업을 갖고 당신의 일에 대한 보수를 받게 될 때 비로소 당신의 재능이 나타나지 않는가 싶다.

그러면 어떤 재능들이 있을까? 당신의 재능은 무엇일까?

나는 재능을 네 가지로 나누어 보았다.

즉, 딱딱한 사색가(기술자, 은행가, 천문학자 등등), 부드러운 사색가(변호사, 대학교수, 생물학자 등등), 남들을 필요로 하는 사람(세일즈맨, 정치가, 점원 등등), 창조적인 사람(작가, 사진작가, 작곡가 등등).

물론 이들은 모두 서로 중화되므로 이렇게 범주화된 재능이란 있지 않다. 의사들도 매우 창조적일 수 있으며, 사진작가도 카메라 속도와 렌즈를 이해하려면 '딱딱한 사색가'가 되어야 한다. 당신의 직업과 잠재적 재능 사이에는 서로 조화를 이루지 못하고 있다가도 그 잠재적 재능이 주업무가 될 때에야 비로소 그 역량을 발휘하게 되는 수도 있다.

당신 역시 당신 자신의 조그만 재능을 갖는 것이 좋으리라. 난 사실 대학교육을 받지도 못했으며, 깊이 사색하는 사람도 아니다. 지미 카터 대통령과 인터뷰를 가졌을 때가 생각난다. 그때 나는 그가 말한 많은 부분을 이해할 수 없었다. 그가 특색 없는 연설가라서가 아니라, 내 머리가 복잡한 주제를 감당하지 못했기 때문이었다.

나의 세계와는 다른 세계에 있는 사람들과 함께 있을 때는 이런 일이 계속 일어난다. 때때로 남편인 데이비드와 나는 실업계의 거물과 함께 식사를 같이 한다. 그때마다 무엇에 대해 얘기할까를 염려한다. 그들은 재정문제와 기업경영의 문제를 얘기하는 뉴스를 분석한다. 물론 잡지 출판에 관해서도 얘기할 것이 많이 있다. 하지만 난 출판에 관한 그런 측면들에 대해서는 사실 아는 바가 없다. 내 전문분야의 글에만 골몰했기 때문에. 사실 내가 할 줄 아는 것은 느끼는 것뿐이다. 그럼에도 그 작은 재능을 닦고 폭을 넓혀 온 결과 지금은 그 누구와 만나 그 어떤 화제가 나와도 두렵지 않다. 당신도 분명히 그 정도 재능을 한 가지는 갖고 있을 것이다. 점차 당신의 재능을 갈고 닦아서 폭을 넓힌다면 당신 자신도 모르는 당신의 무한한 잠재적인 재능이 발굴될 것이다.

비서직에 자부심을 가져라

"모든 야망 있는 젊은 여성들로서는 비서로 출발하는 것이 현명한 길이다. 비서직은 당신을 대부분의 입사 초기의 업무보다 높은 직위의 업무와 연결시켜 주므로, 많은 것을 귀동냥하게 되고, 배우게 되기 때문이다."라고 타임 주식회사의 그룹 부회장 존 맨러는 말한다. 그녀 역시 비서로 출발했다.

여러 해 동안 로버트 레드포드의 대행인이었으며 브로드웨이 히트작「텍사스의 호어 하우스」의 제작자인 스테파니 필립스는 방랑적 비서에서 일 년만에 ABC 방송국의 부제작자로 탈바꿈 했었다. 그는 그 이유를 이렇게 말한다.

"난 밤 10~11시에도 기꺼이 일을 했으며, 제작업무가 생겼을 때는 과거에 내가 비서로 있었을 때의 모든 상사들에게 자문을 구하러 갈 수 있었다. 그들은 매우 훌륭한 조언을 해 주었다."

비서직은 일을 배우고, 상황을 파악하는 데 있어 더없이 좋은 자리다. 요즈음은 괜찮은 회사의 비서자리를 구해보려고 해도 구하기 매우 힘들 것이다. 요즘 대개의 비서들은 속기를 알아야 할 필요는 없다. 녹음기를 틀어놓고 타이핑을 하면 된다. 그러는 동안 학창시절에도 알아채지 못했던 당신의 재능이 나타나기 시작할 것이다.

내 비서 중에서도 4명이나「코스모폴리탄」지의 편집업무로 자리를 옮겼다. 수많은 정력적인 맹열사원들이 자신의 승진가도를 비서직에서 출발하는 경우가 많다.

알다시피 비서직에는 수없이 많은 종류가 있다. 그 중에는 당신이 계속 머물고 있고 싶은 만큼 굉장한 것들도 있다. 지난 32년간 로우기업의 회장인 로버트 더쉬의 경영보좌관이었던 쟌 안젤은 이렇게 말한다.

"내가 비서 세계로 들어간 것은 당시 다른 대안이 없었기 때문이었다. 그리고 계속 머물러 있는 그 업무가 나의 대학교육이었고, 정치, 사회, 그리고 거물급 사업세계로 들어가는 길이었기 때문이다. 여기서 내가 부띠끄나 여행사 같은 것을 차릴 마음은 없다. 지금의 나와 같은 사람을 내가 다루지 못할 것 같아서이다."

26년간을 「뉴욕타임즈」의 발행인 아더 슐츠버거의 경영보좌관이었던 낸시 핀은 이렇게 말한다. "이 수준에서는 당신 스스로 기획하고, 시행해야 한다. 이젠 나에게도 전용 보좌관이 있다. 내가 속해 있는 세라픽 소사이어티(뉴욕에 있는 톱 경영자의 비서들과 보좌관들로 구성된 모임)의 200명이나 되는 회원들 중에서 자기 직무에 불만을 품고 있는 사람은 아무도 없다."

권력의 핵 주위에 있으면서 출세욕에 차 있고 일급비밀을 노리는 젊은 간부직원들로부터 아첨 받는 것도 나쁘지는 않다. 젊은 배우시절의 말론 브란도는 슈튜디오의 여비서하고만 데이트를 했었다.

F. 리 베일리, 우수푸 카쉬, 알렌 푼트, 그 외 많은 재능 있고 재력 있는 남자들이 그들의 비서와 결혼했다.

 ## 대학졸업장이 그렇게
중요하지는 않다

  물론 의사, 변호사, 교수가 되거나 과학계에 종사하자면 대학을 나올 필요가 있다. 또한 인사 관리자들은 당신의 입사원에 학사학위나 석사학위(심지어는 박사학위까지도)가 기재되어 있는 것을 좋아한다. 하지만 당신이 원하는 직업을 얻는 데 대학졸업장이 반드시 필요한 것은 아니다.

  교육을 받고, 사유방식을 배우고, 성장하기 위해서는 대학에 가야 하지만, 모든 세상사를 배우고 더 나은 직업을 갖기 위해서는 직장에서 일을 해 보아야 한다.

  당신의 대학 학위가 당신을 최초의 직업에서 수완가로 만들어 주지는 못한다.

  우리들 중 몇몇은 전혀 대학교육을 받지 못했을 것이다. 나 또한 그렇다.

  인구문제위원회의 전국공동위원장이며 유엔 인구문제 자문위원이면서 동시에 거대한 기업체의 중역이자, 전국 임심중절권 투쟁연맹의 총재인 로빈 듀크 여사도 대학교육을 받지 못했다.

최초의 영국 여수상인 마가렛 대처 수상은(대처 수상은 대학 교육을 받았다) 이렇게 말했다. "자기가 교육하는 것이 학교에서 받은 교육보다 훨씬 중요하다."

또한 전 영국 수상이었던 해롤드 맥밀란은 옥스포드에서의 그의 스승의 말을 이렇게 인용한다.

"당신이 열심히 일하여 경험적 지식을 쌓으면, 누군가가 어리석은 말을 할 때, 그것을 알 수 있게 될 것이다. 내가 보기엔 이것이 바로 교육의 주된 목적이다."

적극적으로 행운을 잡아라 그리고 찾아든 행운을 잘 이용하라

누구나 운명, 즉 행운과 불운이 따르기 마련이다.

난 19세에 소아마비를 앓아 다리를 절게 된 내 여동생보다는 운이 좋았다. 하지만 이를테면 케더린 그레함의 딸이나 랠리 웨이마우스와 같이 부유한 집에서 태어났거나 총명하고 아름다운 여자들보다 운이 더 좋은 것은 아니다.

행운아가 되려면 주어진 행운을 움켜잡고, 잘 관리할 줄 알아야 한다.

재산이나 행운은 잘 이용하면 할수록, 더 많이 갖게 된다.

예를 들어 「성(性)과 독신녀」의 아이디어를 생각해내고는 나에게 그걸 쓰라고 격려해준 남자와 결혼했다. 책 다루는 남자와 결혼한 것은 나에게 가장 큰 행운이었다. 남편이 없었더라면 그 책을 쓸 수 있었을까? 아마 쓰지 못했을 것이다. 그런데 사실 그때 데이비드는 그의 일생에서(나를 만나기 전의) 중요한 몫을 차지했던 다른 한 여자가 책 쓰는 것을 도와주고 있었다. 그러나 아무런 성과가 없었다. 내가 받았던 모든 격려를 그녀도 받았었으며, 나보다 더 나은 작가가 되었을지도 모른다고 말을 들었었다.

그러나 활동력이나 요령, 그리고 행운이 그녀에게는 따르지 않았다.

하기야 만약 데이비드가 나로 하여금 책을 쓰게 하도록 한 그런 행운이 없었더라도, 난 언젠가는 누군가 다른 사람을 위해 다른 책을 썼을지도 모르며, 또는 책을 쓰지 않고 다른 방면에서 성공을 거두었을지도 모른다. 데이비드를 만나기 전에도 난 행운과 일을 갖고 있었으므로 상당한 성공을 거두었다고 볼 수 있다.

그래서 또 하나의 유명한 작가가 되거나 독자적인 사업체를 시작했을지도 모른다.

여하튼 어떤 형태로 찾아드는 행운이든 간에, 그 행운을 잘 사용할 줄 알아야 한다. 하지만 무엇보다 먼저 활동력으로 행운을 획득해야 한다.

 ## 개인문제를 아무에게나
다 털어놓지 마라

특히 직장생활을 하자면 다른 사람들과 잘 어울리는 것만으로도 성공의 50%는 이룬 셈이 된다. 그러나 잘 어울리는 것과 개인적인 얘기를 누구에게나 다 한다는 것과는 다른 것이다.

개인적인 슬픔을 친한 동료 몇몇과 나누는 것은 좋지만 단지 고용주에게는 하지 말라. 고용주가 당신의 중대한 생활 문제에 대해 알아야 할 것도 있겠지만 일상적인 일까지 고백할 필요는 없다.

내게는 한때 지루하리만치 몹시도 나를 슬프게 했던 조수가 있었다. 즉 그녀의 시아버지의 끝없는 무용담, 가정이 원만하지 못하다, 정형수술이 잘못됐다는 등 그녀의 넋두리에 혼이 빠질 지경이었다.

사무실은 어느 정도 가정과 같은 것이다. 당신이 하루하루 지내는 곳인 것이다. 그러면 동료가 당신의 사생활을 몰라야 하는 이유가 뭐냐고 반문할 수도 있다.

그러나 내 말은 단지 당신 슬픔으로 모든 사람을 궁지에 빠뜨리진 말라는 것이다. 사람을 선택해서 얘기해야 된다는 말이다.

성공하기 위해서는 너무 인색하지 마라

일요일에도 근무하러 나올 수 있는가? 집에까지 일감을 가져갈 수 있는가? 당신 고용주의 개인적인 일까지도 도와줄 수 있는가? 너무 이것저것 일을 피하지 말라. 남이 하지 않는 일을 자청해서 하라. 설사 그것이 받아들여지지 않을지도 모른다. 그러나 당신의 상사는 당신이 하는 행동에 깊은 인상을 받을 것이다.

크고 아름답고 보람된 일을 하고 싶은데 이 조그만 일에 어리석게 매달려야 한다니, 내가 이정도밖에 못된단 말인가 하고 생각할지도 모른다. 그러나 그것은 어리석은 생각이다. 당신은 인생을 멋지게 살고 돈도 벌고 싶을 것이다. 방법은 당신의 힘을 길러야 한다.

다른 사람을 위해서 일감을 집으로 가져가는 게 아니다. 바로 당신 자신을 위한 것이다. 그것은 또한 다른 여성들을 돕는 것도 된다. 다른 사람을 돕지 않는다는 것은 단지 당신 자신이 어리석다는 표시일 뿐이다.

머리가 좋은 여성만이 자기 일을 먼저 끝내고 타인을 도와준다. 고용주나 동료들에게 당신이 자율적으로 거들어 주는 것에 대해서 너무 인색하지 말라. 그리고 신용을 얻도록 노력하라.

특히 신입사원 시절에는 이 점이 가장 중요하다. 당신이 신입사원 시절에 심어준 당신의 이미지야말로 당신이 그 직장에 있는 한 계속되기 때문이다. 그러니 이것저것 따지지 말고 열심히 일하라.

 중견사원 시절

드디어 당신은 힘들고 짜증스러운 신입사원 시절을 보내고 당신의 능력을 힘껏 발휘할 수 있는 중견사원이 되었다. 이제 감상적인 소녀의 꿈 대신에 성공을 위한 현실에 집착해야 된다. 말하자면 하나의 직장여성으로서의 행복을 적극적으로 찾아나서야 할 시기가 된 것이다.

남자와 동등한 입장에서 참다운 여성의 힘을 보여 주려면 어떻게 해야 할 것인가?

 상관에게 잘 보여라

아무리 지위가 높아도, 당신 자신이 사업을 하지 않는다면, 당신에게는 아마 아직도 윗사람이 있을 것이고 미래에도 그럴 것이다. 당신의 일이라는 것은 항상, 그 일에서 당신이 필요로 하는 것을 얻어내면서 동시에 당신 윗사람들을 만족시키는 것이다. 당신은 윗사람을 위해 짐을 가볍게 하려 애쓴다. 이것은 비단 비서직에 있는 사람들뿐만이 아니라, 다른 모든 직업에서 일하는 사람들도 마찬가지다.

당신 윗사람이 당신이 하는 일에 점수를 매긴다고 해서 걱정하지 말라. 당신이 일을 잘하면 고과점수는 높아지게 마련이다. 점수에 너무 민감한 반응을 보이는 것은 무능한 사람이 하는 짓이다. 상관이 당신을 믿어주지 않을지라도 문제가 되지 않는다. 당신을 믿고 승진시켜 주려고 하는 현명한 상관도 많다.

미시건 주립대학의 경영학 교수인 유진 제닝스 교수는 성공을 거둔 많은 사람들에 대해 조사한 뒤에 이렇게 말했다.

"유능한 상관의 중요한 부하로서, 상관의 능력을 보충해

주고 뒷받침해 주는 사람이 회사에서 가장 먼저 성공하게 된다."

 문제는 당신을 좋게 보지도 않고, 당신이 좋게 보이도록 애쓸 기회도 주지 않는 그런 상관에게 어떻게 대해야 할 것인가 하는 점이다. 그들과 당신은 단지 뜻이 맞지 않는 것뿐이다. 우리 모두는 그런 상관이 한두 명은 있기 마련인데, 흔히 사람들은 그것을 못 참아내고 있다. 그러나 그들이야 말로 성공에 이르는 지름길인데, 그들 없이는 어떻게 하겠는가? 어쩌면 그들 아니면 당신이 회사를 떠나게 될지도 모른다. 하지만 그들을 위해서는 당신이 할 수 있는 모든 일을 하라. 그것이 지금 당신이 할 수 있는 유일한 일이다. 그러면 아마 그들도 제 정신을 차리게 될 것이다.

일이 잘 풀리지 않으면 다른 쉬운 일부터 하라

 「낵 코스모」지에 쓴 '나의 거실로' 라는 칼럼은 항상 나를 화나게 만든다. 매월 첫 토요일 아침이면, 나는 상쾌하고 즐거운 기분으로 타자기 앞에 앉아서는 칼럼을 쓰려고 한다. 한 시간이나 법석을 떨고도 글이 써지지 않으면, 나는 칼럼을 내팽개치고 다른 쉬운 일을 한다. 다른 사람의 글을 편집하는 것과 같은 일 말이다. 성공리에 편집을 마쳐 힘이 생기면 나는 다시 칼럼을 쓰기 시작한다.

어떤 일이 꽉 막혀 풀리지 않으면 다른 쉬운 일부터 하라. 그렇지 않는다면 귀중한 시간을 날려 보내게 된다. 이를테면 어려운 일을 하기 위한, 힘을 돋우기 위해서 할 수 있는 일부터 해야만 한다.

한 번에 여러 가지 일을 하라

한 번에 오직 한 가지 일만 할 수 있다고 생각하지 말라! 내가 아는 어떤 사람은 교외에서 뉴욕으로 월요일 아침마다 통근을 하는데, 그는 운전하면서 전기면도기로 면도를 한다. 그는 뉴스를 들으면서, 옆자리에 놓은 「뉴욕타임즈」를 대강 훑어보고, 차가 타선을 넘지 않도록 신경을 쓰면서 교외풍경을 감상한다. 그는 자연을 사랑하는 심미적인 사람이며 또한 사업을 하는 백만장자이기도 하다. 그는 한 번에 한 가지 일만을 할 여유가 없다고 말한다.

나는 항상 원고지와 연필을 함께 가지고 다닌다. 택시를 탈 때나, 치과에 갈 때나, 점심식사 약속을 기다릴 때나 극장에 갈 때도 항상 그것들과 함께 한다. 시사회에 초대한 손님들이 늦게 오면, 나는 데이비드의 영사실에 있는 손전등으로 독서를 한다. 귀찮은 사람과 전화를 할 때면, 얘기하면서 신문이나 잡지를 보거나, 목록을 작성하거나, 혹은 적어도 가려운 데를 긁거나 한다.

그렇게 바쁜 것이 미친 짓이거나 생활을 파괴하는 것일까? 나는 그렇게 생각하지 않는다. 나는 한 가지 일만 하기에는 시간이 너무 소중하다고 생각한다. 나는 항상 차 안에서 아침을 먹고 신문을 보고 화장을 한다. 휴가 중에 침대에 오래 누워 있거나 혹은 공상을 하며 시간을 보내는 것도 괜찮다. 하지만 두 사람 몫을 하도록 하라.

내가 얘기하고 있는 것은 조직적인 인간이 되라는 것이다. 그러면 당신이 할 수 없는 일이란 아무 것도 없다. 일이 닥치기 전에 생각하라.

잡화점이나 백화점, 또는 어딜 가든지 짤막한 목록표를 가지고 가라. 사람을 만나지 않고 전화로 대신하고, 말 많은 전화보다 편지로 대신하며, 다음 주에 할 일을 주말에 메모하라. 또한 당신은 시간이 많이 걸리는 점심식사나 가고 싶지 않은 모임의 전화를 재치 있게 끊을 줄 아는 요령도 터득해야 한다.

조직화란 말에 거부감을 느끼지 않는가? 처음에는 그럴 수도 있다. 그러나 당신이 점점 익숙해질수록 더 숙달될 것이다. 그리고 조직화된 사람들 주변에는 항상 다른 사람들이 몰려들고 싶어한다. 왜냐하면 그들은 사람들에게 폐를 끼치거나 고통을 주지 않기 때문이다.

능력 있는 사원이 되려면 일의
선후를 알아야 한다
바쁘게 일하는 것만으로
최선을 다하는 것은 아니다

출세하려면 당신의 회사가 왜 당신을 고용했으며, 어떤 일을 하는 것이 가장 좋으며, 또한 가장 의미가 크겠는가를 세밀히 생각해 보라. 그 일이 어떤 것이든, 당신은 항상 그 일을 머리속에 새겨야 한다. 이것이 그날에 있어 가장 먼저 해야 할 일이다.

시간조정 전문가인 알라 라킨은 당신이 해야 할 중요한 일들을 책상 앞에 써 붙이라고 제안한다.

내가 하는 일 중 가장 중요한 일은 「코스모폴리탄」지에 실릴 원고를 쓰는 것이다. 나는 잊어버릴 경우에 대비해서 잡지 복사판을 책상 위에 놓아두고 있다. 어떤 사람들은 그들이 바쁘게 일하는 것만으로 그들은 최선을 다하고 있는 것이라고 생각한다. 그들은 모든 일에 주의를 기울인다. 퇴근 무렵이면 그들은 피곤한 채로, 그들이 해놓은 일에 대해 자신을 위로한다. 그러는 동안 중요한 일은 지체되고 있다. 나는 중요한 경영자(대부분은 남자다)들이 아직도 이런 식으로 일하는 것을 알고 있다. 그들은 하급직원들의 넋두리나 리셉션 룸을 장식하는 데에 회사 일을 할 때만큼이나 많은 시간을 허비한다. 넋두리는 다른 하급직원이 들어야 하고, 사장 의자에는 그들이 아닌 다른 사람이 앉아 있어야 한다.

알란 라킨은 당시 책상에 메모를 놓아두거나, 책상 서랍을 업무의 중요도에 따라 A, B, C로 분류할 것을 제안한다. 당신이 C급 일을 하려 할 때면, 당신이 그 일을 해서는 안 된다는 것을 당신이 알게 될 수도 있다고 그는 말한다.

어쨌든 당신은 가능한 한 많이 중요한 일을 해야 한다.

 전화를 사용하는 법

당신의 일의 많은 부분이 전화에 의해 이루어진다. 나는 전화에 관해 다음과 같은 것들을 알아냈다.

◈ 누군가가 당신의 전화에 응답을 해오면 우선 그가 바쁘

지 않은가를 항상 물어보라. "지금 얘기해도 괜찮겠습니까?"하고 말이다. 당신은 쓸데없는 말을 할지도 모르고, 또는 그가 당신의 긴 설명에 지루해 할지도 모른다. 그에 반하여, 편리한 시간에 전화를 걸어달라고 그에게 말한다면 당신은 이해력 있는 사람이 되는 것이다.

◈ 당신보다 직위가 높은 사람이 전화를 걸어오면 감사하다고 말하라. 그들이 당신에게 전화를 걸어야만 했던 이유에 대해서는 아무 말도 하지 말라. 당신이 해야 할 첫번째 일은, 전화를 걸어 준 데 대해 그들에게 감사하는 일이다.

◈ 전화를 걸었으면 당신의 이름과 전화번호를 알려 주어라. 비록 상대방이 이미 알고 있다고 하더라도.

◈ 감사의 뜻을 전하기 위해서라면, 한 번에 두 가지 일을 다루려고 하지 말라. 고마운 일을 해준 사람에게 전화를 걸어 감사하다고 말하고는, 즉시로 다른 일을 부탁하지 말라. 때때로 당신은 두 번 전화를 걸어야만 한다. 그 중 한 번은 단지 감사의 뜻을 전하기 위해서이다.

◈ 한가한 사람들에게는 무자비하게 대하라. 가십에만 신경을 쓰는 가정주부나, 일이 바쁘지 않은 사무실에 있는 친구에게서 오는 전화는 이런 말을 하면서 끊도록 하라. ─"게리 지금 손님이 와 있어.""톰, 전화 걸어줘서 고마워. 곧 전화할 게."

◈ 또한 전화에 응답하지 않는 법도 배우도록 하라. 사무실에서 밤늦게까지 일할 때에는, 근무시간 이후의 전화는 받지 않도록 하라. 전화 벨소리를 무시하는 데는 용기가 필요하다. 하지만 어쨌든 당신이 거기 없다면, 당신은 대답하지 않을 것이 아닌가. 그럴 때 당신이 그곳에 없는 것처럼 생각하라.

 편지하는 것을 잊지 말라

회사 밖의 사람에게 전화를 하는 대신 편지를 이용하라. 편지에는 세세한 일도 적을 수 있다. 전화를 걸면 잡담을 하게 되고, 과장하기가 쉽다. 편지는 짤막하게 하되 중요한 사람에게는 특히 그러하다.

칼럼니스트인 리즈 스미스는 항상 짧은 편지를 통해 친구들과 소식을 주고받고 있다. 우리는 항상 그녀와 가까이 있지만 그녀는 전화로 시간을 낭비하지 않는다.

하지만, 사무용 메모만 쓰도록 하라. 편지는 사람을 지루하게 하기 쉬우며, 할 일 없는 사람들이 자기를 변호하기 위해 흔히 긴 편지를 쓴다. 당신이 쓰는 것이라면 무엇이든 짧게 하라. 만약 글이 많으면 여백을 많게 하라.

편지에는 슬프고 잔인하고, 빈약하고, 불행하고, 기분 나쁘고 비평적인 말을 쓰지 말라. 이것은 하나도 빗나가지 않은 중요한 규칙이다. 만약 당신이 좋지 않은 말을 써야만 한다면, 가장 이성적이고, 회유적이며, 이해심 있는 용어로 표현하도록 하라. 불평을 하면서도 찬사를 늘어놓도록 하라.

「코스모」지의 한 유명한 기고자는, 비난과 비평으로 가득 찬 4~5장짜리 편지를 보내곤 한다. 그녀는 굉장한 사람이다. 하지만 누가 이 증오덩어리를 읽으며, 아침 혹은 하루를 잡치고 싶어하겠는가?

나는 그녀의 몇몇 편지는 전혀 읽지 않았고, 몇 개는 전화번호부책에 끼워놓고 읽을 용기가 날 때까지 며칠씩 기다리곤 했다.

"난 내가 아름답고, 재능이 있으며, 앞으로 영원히 스타가 되리라는 걸 알고 있어요."

그것은 1975년의 일이었다. 그녀가 비록 아름답고 재능이 있기는 했지만 나는 아직 그녀가 스타가 된 걸 보지 못했다.

인정받고 싶어하는 마음이 우리 대부분에게 박차를 가하는 것은 사실이다. 사실상 나는 그렇게 하는 것이 성공하는 길이 아니라고 확신하지는 못한다. 사람들은 아름다운 자기 자신이나 자신의 업적에 대해 사랑받고 또한 인정받고 싶어한다. 하지만 당신이 아무리 멋있을지라도, "나를 보아라. 나에게 아부를 해라. 내가 멋있다고 말해라"하고 말할 수는 없지 않은가?

나는 당신이 두 권의 노트를 가지고 있어야 한다고 생각한다. 그 중 한 노트에는 당신과 당신이 사랑하는 사람들만을 위한 비밀스런 것이다. 다른 노트에는 좀더 겸손한 사항과 말을 적는다. 이것은 사람들에게 보이기 위한 것이다. 세상이 어떻게 돌아가는지와 이 노트에 적힌 것은 정반대이다.

흔히들 사람들은 공공연히 과장되게 말하며, 속으로는 자신이 정말로 그렇지 않다는 것을 알고 있다. 하지만 만일 당신이 좋은 사람이라면 과장할 필요가 없다.

사람들은 당신이 잘해 나가고 있다는 것을 알게 된다. 왜냐하면 다른 사람을 통해 듣게 되거나, 혹은 당신이 얼마나 바쁜가를 보고는 알게 되기 때문이다. 만일 당신이 얼마나 잘해 나가는가를 사람들이 알지 못한다면, 그들에게 조용히 얘기할 수도 있다. 하지만 소리를 치거나 박수를 쳐 달라고 요구할 필요는 없다.

 사람들이 당신의 성공에 대해
기뻐하기를 바라지 말라

당신의 가장 친한 친구가 새로운 계약을 맺었거나 혹은 연봉이 5천 달러 올랐을 때 당신은 얼마나 기뻐할 것인가? 그러나 사실은 당신은 기쁘면서 동시에 기쁘지 않다. 당신이 친구의 성공에 대해 정말로 화가 나고, 성공을 빼앗으려 할 것 같지는 않다.

하지만 당신과 가까이 있는 누군가가 명성과 부를 얻게 된다면, 당신은 이렇게 생각하게 된다. "나는 어떤가?"

당신이 모르는 사람이 성공을 거둔다면 훨씬 받아들이기가 쉽고 그것을 인정하게 된다.

당신의 남편, 연인, 어머니, 혹은 매우 특별한 관계에 있는 사람을 제외하고는, 당신의 대부분의 친구들은 당신이 그들보다 성공을 거두게 되면 기분이 착잡해진다.

내 몇몇 옛 친구는 아직도 나에게 너무 열심히 일하지 말라고 한다.

표면적으로는 내 건강을 염려해서이지만 실제로는 내 성공이 그들을 신경질적으로 만들었기 때문이다.

당신 밑에서 일하는 사람들에게 잘 대하라

상관의 비위를 맞추고, 아부를 하고, 상냥하고 부드럽게 대하는 것은 물론 현명한 일이며, 당신은 그렇게 해야만 한다. 하지만 당신이 전보배달 소년이나, 전화교환수나 엘리베이터걸이나, 당신보다 낮은 직업에 종사하는 사람들에게도 좋게 대하지 않는다면, 당신은 완전히 성공할 수가 없다.

칭찬하고, 칭찬하고, 칭찬하라, 나는 어떤 몸매가 좋은 잡지 편집인을 알고 있는데, 그녀는 윗사람에게는 친절하게 대했으나 아랫사람들을 천대했다.

그녀는 회사에서 승진에 승진을 거듭했으나 결국은 해고되고 말았다. 재능이 부족하기도 했지만 아랫사람들을 너무 혹사한 탓이었다. 물론 사람들은 대개 해고당하려는 사람을 돕게 마련이다. 하지만 이 경우에는 모두 사람이 등을 돌리고는 앨리스를 해고당하게 버려두었다.

아랫사람을 경멸하는 것은 바보스런 짓이다. 그러면 그들은 당신과 함께 일할 동안 당신을 위해 좋은 일은 하나도 하지 않을 것이다.

마침내는 당신이 해고되는 것을 도울 것이다. 당신과 같은 직위의 사람들을 모욕하고, 비난하고 깎아 내리는 것도 역시 어리석은 짓이다. 그렇게 하면 그들의 성공을 막을 수도 없고, 당신의 성공만 막는 일이 될 것이다.

 일할 때 화를 내지 말라

 당신은 화를 내어서는 안 된다. 당신이 화를 낼 때마다 사람들은 당신을 점점 덜 존경하게 된다. 그들은 당신을 무서워하지 않는다.
 당신이 자신을 절제하지 못한다면 그들은 당신을 제어하려 할 것이다. 당신이 화를 냄으로써 당신은 당신 스스로에게 결정적인 해를 입히게 된다. 물론 사람들에게 자기주장을 하라. 하지만 조용히 그리고 위엄 있게 대하라. 화를 내는 것은 당신에게는 사치품이며, 당신은 그럴 여유가 없다.

 성공이 당신을
완전무결하게 하지는 못한다

 세계에서 가장 성공을 거둔 여자도 철저하게 공격받을 수가 있다. 가장 성공한 남자도 마찬가지다. 연예계의 슈퍼스타들도 평론가에 의해 심술궂을 정도로 공격을 받으며, 그

비평은 스타에게 상처를 준다. 대통령들도 「뉴욕타임즈」나 「워싱턴 포스트」에 실린 비판을 읽고는 찜끔하게 된다. 당신은 어떤 것(아이들, 가족, 연인, 직업)에 대해서도 열정을 느낄 수 있으며, 또한 이것들에 의해 상처를 받을 수도 있고 그렇게 될 것이다. 하지만 그것이 정말로 당신에게 상처를 주지는 못한다. 상처를 뛰어 넘어서 그 상처가 당신의 다음 계획에서 더 큰 성공을 거두는 데 힘이 될 수 있도록 이용하라.

사람들이 당신을 더 이상 사랑하지 않는다고 실망하지 말라

모든 사람은 낭만적이다. 당신은 여러 사람을 사랑할 수 있다. 나는 내가 일하는 아르고노트 빌딩의 엘리베이터 맨을 사랑하고, 블레어 호텔의 교환원을 사랑하며, 개와 고양이도 사랑하고(그 중 몇 마리는 특별히 사랑한다), 내 우상인 작가와 화가와 가수와 배우는 말할 것도 없고 몇몇 선생님과 가정주부와 미용사를 사랑하며, 그리고 가족, 남편, 친구들을 사랑한다. 사랑은 어디에 있든 좋은 것이며, 당신이 당신 사무실 직원들을 사랑한다는 것은 더없는 좋은 일이다. 나는 확실히 내 사무실 직원들을 사랑한다.

그러나 꼭 명심해야 할 것은 당신의 사무실 직원들도, 어머니가 당신을 사랑하는 것처럼 틀림없이 당신을 사랑하리라고 생각하는 것은 큰 잘못이라는 점이다. 당신이 거기에 근무하는 한 그들은 당신을 동료로서나 선후배로서 사랑할 뿐 일단 회사를 그만두면, 당신이 그들을 보고싶어 찾아간다 해도 아무도 당신과 얘기하고 싶어하지 않는다. 만일 당신이 해고당했다면, 확실히 더 쌀쌀해진다.

사무실에서의 호의는 사무실에서 같이 근무하여 매일매일을 더 재미있게 해주는 사람에게만 해당한다. 광고 디자이너와 카피라이터, 편집인과 작가처럼 서로에게서 좋은 것을 얻어낼 수 있는 그런 관계를 다른 데서는 생각할 수가 없다. 당신의 사무실 직원과 직장 동료를 사랑하라. 사무실에서의 사랑으로 다른 사랑을 보충하려 하지 말라. 또한 직장을 떠난 후에도 그런 사랑이 남아 있으리라고 생각하지 말라.

> 당신의 초기 재능이 한 가지
> 일을 잘할 때까지만 이어진다면
> 걱정하지 말라. 그것으로 충분하다!

나는 요즈음도 요리나 장식하는 일 또한 숫자와 기계와 관련된 일은 무엇이든지 하지 못한다. 젊었을 때보다도 더 못한다. 그래서 거의 견뎌낼 수가 없다. 하지만 내가 잘할 수 있는 일만 하고서도 충분히 돈을 벌 수 있기 때문에 다른 일은 남들에게 시키고 비용을 지불하면 그만이다.

하기야 몇몇 다재다능한 사람들은 여러 가지의 전문기술이 있으며, 이 분야에서 저 분야로 옮겨갈 수도 있다. 글로리아 반더빌트는 작가에서 디자이너가 됐고, 베스 마이어슨은 TV토론 사회자에서 소비자 운동가와 정치가가 됐으며, 다이애너 브리랜드는 편집인에서 박물관 고문이 됐고, 셰리 랜싱은 모델에서 편집인이 되었다.

하지만 많은 사람들이 이렇게 할 수 있는 것은 아니다. 가끔 당신이 현 직업을 계속할 수 없게 되면 전직을 하게 된다. 이럴 경우 한 가지 재능만 특출하다면 여기에 연관된 일로 성공할 수 있다. 윌헬미나는 멋있기는 했지만 나이가 너무 많아 모델을 할 수가 없었는 데도 믿을 수 없을 정도로 성공적인 모델 중개업을 시작했다. 한때는 재능 있는 무용가였던 죠지 발랜친은 지금은 안무와 기획을 맡고 있다.

나는 뛰어난 사람들은 결코 자신의 직업에 대해 지루해 하지 않는다고 생각한다. 마빈 미쳴슨과 F. 리 베일리는 아직도 변호사이며, 캐더린 그래함은 아직도 신문사 여기자이고, 버지니아 매스터즈는 계속 성 과학자이고, 캐롤 바이어 새거는 언제나 작곡자이며, 조안 디시온도 시종일관 작가이고, 로버트 드니로는 지금까지도 배우이다.

당신은 서로 다른 여섯 개 분야에서 뛰어난 사람이 될 필요는 없다. 한 가지 재능만이라도 탁월하다면 그것으로 충분하다.

당신은 다른 사람보다 더 열심히 일할 수 있다.

당신이 시간을 낭비한다면 어떻게 빨리 성공할 수가 있겠는가? 물론 당신이 계속 자리에 붙어 있다면 피곤하고 지칠 수도 있다. 하지만 당신이 좋아하는 일을 열심히 한다면 곧 성공하게 된다는 것을 당신은 알고 있다. 일자리에서 종종 오랜 시간을 빠져 나오는 사람들이나 열심히 일하지 않고 성공한 사람을 나는 아직까지 한 사람도 보지 못했다.

내가 푸트에 있는 콘 앤드 벨딩 회사의 광고 카피라이터로 있을 때 내가 오후 6시 30분이 되어도 몸을 구부리고 일을 하고 있으면 6명의 남자 보조원들은 빨리 퇴근해서 저녁을 가족과 함께 보내야 한다면서 투덜거렸다. 그들 중 하나는 심지어 내가 결혼을 하지 않아 집에 갈 필요가 없기 때문에 그들은 쉬는 시간을 이용한다고 사장에게 불평을 했다. 나쁜 사람들 같으니! 나는 최근에 그를 보았는데 그는 아직도 오후 6시만 되면 집으로 가서 아버지 구실을 하려고 했다. 그의 자식들이 지금 서른다섯 살이나 됐는데도 말이다. 그들은 아마 영원히 보조원 신세를 면하지 못할 것이다.

 ## 때가 되면 봉급에 대해 말을 하라

얼마 동안 직장에 근무하다 보면 더 많은 돈이 필요하게 되며 그것을 요구할 자격이 있다고 생각될 때가 올 것이다.

봉급인상을 꼭 요청해야겠다고 느끼면 청하라. 그들이 당신의 능력을 인정해서 당신에게 보상해 주기를 기다리기엔 오랜 시간이 걸린다. 그들은 당신의 가치를 알고 있지만 당신이 요청할 때까지 모른 척할 수도 있다. 그러나 꼭 알아둘 것은 당신이 많은 일을 하며 그들이 당신과 헤어지기를 원치 않을 때에만 청해야 한다는 것이다.

또한 요청할 때는 가족 부양이나 찻값 지불과 같은 것에 당신이 얼마나 필요한가는 말하지 말라. 이런 것들은 스쳐 지나가듯이 말하고 당신이 이 직업을 얼마나 사랑하며 회사를 사랑하고, 더 공헌하고 싶다는 말에 중점을 두어라. 당신이 이미 한 일과 봉급에 적당하도록 당신이 할 일들에 대해

대강 말하라. 최고액을 말하지 말라.

왜냐하면 만일 그 액수를 받는다 해도 사람들은 당신이 실수할 때마다 당신을 재미있게 바라보고는 이렇게 말할 것이기 때문이다. "맙소사! 이렇게 많은 월급을 주고 있다니!"

그들이나 당신이 적당하게 주고받고 있다는 생각이 들어야 한다.

봉급이란 것은 당신과 그들에게 합당하면 되는 것이다.

다른 회사로부터 전직 요청을 받는 것은 봉급 인상에 있어 종종 최선의 기회가 된다. 하지만(이 '하지만'이 중요하다)의 수단은 당신이 그 요청을 받아들일 준비가 되어 있을 때만 사용해야 한다.

떠날 준비도 하지 않고 가겠다고 말해서는 안 된다. 또한 그만두겠다고 위협으로 봉급을 올리는 일은 한두 번 정도만 효력이 있다. 그 후에는 회사도 이 공갈에 진력이 나서 가버리라고 말할지도 모른다.

다른 데서 전직 요청이 들어오면 설사 옮길 생각이 없더라도, 또한 당장 봉급 인상을 요구하지 않더라도 사장에게 말하는 것이 좋다.

다른 회사에서 당신을 노리고 있다는 것을 알려도 그들에게 상처를 주지는 않는다.

 ## 고위간부 시절

자, 이제 당신은 드디어 꿈 많은 신입사원 시절, 의욕적인 중견사원 시절을 거치는 동안 당신의 능력을 인정받아 드디어 고위간부의 자리에 들어섰다. 그동안 5년, 10년 아니 20년이나 걸렸을지도 모르겠다.

아무튼 당신은 이제 당신을 규정짓고, 강인하게 해주며 또한 깊이 만족할 수 있는 직업을 갖게 된 것이다. 그러나 지위가 올라가면 갈수록 책임은 무거워지고 당신의 결정 하나가 회사의 운명을 좌우할 수도 있다. 당신은 어떻게 할 것인가?

 만약 당신을 직접 면담하고자 하는 사람이 있다면 그들이 바라는 것이 무엇인가를 미리 알아내라. 그래서 면담시간을 최대한으로 줄여라

이제 고위간부가 된 당신은 생각하고 결정해야 할 일들이

수없이 많다. 찾아오는 방문객들에게 일일이 많은 시간을 할애할 수 없다. 되도록이면 면담시간을 줄이고 보다 큰 일에 몰두해야 한다.

그러기 위해선 개인적 면담 대신에 전화로 많은 문제를 해결할 수 있다. 그러나 일반적으로 사람들은 직접 들러서 얘기하는 것이 더 효과가 크다고 생각한다. 이런 점에서 방문객 문제에 있어서 당신은 강인해야 한다.

또한 당신은 방문객이 의도하는 일의 요점을 미리 알아내야만 한다. 무례하지 않고서 30분 혹은 1시간 내에 사람들을 당신 사무실 밖으로 내보내기란 참으로 힘든 일이다. 그러나 당신은 그렇게 해야 한다. 그것도 상대방의 기분을 조금도 상하지 않게 말이다.

당신이 중역이라면 전화는 직접 받지 말고 비서에게 받도록 하라

당신이 전화를 직접 받아 응답하는 것은 어떤 면에서는 매우 호의적인 일이다. 그러나 당신이 중역급이 된 다음에는 그런 것은 어리석은 일이다. 일단 사람들과 전화로 얘기하

게 되면 당신은 무례하게 대할 수가 없다. 그리고 당신은, 당신이 직접 얘기해서는 안 되는 많은 사람들에게서 걸려오는 전화에 파묻힐 것이다. 당신이 해야 할 중요한 일들은 어떻게 되겠는가? 당신은 기진맥진해진다.

훌륭한 비서가 당신이 받아야 할 전화는 당신에게 연결시켜 주고, 그렇지 않은 사람에게는 친절히 거절할 것이다. 당신의 비서는 전화 거는 사람들에게(아주 멍청일지라도) 당신에게 만큼 공손해야 한다.

 신속하게 결정을 내려라

당신은 이제 고위간부의 한 사람으로서 짧은 시간 내에 많은 일들에 대해 결정을 내려야만 한다. 시간이 많이 걸려서는 안 된다. 2주일 만에 결정을 내린다 해서 하루 만에 내린 결정보다 더 정확하지는 않다.

내가 겪은 것 중에 가장 무능하고, 사람들의 불평을 가장 많이 듣는 사장들은 바로 당신에게 어떤 결정도 내려 주지 못하는 사람들이다. 게다가 당신이 듣고 싶어하지도 않는 대답이나 하는 사람들이다.

다른 사람들이 놀도록 내버려 두지 말라. 당신이 빨리 결정할 수 있는 것은 결정해 버려라.

 ## 위계질서를 지켜라

위계질서라는 말이 있다. 따분하고 관료적인 말이긴 하지만 이 말은, 사람들은 각자 자신의 담당업무가 있고 당신이 비록 사장일지라도 이 업무를 뒤섞이게 해서는 안 된다는 말이다. 당신은 다른 사람의 비서에게 명령해서는 안 된다. 만약 그녀가 상관을 제치고 당신에게 오면, 집으로 쫓아 버려라.

이것은 당신이 너무 거만하다거나, 무섭다거나 아니면 직원들을 격려하지도 않는 뻣뻣한 성격이라서가 아니다. 가장 형식을 따지지 않는 사무실에도 조직이 있게 마련이다. 즉 기구표라 한다.

당신은 그것을 지켜야만 하며 그렇지 않는다면 누가 무슨 일을 하고, 누구에게 보고를 해야 하는지 아무도 모를 것이다. 당신은 화난 사람들에게 둘러싸이게 되고, 기분이 상하며 아무도 좋은 일을 하지 못하게 된다. 왜냐하면 당신은 너무 친절해서, 작업계획을 세우지도 못하며 그 상태에 머물러 있기 때문이다.

 당신도 훌륭한 경영자가 될 수 있다

젊은 중역을 잘 안내할 수 있는 책은 그리 많지 않다.

당신을 지금의 위치에 올려놓은 경영적 재능 외에 다른 멋진 재능을 당신이 가지고 있다면, 당신은 안내서가 없어도 괜찮을 것이다. 이를테면 당신의 친구나 애인, 웨이터, 아버지, 형제, 수의사나 기타 다른 모든 사람들을 잘 다룰 수 있는 능력, 이를테면 통솔력 같은 것 말이다.

당신이 여자이기 때문에 경영자가 될 수 없는 것이 아니다. 당신이 만일 공평하고, 단호하고, 또 무엇이든 잘할 수 있는 능력이 있다면 아무도 당신이 여자라는 것에 신경쓰지 않는다.

경영자가 되는 데에는 다음과 같은 몇 가지 준칙이 있다. 나에게도 일찍 누군가가 이런 준칙을 가르쳐 주었다면 참으로 좋았을 텐데…….

1. 일을 맡길 때는 당신이 구할 수 있는 가장 훌륭한 사람에게 맡겨라.
2. 그들이 일에 대해 생각할 여유를 주고, 다음에 미친 사

여성과 직업

람처럼 그들을 격려해라.
3. 당신이 아니라도 다른 사람이 할 수 있는 일은, 설사 당신이 더 잘할 수 있더라도 그들에게 맡겨라. 당신은 대표적인 일만을 하라! 나는 몇 년이나 여기서 실패했다. 나는 많은 일을 할 수 있다고 생각했고, 과로를 해서 거의 죽을 지경이 되었다. 젊은 여자 경영자라는 약점 때문이었다. 나는 봉사하는데 익숙해져서 어디에나 끼어들어 도우려 한다. 자신을 제어하라!
4. 명령은 확실히 하라. 당신이 언제 무엇을 원하는가를 정확히 말하라.
5. 고용인끼리 싸우게 하지 말라.
6. 일을 잘했을 때는 감사와 금전과 친절로써 보답하라.
7. 맡은 일을 하지 못하는 사람이 있으면 해고하고 다른 사람을 고용하라.
8. 능력 있는 사장은 항상 그의 곁에 천재들을 거느리고 있다는 것을 명심하라. 그들은 좀 광기가 있고 뻔뻔한 사장에 대해서 냉혹하리 만큼 차가운 증오를 보낼 때도 있지만 그러나 쓸 만한 사람이다.
9. 특히 아이디어를 짜낸 사람을 칭찬하고, 칭찬하고 또 칭찬하라!

지금까지 나는 18세에 직업전선으로 뛰어든 이래 무려 30

년 동안이나 직장생활을 해오면서 터득한 내 나름대로의 직장생활의 준칙을 소개했다. 이 준칙들이 당신의 경우에도 그대로 잘 적용이 될지는 모르겠다. 하지만 몇 가지 특이한 경우를 제외하고는 대부분의 직장여성에게 많은 참고가 되리라는 것을 나는 확신한다. 나에게도 좀더 일찍 그 누군가가 이런 준칙들을 가르쳐주었더라면 나는 좀더 빨리 그리고 좀더 쉽게 지금의 자리에 오를 수 있었으리라고 생각한다.

아무튼 지금까지 내가 얘기한 것들이 당신의 직장생활에 큰 보탬이 되기를 바란다.

06 용모
FACE AND BODY

여성과 미모, 그 선망의 허와 실

여성의 대부분은 미모에 대한 강박관념에 사로잡혀 있다. 아름다움은 인간을, 특히 여성들을 매혹시킨다. 우리 여성들은 아름다운 여자들에 대해서 열렬한 찬미와 선망을 보내면서 한편으로는 그녀들의 행운에 독살스런 투기를 보낸다.

우리들 평범한 외모의 여성들에게 있어서는 미모야말로 거의 모든 것을 다 바쳐도 좋을 것처럼 보이는 마지막 표정으로 생각되기도 한다. 심지어는 그다지 예쁘지 못한 자기 같은 사람은 차라리 냉동실에 처박아두는 편이 나았으리라고 생각하는 사람조차 있다.

미인들이란 미인이 아닌 여자들과는 어쨌든 다르다. 어쨌거나 그들은 특별한 존재들이다. 그리고 우리같이 별로 예쁘지 못한 여자들은 그녀들에 비해 스스로가 아름답지 않다는 사실을 결코 한 순간도 잊지 못한다.

그럼에도 불구하고 우리가 미인이라고 할 때 모든 사람이 다같은 모습의 여자를 연상해 내는 것은 아니다. 즉, 사람마다 미인에 대한 개념이 조금씩 다르다는 말이다.

사람뿐만 아니라 시대가 변하면서 미의 기준도 변해간다. 그런가 하면 나라마다 미에 대한 기준이 달라지기도 한다.

외모가 그 사람의 전부가 아님을 재삼 말할 것조차 없는 일이지만 그런데도 사람들은 외모로 먼저 그 사람을 판단하기 마련이다. 이점이야말로 우리들처럼 미인이 아닌 사람들에게는 여간 심각한 문제가 아니다.

자신이 예쁘지 않다는 인식은 꽤 어린 나이에 벌써 깨우쳐진다.

미인이 누가 뭐래도 미인이며 미인이 아닌 사람은 누가 뭐래도 역시 미인이 아닌 때문일까. 그것은 너무도 자명한 것이므로 아마도 일찍부터 스스로 미인인지 아닌지를 자각하게 되는 것일 터이다.

그런데 어떤 경우에는 반드시 그렇지만은 않은 경우도 있다. 별로 예뻐 보이지 않는 내 친구 하나는 지금까지도 자기가 미인인 것으로 알고 있다. 어렸을 때 그녀의 부모가 '너는 예뻐'라는 식으로 키웠기 때문이라고 나는 생각한다. 사실 어머니로서 딸이 예쁘지 않을 때 뭐라고 말해줄 수가 있단 말인가? 사실을 사실대로 말하기란 여간 큰 고역이 아니다. 그래서 "얘. 너는 무릎이 예쁘구나!"라든지 "웃는 모습이 천사 같구나!" 또는 "다리가 날씬한 아이"라는 식으로 말하게 되는 것이다.

우리 어머니야말로 예쁘다는 것의 강박관념의 포로였다. 어머니는 사실 못생겼다고 할 수 없는 수수한 미모였다. 그런데도 이모가 너무 아름다운 여성이었기 때문에 스스로 늘 자기의 여동생과 비교하셨던 것이다. 동생의 미모를 영영 잊을 수 없었던 어머니는 딸인 나에게까지 그 피해를 끼치고 말았다.

어머니는 여자에게 아름다운 것이 첫째라고 늘 말씀하시곤 했다. 그러면서 깊이 한숨을 쉬셨는데 한 번도 내게 예쁘다고 칭찬해 주시지는 않았다. 어머니는 입에서 "사내들이란 예쁜 여자에겐 영 바보가 되고 마는 거야……, 라는 말이 떠나지 않았다. 그 말의 뉘앙스 속에서 내가 사내들을 뇌살시킬 만한 미인이 아니라는 의미가 내포되어 있었다.

때때로 어머니는 내 모습을 찬찬히 들여다보시면서 "내겐 네가 매일매일 조금씩 나아져 가는 것처럼 보이는구나……"라고 말씀하실 때가 있었다. 그것은 마치 "얘야, 미안하지만 넌 아직 멀었구나……"라는 의미와 다름없었다.

미모에 대한 그런 강박관념을 제외한다면 어머니는 아주 훌륭한 분이셨다. 의지가 굳고 관대하며 나로 하여금 언제나 지성에 관심을 갖도록 격려해 주시는 분이었다. 그런 좋은 어머니도 드물 것이다. 나는 어머니를 사랑했으며 어머니 또한 나를 사랑했다. 그럼에도 불구하고 그 미모에 대한 강박관념만은 끝내 극복하시지 못하고 마침내 딸인 나에게 나쁜 영향을 미치고야 말았던 것이다.

  그리하여 나는 그런 어머니의 강박관념 덕분으로 자신의 외모를 계발하려는 노력조차 해보려 하지 않게 되었다. 그리고 여고시절 여드름에 시달리면서 그런 상태는 더욱 악화되고 말았다.

  여성으로 하여금 미에 대한 강박관념을 갖게 하는 또 다른 존재로 남성들을 들 수가 있다. 그들은 끊임없이 여성들로 하여금 미모에 대한 관심을 환기시키지 않을 수 없도록 만든다. 외모는 여성에게 있어서 자신의 전부는 아니더라도 가장 중요한 요소임에 틀림없다는 생각을 심어주는 것이 바로 그들인 것이다.

  내 친구이며 영화 제작자인 로버트 에반스는 미녀들하고만 네 번 결혼했다. 그런가하면 웨렌 비티, 존 테릭, 라이언 오닐, 로제바딘 등도 전형적인 미인 숭배자였다. 그런 남자들은 우리 같은 여자는 숨 막힐 듯 아름다운 다른 여자들과는 같지 않다는 사실을 인식하게 만든다. 그들은 우리를 예의바르게 대하기는 하지만 우리는 그들이 우리를 석고상쯤으로 여기고 있다는 느낌을 받는다. 즉 우리는 어떤 남자가 시(詩)라도 써서 바칠 그런 대상이 결코 못 된다는 것이다.

내 친구 알만도 오르시니는 흑적색의 반짝이는 눈을 가진 아름다운 남자이다. 어느 날 웨이트 56번가의 이태리 식당에서 나랑 같이 앉아 있었다. 그때 갑자기 알만도가 부르짖었다. "저기 창가에 앉은 아가씨! 야! 멋진데!" 그때 내 기분이 어떠했겠는가? 물론 우리는 우리 스스로의 주제를 알고 있다. 하지만 맹세할 수 있다. 우리들이라면 남자와 식사하면서 어떤 다른 남자를 보며 소리치지는 않을 것이다. "어머! 저 남자 좀 봐! 마치 그리스 조각품 같아!"라고

결국 이런 정도인 것이다. 그러니 여자들이 미인이기를 바랄 수밖에 없지 않은가. 사실 우리 여자들끼리 말이지만 어떤 남자가 당신을 쳐다보며 오다가(당신의 미모에 빠져서) 의자에 걸려서 넘어지거나 하는 것을 꿈꾸어 보지 않은 사람은 거의 없을 것이다.

굉장한 미인들과 우리 같은 평범한 여성들과의 관계는 어떤 것일까? 한 가지의 특징은 미인들은 솔직하지 못하다는 점이다. "뭐라고요? 내가 미인이라고요!" 그녀들은 이렇게 말하면서 깜짝 놀라곤 한다. 그러면서 모든 남자들을 뇌살시킬 듯 차가운 눈초리로 돌아다보는 것이다.

부잣집 아이에게 돈이 그다지 대수롭지 않은 것처럼 당신

이 아름다움(美)의 부자라면 또한 당신에겐 별로 대수로운 것이 되지 못했을 것이다. 당신의 아름다운 친구를 사랑하지 않는다는 뜻이 아니다. 그 친구를 사랑하긴 하지만 때때로 그들의 차갑고 도전적인 눈초리가 떠올라 우리는 문득문득 움츠러든다는 뜻이다.

우리는 결코 소피아 로렌, 라켈, 월치, 파라 파세트 같은 여성이 될 수는 없다. 그렇다고 해서 노력하지 않는다는 것은 아니다. 이제부터 헬렌 걸리 브라운의 이야기가 시작된다. 하느님이 우리에게 부여해 주신 우리들의 몸매를 변형시킨다는 건 거의 불가능한 일이지만 우리는 노력하는 자체에서 의의를 찾지 않을 수가 없는 것이다.

아름다움을 가꾸어 나가는 일상생활은 우리에게 기쁨을 준다. 내가 눈수술을 하고 한 달 동안이나 눈화장을 할 수 없었을 때 내게는 화장도구들이 더없이 그리웠다. 그것들을 가지고 나를 가꾸던 시간들이 환상적인 매력을 지니고 나를 자극했던 것이다. 남자들 또한 마찬가지다. 남자들은 면도기를 좋아한다. 그들은 하루에 한 번씩 거울을 들여다보면서 이렇게 말하는 것이다. "아, 자네 아주 핸섬하군!"

남자들이 그렇다면 여자들이야 말할 것도 없는 일이다. 우리는 매일같이 거울 속의 자신을 이리저리 뜯어보며 기뻐하기도 하고 우울해 하기도 한다. 어떤 점에서는 그런 모든 것 자체가 우리를 인간답게 하는 것인지도 모른다. 완벽한 미인으로 태어나느니 나는 차라리 가꾸고 다듬을 여유가 있는 정도의 얼굴이나 몸매를 갖고 태어나는 쪽을 찬양하겠다.

어쨌든 미모가 여자의 전부는 아니다. 이건 결코 미녀들을 질투해서 하는 말은 절대 아니다. 많은 실례가 그것을 증명하고 있다. 5년 동안이나 교제해 오던 남자가 미인인 내 친구와 결혼하기를 거부하는 것을 본 일이 있다. 설사 결혼에 골인했더라도 문제는 우리와 마찬가지로 남편 때문에 늘 속을 썩이는 매일반일 것이다.

직업에 대한 경우를 생각해 보자. 40대 정도 되어서 직업도 없고 가정을 빼놓고는 별 관심사도 없는 여자들은 대개 자신의 미모 때문에 일찌감치 남자에게 붙들려서 자기 자신을 계발할 기회를 갖지 못했던 여성들이다.

미인들은 대개 심각한 우울증을 가지고 있다. 모델계에서 가장 아름다운 미인 중의 한 여자가 자살을 기도한 일이 있었다. 그녀는 나중에 이렇게 말했다. "나는 내가 무가치한 여자라고 생각했다. 나는 거울을 보며 자문해 보았다. 너는 누구지? 네가 이루어놓은 것이 뭐지? 네 가치는? 그러자 나는 더 이상 살고 싶지 않았다."

역시 그렇다. 아름다운 외모가 사람을 구원할 수는 없는 것이다.

미모가 남성들의 사랑을 획득하는 데 큰 도움을 주는 건 사실이지만 미인이 아니면서 사랑받는 여자들도 많다. 누구나 한두 가지 정도의 미(정신적이든 육체적이든)는 가지고 있게 마련인데 그런 한두 가지의 장점만으로도 당신이 필요로 하는 한 남자의 사랑을 불붙이는 데는 부족함이 없다.

나는 요오꼬 오노를 생각해 보곤 한다. 죤 레논(그는 얼마나 위대한 슈퍼스타였던가!)의 극진한 사랑을 받았다. 그런데 그녀는 흥미로운 여자였을지는 몰라도 결코 미인은 아니었다.

연상의, 더군다나 미모가 아닌 여성도 그처럼 남성에게 매력적일 수가 있는 것이다. 남편들이란 어쨌든 곧 아내의 외모에 익숙해진다. 그들이 진정으로 바라마지 않는 것은 자기에게 세심한 배려를 해주는 아내일 뿐이다.

내 남편만 해도 그렇다. 남편은 내 외모에 대해서는 거의 염려에 두지 않고 있다. 그것은 맹세할 수도 있는 확실한 일이다. 내가 지난 여름 머리를 잘랐을 때에도 남편은 남들이 지적해 주자 그때서야 "머리를 잘랐던가?" 하며 고개를 설레설레 저었던 것이다.

미인들은 정착하기를 두려워한다. 그녀들에게는 수많은 남성들이 구애해 오기 때문에 실상 정착하려 해도 쉽지 않을 것이다. 하지만 남성의 품속에 정착한다는 아늑함이야말로 얼마나 소중한 것인가. 이런 점들을 염두에 두고 나는 당신에게 몇 가지 중요한 점을 지적해 두고자 한다.

지성이 미모를 능가한다

당신이 여배우나 패션모델이 아닌 이상 외모가 당신의 성공에 도움이 될 수는 없다. 오직 두뇌만이 성공의 길을 열어준다. 당신의 보람은 책을 읽고, 쓰고, 생각하는 데서 오는 것이다.

미모가 첫인상을 강렬하게 해주는 것은 사실이다. 그러나 차차 친숙하게 되고나면 외모에는 서로 익숙해져서 거의 잊고 지내게 마련이다. 그때에는 서로의 관심도 인생의 제반 문제로 돌려져서 외모하고는 영 상관없는 것들이 큰 이슈가 된다.

바로 이때가 미인들에게는 위험한 것이다. 평범한 외모의 여자들이 배우고 생각하는 동안 자신의 아름다움에 너무 취해 지낸 여자들이 내면적으로는 빈 껍데기였다는 사실이 탄로 나게 되므로 그때 그녀의 미모는 결코 아무런 격려도 해주지 못한다. 자신의 내면적 성숙만이 문제점을 발견하고 또 치유하는 데 도움이 될 수 있는 것이다.

아름답고도 지성적인 여자라면 우리들로서는 도저히 어찌해 볼 도리가 없다. 그처럼 두 가지 점에서 모두 축복받은 사람들도 있긴 있다. 그러나 그건 극히 적은 숫자에서 그치게 마련이다. 결국은 아름답거나 지성적이거나 중 어느 하나가 되는 법이다. 만일 누군가가 내게 그 양자 중에서 어느 하나를 택하라고 한다면 나는 기꺼이 지성 쪽을 택하겠다.

개성적인 여자가 돋보인다

독특하다는 말을 바꾸면 돋보인다는 말이 될 것이다 평범한 외모의 여성들이 개성을 가꾸어야 하는 것은 개성이 당신을 돋보이게 하기 때문이다. 그렇다면 대체 어떤 방법으로 우리는 개성적인 여자가 될 수 있을까?

오늘 아침 나는 삼면으로 된 거울을 보면서 내 모습을 찬찬히 관찰하였다. 나는 역시 미인이 아니었다. 그때 나는 자신에게 속삭였다. "더욱 친절하라. 애정을 간직한 여자가 되라. 테레사 수녀, 루스벨트 대통령 부인, 헬렌 켈러를 생각하라." 당신도 나처럼 하라.

결국 개성 있는 사람이란 책임감 있는 사람이라는 말이 된다. 당신이 하겠다고 말한 일을 실천하고, 친구와의 우정을 지속하고, 능력 있는 여자가 되는 것이 개성적인 여자가 되는 지름길이다.

당신의 장점을 발견하라. 당신의 소질을 발견하라. 그리고 그것들을 키우고 북돋아 주어야 한다. 당신은 차츰 스스로의 개성적 매력에 자신을 갖게 될 것이다.

피부 관리

깨끗하게 씻고 닦는 것이 피부 관리의 첫번째 지침이다. 그것은 피부 건강상은 말할 것도 없고 정신건강에도 도움을 준다. 사람은 날마다 땀구멍을 막고 있는 노폐물을 닦아야 한다는 것은 모든 전문가들의 한결같은 이야기이다.

어떤 여성들은 피부를 보다 청결하게 하기 위해서 미용실에 간다.

그러나 미용실은 너무 많은 돈이 드는 곳이다. 우리는 다만, 부지런히 사는 것만으로도 신선하고 윤기 있는 피부를 간직할 수 있다.

건강과 피부 사이에는 아주 밀접한 관계가 있다. 음식을 조절하라. 되도록 술을 마시지 말고 담배를 피우지 말라. 술과 담배가 아름다운 피부에게는 크나큰 적이다. 충분한 수면과 휴식도 빼놓을 수 없다.

1. 잠자리에 들기 전에 늘 얼굴을 깨끗이 씻어라. 화장을 모두 지워라. 씻을 때는 비누와 물을 사용한다. 건성 피부를 가진 사람은 자기에게 맞는 특수한 비누를 골라 쓸 필요가 있다.
2. 완전히 헹구어 내어라. 25번 이상 헹구어야 비눗물이 걷힌다. 그리고 난 후 면수건으로 물기를 깨끗이 닦는다.
3. 잠자리에 들기 전에 약간의 모이스춰라이저나 혹은 아이크림을 눈 주위와 화장을 했거나 안 했거나 상관없이 얼굴에 고루고루 아주 엷게 바른다. 화장을 하는 경우 그 위에 한다.
4. 피부에 적당한 정도의 습기를 유지한다. 나는 분사기를 이용하여 물방울 안개처럼 내 얼굴에 뿜는 방법을 쓰고 있다. 가습기를 사용하는 것도 좋다. 겨울에는 물을 담아 난로 위에 올려놓으면 공기의 습도가 조절된다.
5. 얼굴 마사지를 하라. 나는 아침마다 크림을 바른 내 얼굴을 20분간 문지른다. 주름을 없애는 데 큰 효과가 있다. 얼굴에 작은 원을 그리듯 부드럽게 문질러라. 양손을 이용하는데 셋째와 넷째 손가락을 쓴다. 이렇게 10분 정도 문지른 다음 크림을 닦아낸다. 다음에는 면수건으로 얼굴을 깨끗이 닦고 만약 시간 여유가 있다면 이런 과정을 두 번 더 반복한다. 이때 면수건이 청결해야 할 것은 물론이다.

6. 얼음찜질을 한다.
7. 실리콘 주사를 놓는 방법이 있는데 아직은 널리 보급되지 않았다.

 윤택하고 부드러운 머리카락

내가 쓰는 방법을 간단히 다섯 가지로 정리하겠다.

1. 머리를 자주 감는다. 너무 자주 머리를 감는다 해서 머리카락이 상하지는 않는다. 비누칠은 한 번만 하면 충분하다.
2. 비눗물을 완전히 제거한다. 충분히 헹구지 않으면 안 된다. 머리카락이 비눗물 때문에 미끌미끌하다면 절대 안 된다.
3. 머리카락을 다 헹군 다음 차가운 물을 뿌리며 다시 한 번 더 헹군다. 그렇게 하면 머릿결이 훨씬 윤택해질 것이다.
4. 머리 스타일을 자주 바꾸어 보라. 새로운 기분이 될 것이고 당신의 새로운 매력을 발견하게 될 것이다. 그러면 마지막에 그 중에서 가장 마음에 드는 스타일을 결

정하게 된다.

이상이 머릿결을 더욱 윤기 있게 하는 방법들이다. 다음에는 내 경험 몇 가지를 중심으로 이야기해 보겠다.

나는 미용하기엔 아주 부적합한 머리 형태를 갖고 있다. 그런데 내가 그걸 알게 된 것은 나이가 꽤 들어서였다. 그때까지 나도 내 머리가 남들과 크게 다름없는 것이라고 생각하고 있었던 것이다.

서른여섯 살 때였다. 그 당시 유행하던 스타일의 머리를 하려고 미장원엘 갔었다. 미용사는 내 주문에 따라 머리를 손질하려고 진땀을 빼고 있었다. 나는 마침내 참지 못하고 말했다.

"왜 그림처럼 되지 않죠?"

그러자 미용사의 대답.

"노력하고 있어요."

맙소사! 내 머리 모양 자체가 그런 스타일에는 적합하지 못하다는 걸 그녀는 차마 말해주지 못하고 있었던 것이다.

그 뒤로 나는 조금 달라졌다. 마치 걱정 많은 부모가 자기 아이를 이 의사 저 의사에게 보여 가면서 자기의 아이가 지진아가 아니라는 걸 확인받고자 하듯이 나는 내 머리를 여기저기에 보이고 묻고 하였다(또 한편으로 온갖 샴푸로 머리를 감아보기도 했다). 유능한 피부병 전문가, 머리카락만 다루는 사람들로부터 내 머리카락도 희망이 있다는 말을 듣고 싶었던 것이다.

어떤 피부병 전문학자가 새로 돋아나는 머리카락을 세어 보라 충고했다. 어떤 전문가는 양다리 사이로 고개를 굽혀 보는 훈련을 하고 하루에 100번씩 빗질하도록 조언하였다. 그런가 하면 그런 방법은 연한 머리카락을 누더기처럼 만들 뿐이라는 얘기도 들었다. 다른 전문가는 말하기를 내게 보이지 않는 피부병이 있다고도 하였다.

나는 온갖 방법을 다하였다. 물구나무서기도 해보고 마사지, 안마, 손질 등 모든 수를 다 써 보았다. 그리하여 마침내 내 머리는 아주 범벅이 되고 말았다. 그런 어리석은 짓으로 몇 년을 보내고 나서 나는 내 고민을 「코스모」지의 동료에게 이야기했다.

"당신은 머리를 잘라야 해요."

하고 말레느는 말했다.

"자르다니?"

"사람을 추천해 드리지요."

그래서 말레느가 추천해 준 남자에게 내 머리를 맡겼다. 그러나 전혀 좋아지지 않았다.

때때로는 아주 총명한 사람도 개선의 가능성에는 귀를 기울인다. 노력해서 조금씩 좋아지려 하기보다는 어떤 비법으로 단번에 눈부시게 변모하고 싶어하는 것은 어떤 점에서는 당연하다. 그 비법이 제시하는 청사진이 너무나 찬란하기 때문에 그것이 사실은 불가능할 것이라는 생각은 아예 하지도 않는다.

그러나 착실한 조언자의 충고를 따라 꾸준히 노력하는 쪽이 더 바람직하다. 조금씩조금씩 변모하라. 그리고 개선하라. 일시에 눈부신 변모를 가능케 할 비법은 어디에도 없는 것이다.

예쁜 발

예쁜 발에 대한 최대의 적은 낡은 신발이다. 발가락이 편한 신발을 신어라. 뒷굽에는 신경쓸 것이 없다. 당신 발에 못 박히게 하는 신발은 값이 얼마든 간에 버려야 한다.

새 신은 고를 때에는 발이 죄이거나 너무 헐거워서도 안 된다. 가까운 거리를 걸을 때에는 뒷굽이 높은 구두를 신을 수도 있다. 그러나 산보를 하거나 가까운 가게에 가는 일에는 보다 편한 신발을 신는다.

불편한 신발은 레스토랑에서 또는 영화관 같은 데서는 벗어 두도록 한다.

가능하면 발을 깨끗하게 하라. 깨끗하고 발톱이 잘 다듬어진 발은 섹시하게 보인다. 마사지용 바셀린이나 로션을 발가락에 바르고 면양말을 신고 자면 부드러운 발이 된다. 피곤할 때에는 발을 씻는 것이 효과가 있다. 냉수와 온수로 번갈아 가며 발을 씻는다.

지름길이란 없다
다만 노력한 만큼 거둘 뿐……

모든 일에는 시간이 들게 마련이다.

물론 그렇다고 해서 하루 네 시간씩 화장을 하라는 것은 아니다. 샤워, 화장, 머리손질, 아침식사까지 합쳐 20분 걸린 것이 3시간 반 걸린 것보다 나은 사람도 있다. 어떤 점에서는 당신이 화장 시간 줄이는 것이 그만큼 다른 일을 하게 된다는 것을 의미하게 된다. 그러니까 당신은 어느 한쪽을 결정해야 한다는 말이다.

어쨌든 우리들은 시간을 귀하게 여기지 않으면 안 된다. 당신은 외모에도 시간을 투자해야 하며 또 다른 일에도 시간을 쓸 수밖에 없도록 되어 있다. 자, 어떻게 할 것인가?

내가 하고 싶은 말은 이것이다. 즉 잘된 화장을 하기 위해서는 너무 성급하거나 서두를 게 없다는 말이다. 다만, 꼭 해야 할 것들을 차근차근 침착하게 하는 것뿐이다.

나는 하루에 한 시간 가량을 이 부분에 배당하고 있다. 우리에게는 이 부분 이외에도 건강, 사랑, 직장, 친구 등의 많은 과제가 있느니만치 자기에게 알맞은 정도의 치장시간을 결정해 주지 않으면 안 된다. 그리고 그렇게 계획되고 할당된 시간을 충분히 활용하라. 당신도 마침내 매력적인 여성으로서 다른 사람들의 선망을 받게 될 것이다.

화장

우선 나는 여성의 화장에 대한 남성들의 느낌에 대해 이야기하고 싶다. 남자들은 화장한 당신을 좋아하지 않는다. 전에도 언급했듯이 일단 당신에게 빠진 남자는 당신의 눈이 어떻다든지 입이 어떻다든지 하는 것에는 별 신경을 쓰지 않는다.

그렇지만 남자가 아직 당신의 포로가 아닐 때는 어떤가? 물론 화장술이 뛰어난다고 해서 누군가를 사로잡을 수는 없다. 그러나 누군가의 이목이 당신에게 집중되도록 하는 데는 화장이 아주 유용한 것이다.

화장한 여자의 얼굴은 일단 남자로 하여금 접근할 가능성이 암시하는 메시지가 될 수 있다.

화장한 얼굴은 이렇게 말하고 있는 것이다.

"나는 당신에게 매력 있는 여자로 보이고 싶습니다. 나는 한 여성으로서 모든 준비를 갖춘 완숙한 여자입니다."

능숙하게 화장한 얼굴은 거의 드러나지 않는다. 아주 가볍게 그리고 교묘하게 하기 때문에 아이섀도는 세 단계의 명암으로 되어 있어서 거의 구별이 되지 않고 립글로스도 원래의 윤기인 것처럼 보일 정도만으로 그친다. 발그스름한 두 볼은 화장술 때문이 아니라 수줍음 때문이라고 생각하게 한다.

물론 화장만이 남성의 주목을 끄는 방법은 아니다. 아직은 앳된 어린 소녀들은 단지 그 나이만으로도 잘 다듬음으로써 남성들의 주의를 끌기도 한다. 그것도 하나의 화장이긴 하지만.

화장품을 사용하고는 있지만 충분히 활용하지 못하는 여자들이 많다. 언제나 화장을 하고 있어야 한다는 말은 아니다. 세탁소에 가면서까지 화장품으로 온통 몸을 감쌀 필요는 없다. 나도 집에서 빈둥빈둥 놀게 되는 날은 그냥 맨얼굴로 지내는 수가 많다. 그렇지만 그런 경우가 아니면서도 화장에 대해서 매우 민감한 거부반응을 가지고 있는 여성들도 꽤 많은 것 같다. 그 화장품과 화장술이라는 것이 자연적이지 않다는 것에 대해서 어떤 죄의식의 찌꺼기 같은 걸 가지고 있지나 않은지. 아니면 돈을 너무 낭비하고 있지나 않을까 하는 염려라든가 그도 아니면 화장품을 잘 다루지 못하는 데서 오는 위축감 같은 걸까?

그 어떤 경우든 그건 너무 지나친 것이다. 특히 화장품을 다룰지 모른다는 항목의 경우는 심각한 것으로서 내 충고는 제발 배워야 한다는 것이다. 배우지 않고서 쉽게 얻어지는 것은 없다. 여러 가지로 시도해 보고 꾸준히 노력하지 않으면 안 된다.

어떤 화장품을 쓸 것인가?
화장품에 지불해도 좋은 정도의 값

나는 감히 말하고 싶다. 모든 화장품은 근본적으로는 예외 없이 같은 것이며 모두가 같은 정도로 피부에 좋은 것이라고. 이것은 내가 수년 동안 화장품을 사용해 보고 또 많은 연구를 한 끝에 얻은 결론이다.

크고 작은 거의 대부분의 화장품 회사들은 외부의 실험실에서 상품을 공급받고 있다. 소수의 회사들만이 자체적으로 상품을 생산한다. 그러므로 대부분의 화장품들은 유지가 좀더 들어 있거나 수분이 좀더 함유되어 있다는 정도의 차이

점이 있을 뿐 기본적인 성분은 거의 같다.

  화장품이 대개 다 비슷한 것이라는 말에 대해서 반론을 제기하는 사람이 있을 것이다. 그렇다면 왜 비싼 화장품과 그렇지 않은 화장품이 있느냐고. 그 한 가지 이유는 포장이 다르기 때문이다. 속을 채워 넣은 호박단 화장분 케이스가 금속통 속에 든 화장품보다 값이 더 비싼 것이다. 그런가하면 향기를 내는 데 얼마나 돈을 썼느냐의 차이도 있다.

  향기 있는 화장품은 질적으로 상관없이 제조비가 많이 들게 마련이며, 그때문에 값이 비싸다. 광고비의 문제도 있다. 광고를 많이 하려면 정가를 비싸게 붙여야 한다. 그러나 광고를 많이 한다고 해서 질 자체가 상승하는 것이 결코 아니라는 건 너무도 분명한 일인 것이다.

  물론 아주 품질이 나쁜 화장품도 있다. 그러나 별로 값이 비싸지 않은 선에서 잘 고르기만 한다면 구태여 아주 비싼 제품이 아니더라도 우리가 목표하는 화장을 충분히 할 수 있다는 것이 내 지론인 것이다.

  새로 시판되기 시작하는 상품들은 비싸게 마련이다. 그리고 대개 그런 상품의 질은 재래의 것보다 높다. 그런 상품을 대하는 우리의 태도는 기다리는 것이다. 머지않아 그 신제품은 다른 회사에서도 비슷하게 개발될 것이고 그때에 가서는 우리는 보다 싼 값으로 그 제품을 사용할 수 있게 되는 것이다.

향수

 향수도 화장품들처럼 모든 제품이 다 같은 것일까? 그렇지 않다.

 향수의 화학 구조식은 화장품과는 상당히 다르다. 향수의 값은 대단히 비싸다. 자기의 돈을 내고 향수를 살 정도가 되려면 엄청난 부자가 되어야 한다. 그런데 여기에 우리에게 다소나마 격려가 될 만한 소식이 있다. 향기는 꼭 향수에서만 풍겨나오는 것은 아니라는 점이다. 향기를 가진 여러 가지 오일을 혼합함으로써 우리는 향수에 준하는 효과를 볼 수가 있다.

 진짜 향수는 대개가 값비싼 성분으로 구성되어 있다. 즉 생화기름(장미, 붓꽃, 수선화, 전륜화, 오렌지꽃, 히아신스 등에 들어 있는 아마드)이나 혹은 다른 성분들(나무뿌리, 잔디, 이끼, 콩, 나무껍질, 열매, 풀잎 등)로 되어 있는데 이런 성분들을 추출하는 데에는 아주 많은 비용이 들게 마련인 것이다.

 사향노루에서 만들어내는 향수는 이제 너무 귀해져서 다른 인공 향수로 대치되었다. 이제 향수 회사들은 예전처럼 많은 진짜 꽃이나 천연재료를 거의 쓰지 않는다. 1930~1950

년대의 프랑스 향수까지만 해도 그렇지는 않았으나 이제는 도저히 천연재료로는 수요에 따를 수도 없고 수지타산도 맞지 않는 시대가 된 것이다.

사람들은 놀라운 기술로 천연향수에 못지않은 효과를 내는데 성공하였다. 그리고 그런 향은 오래 보존되는 장점도 가지고 있다.

이 향수들은 30%의 향기(인공적 기본성분에 자연적인 기본성분을 배합한)와 70%의 용액(향기를 전하는 알코올)으로 배합되어 있는 것이 보통이다. 어떤 것은 12%의 향기와 88%의 용액으로 만들어진 것도 있는데 그럼에도 불구하고 그 향기는 하루 종일 유지된다.

향수도 부패하기 때문에 너무 오래 가지고 있으면 변질된다. 막아놓은 채로 1년이면 최대한의 기간이다. 일단 뚜껑을 열게 되면 6개월밖에는 쓰지 못한다.

하지만 신선한 향이 샘솟는 여자. 그 누가 싫어하겠는가?

성형수술

어느 누가 자신의 성형수술을 받았다는 사실을 말하려 하겠는가?

물론 아무도 말하려 하지 않는다. 어렵지가 않다. 그런데도 우리는 이 방면에 대해서 알아두지 않으면 안 되므로 이 문제는 꽤 까다롭다고 생각된다.

나는 지난 18년 동안에 세 차례의 성형수술을 받았다. 수술을 받고 나면 아주 새로운 모습으로 변하기 때문에 큰 도움이 되었다는 게 내 경험이다. 50세가 넘어서도 아름답게 보이는 여성들은 대부분은 성형수술을 받은 사람들이기가 십상이다.

다음 몇 가지를 유의하라.

1. 수술비용이 굉장히 비싼 것을 각오해야 한다.
2. 대개의 수술 절차는 아주 불쾌하다. 그러나 그 점에 대해서 이야기하는 환자는 거의 없다. 통증은 하루 내지 이틀 정도 계속되지만 곧 괜찮아지게 된다. 회복기간은 수술의 종류에 따라 다양하며 당신의 수술 후 2~3주 후엔 사람들 앞에 나설 수가 있게 될 것이다. 수술 받은 흔적이 다 없어지기까지는 6개월 정도 계속되는데 그 뒤에는 없어지게 될 것이다.
3. 수술이 실패할 경우가 있다. 그런 불행한 사태의 경우가 꼭 당신에게서만 일어나지 않을 것이라고 생각하지 말라. 그러나 탁월한 의사에게서는 그런 실수가 거의 일어나지 않는다. 또한 성형수술은 선불을 받는다.

4. 수술을 받았다고 해서 인생이 변화되거나 문제점이 완전히 해결되는 것은 아니라는 점이다. 다만 정신적인 도움이 될지는 모른다.

수술을 받는 기분이 아주 불쾌하다고 얘기했는데 그 기분을 실감나게 묘사한 경우를 아직까지 나는 보지 못했다. 그래서 내 경험을 얘기해 보기로 하자.

나는 18년 전에 매부리코의 교정수술을 받았다. 그때의 기분을 다 기억하기란 불가능하지만 어쨌든 첫날의 기분은 흡사 악몽 그것이었다. 눈과 코의 통증이 엄청나고 얼굴은 두 배로 부풀어오르는 것 같았다. 숨도 거의 쉴 수 없을 지경이었다. 그 다음 날부터 점차 고통이 줄어들었고 2주일 정도가 지나자 외출을 할 수 있게 되었다.

주름제거 수술의 경우 우선 진찰실에서 피부를 마취시킨다. 이어 의사는 힘이 고르게 작용하도록 유의하면서 연마용 강철솜으로 가볍게 피부를 문지르게 된다. 이때 피부는 마취되어 있기 때문에 통증은 느끼지 않는다. 약 1시간 정도 문지르게 되면 얼굴에 피가 맺히고 끈적거리기 시작한다. 그것이 끝나면 통증을 견딜 수 있는 연고를 바른다.

며칠이 지나면 겨우 우유로 세수를 할 수가 있게 된다. 그리고 마침내 딱지가 생긴다. 그 딱지가 떨어지고 나면 피부는 부드러워지게 된다.

최근에는 눈 밑에 생기는 주름과 윗눈꺼풀을 일부 제거하는 수술도 많다. 그것도 역시 불쾌한 수술이다. 그러나 긴장하지 않는 침착성을 잃지 말아야 할 것이다.

피부를 마취시킨 후 2시간 동안이나 짜내고 다시 봉하게 된다. 2시간이라면 꽤 긴 시간이다. 여간 고통스럽지 않다.

수술이 끝나면 마치 더덕더덕 기워진 것 같은 모습으로 집으로 돌아간다. 그리고 부기가 내리고 멍이 들지 않게 하기 위해서 하루종일 얼음찜질을 하지 않으면 안 된다.

10일 후 다시 출근하게 된다. 그러나 당신은 시침을 떼지 않으면 안 된다. 다른 사람들은 무슨 다른 용무 때문에 결근한 것으로 알 것이다. 그리고 "얼굴이 환해졌군요!" 하고 감탄하게 될 것이다.

자 이쯤에서 용모에 관한 이야기를 끝마치기로 하자.

용모에 관한 한 우리는 부지런히 노력한 뒤 자신의 마음을 달래고 쾌활해지는 수밖에 없는 것이다. 외모와 함께 마음을 다스리지 않는 한 누구도 용모에 만족할 수 없을 것이다. 역사상 한 명뿐이인 클레오파트라도 늙게 되면 그만인 것이 용모라는 것이다. 자, 쾌활한 마음을 갖기로 하고 다음 장으로 넘어가자.

07 의상
CLOTHES

패션은 생동하는 아름다움이다

우리는 계절이 바뀔 때마다 옷기장을 짧게 해라, 혹은 늘려라, 허리를 조여라, 터 놓아라, 어깨를 좁게 하라, 어깨심을 넣어라, 앞가슴을 많이 파라. 또는 색상을 회색으로 하라, 베이지색으로 하라, 갈색으로 하라 등등 정신을 못 차릴 정도로 주문을 한다. 확실히 패션은 그것에 열중해 있는 사람들에게는 매년 새롭고 신선하며 결코 지루하지 않은 생동하는 아름다움이다.

전직 「보그(Vogue)」의 편집자인 캐더린 밀리네리 씨는 다음과 같이 말하고 있다.

"옷을 통하여 당신 자신을 표현할 가능성을 찾지 않는다면 인생은 너무도 따분할 것이다."

또한 디안 폰푸루스테인버그는 다음과 같이 말하였다.

"우리는 어떤 이미지를 나타내려 할 때, 옷은 그것이 어떤 것이든지 간에 우리를 나타낼 수 있도록 도와준다. 다른 분위기에 다른 옷차림……, 그것은 여자로서 대단한 즐거움이다."

그리고 에밀리오 푸치는 이렇게 말한다.

"패션은 당신의 인생에 즐거움을 더해 준다."

나는 이에 전적으로 동의한다. 일종의 기쁨, 즉 창조성이라 할까, 이런 것은 너무 어리석다고 할만큼 황당한 가운데서 나오는 경우가 많은 것이다.

의상은 출세의 도구가 아니라 출세의 보답으로 오는 것이다

아름다운 옷은 출세행동, 즉 훌륭한 직업을 갖는다든지 남자를 사랑하는 일에 있어서 반드시 필요한 부분은 아니다. 여성이 직장에서 원만하게 지내고 또한 출세하려면 무엇보다 먼저 그녀의 두뇌와 열심히 일하려는 적극성, 그리고 상하 주위의 사람들과 잘 지내는 일이 가장 중요하다.

그리고 당신이 패션 직업에 종사하지 않는 한, 당신이 입고 있는 옷에 사람들이 동의할지는 모르겠다.

옷이 날개라는 말이 있긴 하지만 그렇다고 옷이 당신에게 남자를 구해 주지는 않을 것이다. 그건 확실하다. 남자는 당신의 성적 매력, 상냥함, 그리고 당신의 대단한 유머감각에 보다 더 반응을 나타낸다. 많은 남자들은 그가 파티에 데리고 간 여성이 넝마조각을 입은 것처럼 보인다는 사실을 알아채지도 못한다. 또한 우리는 대단히 사치스럽게 옷을 입은 여자가 심지어는 그를 파티에 데리고 갈 남자조차도 구하지 못했다는 사실을 잘 알고 있다. 그렇다고 해서 옷이 로맨스를 해친다는 얘기는 아니다. 생의 최고의 기쁨 중의 하나는 그이를 만날 때 입을 란제리나 연회복, 그리고 수영복을 사는 일이라고 나는 생각한다.

근무할 때 입는 옷에 대해서 말하자면 최신 유행옷을 옷장 가득히 가지고 있다고 해서 성공이 늦어지는 것은 물론 아니다. 그러나 매일매일 마치 패션쇼나 하는 것처럼 호들갑스럽게 입고 직장에 나간다는 것은 승진이나 출세의 기회를 잃게 할 수도 있다는 것을 알아야 한다.

그러나 어쨌든 특히 여성에 있어서 옷은 인생의 기쁨 중의 하나이다. 남이야 어떻게 보든 스스로 자기도취에 빠져 황홀감을 맛볼 수 있고 우울할 때는 기분전환을 할 수 있는 청

량제가 될 수도 있다.

옷은 출세를 위한 도구이기 보다는 출세한 후에 오는 보답의 일종이다. 그러니 열심히 정력적으로 일하라. 그러면 당신은 좋은 옷을 살 수 있을 만큼 여유 있는 생활을 하게 될 것이다.

옷을 너무 좋아한다고 해서 죄가 되는 것은 아니다

사람들은 재키 오나시스가 아리스토틀 오나시스와 결혼한 첫해에 거의 수백만 달러의 돈을 남편으로부터 얻어내서 보석과 옷을 사는데 소비했다고 비난했다.

나는 그때 그녀가 소비한 돈을 자신의 손에 쥐고 있었다면 얼마나 멋진 일인가 하고 생각했다. 그녀가 그를 파산시킬 목적으로 소비한 것은 아니다. 그들은 많은 돈을 자선사업에 내놓았고, 그리고도 그는 많은 돈을 가지고 있었으며 사실 세상에서 가장 적격인 여인을 맞아들였던 것이다. 재키는 분명히 옷을 좋아한다. 나도 또한 그녀가 옷을 좋아한다니 즐겁다.

옷, 그것은 나에겐 비싸긴 하지만 상당히 순수한 탐닉이라고 여겨진다. 어떤 이는 어린 나이에 쉽게 빠져들기도 한다.

나는 내 옷을 무척 좋아한다. 그리고 때때로 단지 그것을 볼 목적으로 옷장에 간다. 모든 여성들은 하나뿐인 샤넬 옷, 랄프로렌 상의, 칼 클라인비단 드레스, 일 년에 한 번 입는 야회복, 그리고 서른두 개의 블라우스가 있다. 그것들은 나의 친구들이다. 그러나 나는 단지 두 개의 복장만으로 6개월 동안이나 매일 바꾸어 입는 당신의 그 방식을 배워야만 한다. 하지만 당신은 이제 새로운 두 벌의 옷을 구입해야 할 것이다. 그렇게 지독하도록 검소한 생활은 당신을 행복하게 만들지 못할 것이다.

> 돈을 쓰지 않는다면 멋지게 보일 수 없다. 그러나 좋은 옷을 사는 것과 우아하게 입는 것과는 별개의 것이다

이 규칙엔 예외가 없다. 그렇다. 옷을 잘 차려 입는 사람들은 때때로 굉장히 싼 물건들을 우연히 구입한다. 작년 여름에 칸느에 갔을 때, 나는 세일 중이던 라이브 고쉐 가게에 두 명의 친구와 함께 들렀다. 그들은 각자 천 달러 정도의 옷을 사가지고 나왔지만 나는 티셔츠 한 벌조차 사지 못하고 나

왔다. 왜냐하면 나는 물건을 깎을 수 없었기 때문이다.

그들 둘은 항상 나보다 옷을 더 잘 입을 것이다. 그들의 취향 때문에 그런 것만도 아니고 그들은 기꺼이 돈을 쓰려하기 때문이다. 물론 나도 많은 돈을 소비한다. 돈을 많이 소비한다고 해서 꼭 옷을 잘 입는다는 것은 아니다.

당신은 현명한 구입방법과 취향으로서 경제적인 약점을 메울 수도 있다. 하지만 내가 꼭 말하려는 것은 어느 누구라도 현명함 하나만 가지고서는 옷을 잘 입는 사람이 될 수 없다는 사실이다. 역시 당신이 부러워할 만큼 옷을 잘 입는 사람은 옷에 대한 센스가 뛰어나기 때문이기도 하겠지만 거기에는 그만한 돈이 뒤따라야 하는 것이다.

우아함에 대해선 어떤가? 그것은 패션 감각과는 별개의 것이다. 품위 있게 차려 입는 남성과 여성, 물론 이들도 대개가 돈을 소비하지 않고, 그렇게 되는 것은 아니다. 그들은 값진 옷을 사고 또 산다.

그러나 좋은 옷을 사는 것과 우아하고 품위 있게 입는 것과는 별개의 것이다. 옷을 품위 있게 입으려면 남모르는 노력이 뒤따라야 한다.

만약 당신이 자신의 우아함을 향상시키려고 노력 중에 있다면 그 비밀의 하나는 당신이 혼자 있을 때 연습하라는 것이다. 물론 심심풀이로 하는 것이 되어서는 안 된다. 즉 혼자 있을 때면 언제든지 샤워를 하고 우아한 차림으로 거울을 보며 스스로의 옷차림을 평가하여 개선하도록 노력하라.

여기에 덧붙여서 당신이 좋아하는 장미 한 송이를 화장대 위에 꽂아놓고 감미로운 음악이라도 들으며 스스로 여왕이 된 기분에 젖어보라. 단 잊어서는 안 될 것이 이것이 어디까지나 옷을 잘 입기 위한 훈련의 한 과정이라는 점을 명심할 일이다. 남이 하니까 덩달아 그렇게 하는 사람이 있다면 그들은 결코 옷을 우아하게 입는 요령을 터득하지 못할 것이다.

돈을 많이 들이지 않고서도 개성적인 멋쟁이가 될 수 있다

그러면 돈을 많이 들이지 않는다면 결코 멋쟁이가 될 수 없는 것일까? 그렇지는 않다. 아주 경제적이면서도 고상하게 차려 입고 다니는 여성들도 많이 있다.

우리는 그들을 개성적인 멋쟁이라 부른다. 그들은 언제 블라우스를 바지 속으로 집어넣어야 되고 또 내어 놓아야 되는지, 언제 칼라를 세워야 하는지 또 언제 바지를 잘라내어 버뮤라형 바지로 만들어야 되는지, 또 언제 목걸이 대신에 목도리를 둘러야 되는지, 그리고 앞이 짧은 새틴 양복바지 대신에 언제 새틴 스커트를 입어야 되는지, 그리고 앞이 터진 털터보보다는 뒤가 터진 털터보가 언제 그들에게 잘 어울리는지 등에 대하여 감각적으로 알아내는 것 같다.

그렇다면 그들은 어떻게 알아내는 것일까?

물론 그들 중 많은 사람이 패션계와 관계를 맺고 있다. 나는 부유하지는 않으면서도 신비할 정도로 잘 차려 입는 여자가 패션 직업과 관계가 없는 경우는 별로 본 적이 없다. 그렇다면 과연 패션 디자이너가 아닌 우리 일반 여성들은 개성적인 멋쟁이가 될 수 없는 것일까? 아니다. 분명히 될 수 있다.

「뉴욕타임즈」 매거진의 패션부장이며 「하퍼즈바자」 지와 「보그」 지의 패션 부장을 지낸 바 있는 캐리 노도반은 다음과 같이 말한다.

"당신이 필요로 하는 첫번째 그리고 유일한 것은 욕망입니다. 당신 취향을 갖기를 원해야만 합니다. 어떤 사람들은 선천적으로 좋지 못한 취향을 갖고 있습니다. 그들의 문제는 사실 그 좋지 못한 취향이 아니고(이것은 굳어져 버릴 수도 있습니다만) 그들이 그것을 가지고 있다는 사실을 모르고 있는 것입니다."

캐리는 우선 당신이 욕망을 가지고 있어야 한다고 말한다. 그리고 계속해서 말하기를, "당신은 공부해야 합니다. 패션 잡지나 장식에 관한 잡지 그리고 책과 신문 발췌기사 따위를 숙독하십시오. 그리고 거기에 빨려 들어가 심취하십시오. 이것이 당신의 몰입기(沒入期)로서 몇 년이 걸릴 수도 있습니다. 당신은 실험을 하셔야 합니다. 입어보고 벗고, 또 입어보고 벗고, 관찰하면서 어울리는지 그렇지 않은지를 검토하십시오. 당신의 안목이 더 좋아질 때까지 그것을 연구해야 합니다. 그러면 마침내 당신은 이루게 됩니다. 당신이 아름다운 옷을 소유할 수 없다 하더라도 그것을 음미하도록 노력하십시오. 디자이너들이 갖고 있는 그 감각을 얻어내십시오. 그것은 안 쓰면 없어지는 것입니다. 당신이 값싼 제품들만 가지고 연구한다면 당신의 취향은 향상될 수 없습니다. 그러한 연구는 어떤 것도 결코 시샘을 만들어 내지 못할 것입니다. 시샘이 당신을 교육시키니까요."

「코스모」지의 패션부장인 낸시 밴슨은 패션 감각은 약간의 신경만 쓰면 얻어진다고 말한다. 즉 당신은 맹세코 그것을 충분히 해낼 수 있다고 생각하고 당신 자신이 구성해 낸 옷을 입고 자신 있게 곧바로 외출하는 것이다.

그런데 이 모든 것은 당신이 개성적인 멋쟁이가 되기 위하여 패션을 따르고 싶어한다는 것을 전제로 할 경우의 얘기다. 당신이 꼭 그래야 할 필요는 없다. 일반적으로 사랑받고 있는 많은 여자들도 꼭 그렇지는 않다. 만약 당신의 패션에 무관심하기로 마음먹었다면, 당신은 당신의 옷장에 있는 어느 것이나 그리고 몇 개의 잘 변하지 않는 신제품을 항상 입을 수 있다. 어느 상점도 다 기본적인 옷을 팔고 있다.

내 견해로는 캐리가 말하고 있는 그런 종류의 개성적인 멋과 감각을 갖는다는 것은 40대 이후의 섹스와 같다고 여겨진다. 즉, 성교를 갖지 않고 슬그머니 인생을 보내려 작정할 수도 있고, 혹은 기차 여행을 떠나서 멋진 성생활을 가질 수도 있다.

아무튼 당신은 패션에 무관심한 것보다는 차라리 그것에 참여하여 마치 어떤 게임이나 예술의 형식으로서 그것을 즐길 수 있다면 보다 인생을 멋지게 살아갈 수 있지 않을까 생각한다.

새것은 빨리 사고 낡은 것은 빨리 버릴수록 좋다

이제 당신은 패션에 대한 전체적인 모든 과정을 알려고 하는 것이 아니고 단지 약간만 패션을 따르고 싶을 뿐이라고 가정해보자.

당신은 어떻게 매 계절마다 새로운 모습으로 차릴 수가 있을까? 예컨대 어떤 사람에게 이로움을 줄 수 있을 정도로 남보다 앞서서 그 새로운 것을 얻을 수 있을까?

도움을 받을 수 있는 곳이 세 군데가 있다. 그것은 상점(여기선 새로운 물건을 빨리 판다), 패션잡지(여기선 모든 자질구레한 것으로부터 우리가 무엇을 취해야 하는가를 가려내 준다), 그리고 옷을 잘 입는 사람(이들은 아마 가장 좋은 참고가 될 것이다)이다.

여기에 덧붙여서 당신의 타고난 품성에 맞추어라. 작년에 폭이 넓었다고 생각되는 것이 아마 올해엔 좁아질 것이다. 그래서 옷기장은 확실히 생동감이 난다. 예를 들면 옷기장은 몇 인치 올리거나 내렸다 해서 당신을 괴롭히지는 않을 것이다. 바지통의 폭에 변화를 주는 것도 있다. 즉 뒷면이 좁으면 넓은 쪽의 것을 베어낸다. 옷깃의 폭도 역시 조금씩 줄일 수 있다. 당신의 비단 드레스의 밑부분을 오려내서 튜닉처럼 입을 수도 있다.

나는 비싼 울트라수에드 드레스를 7, 8부 길이로 줄인 적이 있다. 그리고 요사이는 바지나 스커트 위에 튜닉처럼 그것을 입는다.

만약 당신이 정방형 스카프를 맨 멋진 여성을 보지 못했다면 당분간 당신도 그것을 치워버리고 길이 좁은 것을 둘러라. 패션을 좇는 사람들은 어느 누구보다도 낡은 것들을 더욱 빨리 버린다는 것에는 의문의 여지가 없다.

당신이 어쨌든 패션에 따르기 위해 상당히 많은 옷을 사려한다면 남보다 일찍 시작해야 한다. 새로운 형태의 제품으로, 그것이 철이 다 지난 후가 아닌 한창 유행 중에 있을 때 사서 입어라.

새로이 시작하기 위해선 아직도 꽤 쓸 만하다는 것을 당신이 의도했던 때보다도 더 일찍 버려야 할 것이다. 그러나 어떤 좋은 것들, 즉 순수한 비단이나 순 모직은 반드시 없앨 필요는 없다. 구두는 예외이다. 그것들은 잠시 두었다가 다시 쓰도록 하는 것이다.

나는 20년 전에 입었던 핑크색 모헤어스웨터를 올해 꺼내놓았다. 모피는 수년 동안 죽어 있었던 것이다.

약간 옷을 잘 입는 사람들은 옷을 친구들이나 자선사업에 기부한다(이는 세금공제를 받기 위해서 한다). 그리고 다시 시작하려는 노력도 하지 않는다. 그러한 행동은 출세행동가인 보통사람들에겐 터득하기 힘든 일이다. 우리는 모직 프린스형 보라색 코트를 살 만한 돈을 얻기 위해서 많은 어려움을 겪었다. 그런데 어떻게 우리가 그 옷을 넝마가 될 때까지 입지 않으리라고 기대할 수 있겠는가. 아무도 그럴 수 없다고 말하지는 않는다. 단지 패션을 좇는 여성만이 좀더 일찍 쳐박아두던지 버리던지 하는 결단력을 가지고 있다.

당신의 신체에 적당한 것을 입어라

당신이 뚱뚱하지 않다면 사실 어떤 옷이라도 입을 수 있다. 그러나 몇 개의 줄이 들어감으로써 당신의 유별난 몸매에 어느 것보다도 잘 어울릴 수 있다. 우리는 무엇이 큰 가슴에(이는 행운이다), 혹은 좁은 어깨에, 넓은 히프에, 짧은 다리에, 또는 무엇이든지 간에 잘 어울리는지를 일반적인 원칙을 세워서 얘기할 수는 없다. 하지만 어떤 옷이 당신 몸매에 잘 어울리는지 적어도 당신만은 아마 잘 알고 있을 것이다.

나는 당신이 신체의 결함을 고치려 애쓰는 것보다는 당신을 만족시킬 만한 어떤 것을 찾아내는 것이 훨씬 좋다고 생각한다. 이따금 디자이너는 우리 모두에게 어울리는 어떤 작품을 만들어 낼 것이다.

당신은 당신 자신의 옷을 입고 거울을 봄으로써 자동적으로 전문가가 되는 것이다.

당신의 마음에 드는 디자이너를 가져라

몇몇 디자이너는 우리의 명단을 가지고 있는 것 같다. 그러니 당신은 여유가 있고, 그들의 재능을 인정해서 당신도 성실히 신용을 지킬 수만 있다면 그들과 어울려라. 그러나 때때로 디자이너들은 그들 본래의 직업에 싫증을 내고선 당신과는 상관없는 새로운 것에 관심을 갖거나 종사하기도 한다. 그들이 싫증을 내기 시작하거든 되도록이면 빨리 그만두어라. 당신이 충성스럽게 남아 있을 필요가 없다.

나에겐 지금까지 10여 명 이상의 좋아하는 디자이너들이 있었고 앞으로도 많이 있게 될 것이다.

멋지게 옷을 입으려면 액세서리를 많이 가져라

당신은 굉장하게 차려 입은 사람을 보고 흔히 이렇게 말한다.

"아, 정말 멋있군. 저 여자는 자신의 모습을 위해서라면 밥을 굶는 한이 있더라도 옷부터 사고 보는 여자니까 멋일 수밖에 없겠지."

그러나 사실을 그렇지 않은 경우가 많다. 그녀는 그녀가 이미 가지고 있던 옷에다가 약간의 새로운 것을 덧붙여서 그렇게 차려입은 것뿐이다. 항상 놀랄 만하게 차려입는 사람들이라고 해서 꼭 여러 가지 옷을 충분히 사두는 경우는 드물다. 단지 그들은 이미 있는 옷을 잘 이용하여 입을 줄 아는 센스가 뛰어날 뿐이다.

그렇다. 당신도 벨트나 팔찌, 스카프나 양말 등의 의상을 보조할 수 있는 액세서리만 다양하게 갖추고 있다면 보다 쉽게 훌륭하게 성장한 모습을 지닐 수 있다. 물론 당신이 가난할 때엔 이런 것도 충분히 살 수 없고 놀랄 만한 것들을 구입할 수도 없다. 그러나 출세한 후에 당신은 그것을 원해도 무방하다.

색깔을 찾아라

「코스모폴리탄」지는 최근에 색깔에 대한 조언을 어떤 책에서 발췌해 게재했다. 우리는 여기에 주의를 해야 한다. 그들은 이렇게 말했다.

"당신은 이보다 더 밝은 흰색은 입지 마십시오. 당신의 피부색인 베이지색을 입으십시오. 그리고 눈의 색인 갈색을 입으십시오."

그리고 당신이 좋아한다면 어느 색이든지 입을 수 있다고 생각한다. 그리고 당신이 좋아하는 색이 당신에게 어떤 이로움을 줄 것이다. 만약에 당신이 어떤 색을 좋아해서 그 색을 입었는데, 당신이 볼품없이 보인다면 그것은 부엌의 커튼으로나 써라.

당신이 좋아하는 색이지만 그 색이 당신에게 잘 어울리지 않는다면, 보이지 않는 곳에 감춰 둬라. 나는 검정색이 좀 새롭게 보이는 것 같아 그 색으로 캐미솔을 해 입었다. 그러나 검은색은 가슴이 처지고 허리까지 터놓아서 진주나 수정으로 장식한 검은 드레스와는 어울리지 않았다.

바겐세일을 재치있게 이용하라

나는 세일에 있어서는 별로 행운이 없어서 「코스모」지의 패션부 연락담당자인 크레첸 파크슨씨에게 그녀의 구입법을 물어 보았다. 그녀는 옷을 30% 세일하는 곳에서 사고 나머지는 할인 상점에서 구입한다고 했다. 그녀의 구입법은 다음과 같다.

1. 세일하는 데서 사도 좋은 물건은 란제리, 구두와 부츠, 코트 등이다. 거의 모든 코트는 1월에 세일을 한다. 필요하더라도 세일 때까지 참고 기다려라.
2. 고급 상점이나 백화점의 세일을 이용하여라. 바로 여기에 좋은 상품에 대해 연구하고 구입할 수 있는 기회가 있는 것이다.

3. 당신은 자기가 가지고 있지 않는 옷들을 이상적으로 채워 놓도록 노력해야 한다. 당신 옷장의 품위를 높일 고상하고 고전적인 옷을 찾아라. 즉 당신이 이미 가지고 있는 것들을 더욱 고상하게 만들 수 있는 멋진 것들로 말이다. 이따금 당신은 이성을 잃은 나머지 오직 아름답기만 하고 실용적이지 못한 어떤 것을 정신없이 사들일 수도 있다.
4. 당신이 어떤 옷을 좋아하지만 그것이 당신이 가지고 있는 어느 것과도 잘 어울리지 않는다면 그냥 두고 넘어가라. 그렇지 않으면 그 옷과 어울리는 것을 세일하는 곳에서 함께 사라. 그러면 당신은 마침내 완전한 정장을 하게 될 것이다.
5. 혼합사는 멀리하고 완전한 모직, 비단, 면직을 얻도록 하라. 당신의 옷장 속에 혼합사로 된 것들이 있다면 그것들을 칼이나 가위로 잘라버려라.
6. 비용을 줄이기 위해 너무 하찮은 옷을 사지 말라.
7. 색이 바랐거든 그냥 내버려 둬라.
8. 세일에서 구입한 후에 그것들을 다른 옷과 나란히 놓고는 15분 정도를 찬찬히 뜯어보아라. 그리고 당신이 한 일에 대해 확신을 갖고 있는지 곰곰이 생각해 보아라. 당신이 생각을 끝내고 제자리로 돌아왔을 때 가장 좋은 일은 당신이 80달러를 절약했다는 사실이다.

깜찍하고 발랄한 여성의 의상 계획

이제 돈은 그렇게 많지는 않지만 멋쟁이가 되고 싶은 당신을 위한 특별한 의복 계획은 어떤 것일까? 나는 돈을 많이 가지고 있지는 않지만 훌륭한 취향을 가지고 있는 여자를 위하여 어떠한 조언을 해줄 수 있는가에 대하여 물어보았다. 그 중 한 사람은 「코스모」지의 패션부장인 낸시 밴슨이고 또 한 사람은 패션의 상가인 질 캐시디이다. 그들은 따로 연구를 하였지만 상당히 많은 점에서 의견을 같이 하고 있기 때문에 나는 그들의 조언을 총괄하여 얘기해 보겠다.

우선 유명상표의 옷에 당신 피복비의 많은 양을 할애하라. 당신은 평일날이면 당신의 직장에서 8시간을 소비한다. 따라서 당신이 멋지게 보이는 것은 결코 나쁘지 않을 것이다.

매 계절마다 진하거나 혹은 중간 정도의 색으로 스커트 한 벌과 바지 두 벌, 혹은 바지 한 벌과 스커트 두 벌을 구입하라. 두세 벌의 새 블라우스나 원피스를 갖추어 놓아라. 똑같은 두 벌의 스웨터를 구입하면 돋보일 것이다.

좋은 겨울 코트를 하나 사라. 이때 사람들은 아주 멋진 상태에 있는 당신을 보게 된다. 그리고 당신은 옷장 속에서 색감이 고전적인 옷을 골라 입음으로써 가장 멋지게 보이고 싶어할 것이다. 모피는 당신이 그것을 살 수 있을 정도가 될 때까지는 잊어버리기로 하라. 당신은 사실 그것 없이도 지낼 수 있다.

좋은 레인코트 하나를 마련하라. 그것은 가격이 다양할 뿐 더러 비가 오나 눈이 올 때는 물론이고 계절이 바뀌는 때에 입는 옷으로도 좋은 해결책이 된다.

계절마다 두 개 이상의 구두를 사지는 말라. 그리고 두었다가 후에 신어서도 안 된다. 왜냐하면 구두의 모양이 계절마다 급격히 변하기 때문이다. 가방의 스타일은 그렇게 빨리 변하지는 않는다.

계절마다 새롭고 좋은 핸드백을 하나 구입하면 꽤 좋을 것이다. 호화스러운 앙고라 스웨터에 어울리는 새틴 바지, 그리고 매력적으로 보이는 구두나 부츠, 진짜 보석의 엄청난 품목, 그리고 당신에게 있어서 특별하고 정당해 보이는 어떤 것도 역시 마찬가지이다.

개성을 강조하기 위해서는 액세서리를 이용하라. 보헤미안적 영혼을 표현하기 위해선 아마 목걸이나 팔찌가 좋을 것이고 당신의 패션의 특징을 보이기 위해선 밝은 색깔의 스카프를 특별나게 다른 방법으로 매는 것도 좋다.

일단 당신이 액세서리에 몰두하게 되면 결코 그것을 내팽개치지 말라.

질은 야회용으로 실크 세퍼레이츠의 옷에 주의하라고 말한다.

맨위 단추는 풀어놓을 수 있다. 그렇지만 그 다음 것은 풀어놓지 마라. 그리고 큰 벨트를 해라. 당신은 또한 외출용으로 입는 하의와 어울리는 실크셔츠를 사무실에서도 입을 수 있다. 겨울에 야외용 외투로서는 중간 색조의 케이프가 인상적이고 따뜻하며 모직으로 되어 있어도 그렇게 비싸지는 않다고 질은 말한다. 낸시는 위조 모피도 좋다고 제안한다. 케이프나 모조품은 외출용으로 또한 효과가 있다.

여름엔 당신은 진이나 티셔츠, 샌들, 그리고 벨트 또한 당신이 구입해 온 좋은 백들 중 하나로 멋지게 꾸밀 수 있다. 여름옷에는 돈을 쓰지 말아라. 진이면 어느 곳에서나 충분하다. 당신이 당신 자신에 대해서는 가장 잘 알 것이다.

드레스를 구입하는 것에 대해서는 하고 싶은 대로 해라. 당신은 야외용과 근무복으로서 정장을 하거나 혹은 아무렇게나 입기 위한 좋은 기본형 드레스를 원해도 좋다.

될 수 있는 대로 무엇이든지 할인 상점을 이용해라. 세일하는 것을 기다렸다가 어쨌든 당신이 사고 싶어했던 것만 구입하라. 다는 제품에는 눈길을 돌리지 말아라. 조그맣고 검은 모직 브라자가 당신의 옷차림에 어울릴 것이라고 결정을 하게 되면 다른 물건이 아무리 싸다 할지라도 그것만 사야 되며 곤색 벨벳 스커트나 다른 것들로 인해서 유혹이 되어서는 안 된다. 만약 그런 여자가 있다면 그녀는 세일에 관해서는 그레첸보다도 더 맹렬적인 사람이다. 사고 싶은 충동은 돈이 생길 때까지 미뤄 두어야 한다.

순모나 순비단 같은 좋은 제품은 결코 내버리지 말라. 잠시 챙겨 놓았다가 다시 유행하게 되기를 기다려라.

당신의 옷은 어울려야 한다. 그렇지 않으면 옷을 고쳐 보아라. 곧 어울리게 될 것이다.

옷은 구석구석이 대단히 깨끗해야 한다. 즉 간편하고, 때 묻지 않고 상쾌해 보이고 신선한 감이 있어야 한다. 중요한 점은 바로 그것이다. 신선하고 쾌활함이 여러 다른 점들을 보상해 준다. 그런데 그 쾌활하다는 것은 머리, 화장, 손톱, 발톱 등에도 적용된다. 좋은 조건에 있는 여러 가지가 옷을 별로 많이 가지고 있지 않다는 약점을 보상해 준다.

대단히 비싼 옷을 당신 옷장에다 갖추어 놓는 것에 대해서 한 마디 하겠다. 당신 옷장에 있는 모든 것들이 수수한 것뿐인데 당신은 이제 천 달러 정도의 돈을 푼푼히 긁어모았다고 가정하자. 이때 그것으로 천 달러짜리 크리스챤 디오르의 옷을 구입했다고 하면 어떻겠는가? 아마 아무도 보통의 옷들 속에 그 멋진 디오르의 옷이 있다는 것을 알아채지 못할 것이다. 따라서 이런 경우에는 이미 있는 옷들과 잘 어울릴 수 있되 너무 싸구려가 아닌 몇 가지의 옷을 구입하는 것이 더욱 현명하다. 그렇다고 이것이 너무 화사한 스웨터나

벨트 혹은 셔츠, 그리고 당신을 매혹시키는 모든 것들을 멀리하라는 의미는 아니다.

스스로 옷을 만들어 입어라

이유는 모르겠지만 집에서 옷을 만들어 입는 것이 유행되고 있다.

그렇지만 소수의 사람만이 잘 만든다. 나는 그런 사람 중의 하나인 서적 편집자 낸시 코페이에게 그녀의 방식을 가르쳐달라고 했다. 그녀는 이렇게 말했다.

"나는 대부분의 젊은 여성들에게 장래를 위해 바느질법을 배우라고 충고해 왔습니다. 옷값이 이렇게 엄청난 데 어떻게 바느질을 하지 않을 수 있습니까?"

초보자가 저지르지 말아야 할 실수는 다음과 같다.

주름치마를 만들기 위해 뻣뻣한 옷감을 고르는 일, 그리고 너무 까다로운 패턴을 고르거나 너무 복잡한 재봉틀을 사는 일이 그것이다. 앞뒤로 움직이는 재봉틀은 숙련된 재봉사에게 알맞다.

기본형의 선으로 된 단순하고 복잡하지 않은 디자인을 택하라.

당신에게 잘 맞을 것 같은 기본 패턴과 스타일을 골라라. 그리고 모든 색상과 직물, 우아한 스타일과 스포티한 스타일, 그리고 겨울형과 여름형 등등으로 그것을 자꾸만 반복하라. 당신은 각 패턴이 어떻게 나타는지 정확히 알게 될 것이다. 그러면 곧 더 이상의 실수는 없게 되며 당신은 두세 시간 정도로 스커트 하나는 쉽게 만들 수 있을 것이다.

초보자들에게 가장 적당한 것은 약간 에이라인(A-line) 형인 스커트와 헐거운 바지, 그리고 재단이 필요 없는, 즉 소매나 칼라가 없는 옷들이다. 우리는 그것과 어울리는 아주 좋은 블라우스나 스웨터 그리고 좋은 단추를 언제든지 살 수 있다. 그리고 당신은 집에서 그것들을 만듦으로써 더욱 많은 돈을 절약할 수가 있다. 야외복은 거친 직물로도 실시할 수 있기 때문에 만들기가 재미있다. 그리고 다시 간단한 패턴을 착수하는 것이다. 보그의 패턴은 비록 비싸긴 하지만 가장 분명하고 뚜렷한 지침이 된다.

항상 가장 좋은 천, 즉 캐시미어나 실크, 순수 린넨, 그밖에 다른 것들을 사라. 그러면 더욱 멋진 옷이 되고 더욱 오래 입게 된다.

그것이 비싸지고 당신이 만들고 있는 것이 무엇이든간에 시간과 정력을 많이 쏟게 되지만 그 결과는 놀랄 만한 것이 된다. 좋은 옷감은 항상 돋보이게 마련이다.

모든 솔기를 꿰매기 전에 그리고 바느질한 직후나 옷의 다른 부분과 연결하기 전에 다림질을 하라. 이 규칙은 상당히 중요하다. 그러면 솔기가 면도날처럼 날카롭게 보이고 옷 전체는 더욱 매끈해진다. 옷이 완성될 때까지 계속해서 각 솔기를 다림질하라. 그것은 여러 번 다림질 해야 한다.

마지막 단계는 집에서 만들었다는 생각 때문에 위축되지 말라는 것이다. 천천히 그리고 신념을 가지고 계속해 나가라. 그리고 다음 단계로 넘어가기 전에 그 각 단계를 확실히 이해하고 넘어가라. 그 비결은 너무 복잡하게 하지 않는 것이며 그렇게 되면 모든 옷이 성공적으로 만들어질 수 있다. 창작한다는 사실을 즐기도록 하라.

여행복

나는 여행을 위한 옷을 완벽하게 꾸미는 방법은 없다고 생각한다.

이 말은 당신이 모든 잡동사니를 가지고 다닐 수 없다는 뜻이다. 즉 당신은 대개 새롭고 신선한 것에 만족해야 한다.

여전히 다음의 네 가지 일이 당신을 신경 쓰게 한다.

첫번째는 날씨다. 당신이 집을 떠날 당시의 「뉴욕타임지」에 예보된 날씨는 런던에 도착했을 때엔 이미 그렇지 않을 수도 있다.

두번째는 불의의 사태이다. 여행 중에 특별한 옷을 필요로 하는 예기치 않은 일이 일어난다. 당신은 칵테일 파티용 드레스를 가져왔는데, 갑자기 그 파티는 서부식 야외파티로 바뀌었다. 그렇게 되면 물론 당신은 집의 옷장 속에 15벌이나 되는 진을 두고서도 어쩔 수 없이 당신은 끈없는 검은 시퐁천의 옷을 입어야 한다.

세번째는 당신이 아직 여행을 떠나고 있지 않는 동안에 그곳에 대한 중계방송을 듣고는 비현실적인 느낌을 갖게 되어 당신이 짐을 꾸리는 것을 방해하게 된다. 당신이 비록 그곳에 가본 적이 있다고 하더라도 당신은 사람들이 식당이나 사무실, 그리고 거리에서 어떤 차림을 하고 있는지를 전혀 기억해 낼 수 없다. 당신이 있는 그곳의 창 밖에는 6인치 정도의 눈이 쌓였는데 어떻게 당신은 푸에르토리코에 알맞은 속이 훤히 비치는 면옷을 준비할 수 있겠는가?

네번째는 당연한 열등감이다. 당신이 아무리 꼼꼼히 준비를 했다고 할지라도 당신은 조그만 그 방문한 도시에서 잘 차려입은 여자를 보게 될 것이다. 그녀는 훌륭한 조방사 실크 슈트에 페리가모 샌들을 신었고, 이태리에서 만든 핸드백에 24개의 금팔찌를 하고 있다.

당신은 고작 투박한 시계와 낡아빠진 브로치를 하고 있을 뿐인 데 말이다. 그리고 그녀의 훌륭한 이태리제 실크 블라우스 밖으로 비단결 같은 부드러운 얼굴이 나타난다. 아, 위압감! 당신은 굴욕을 느끼고 울화가 치밀어올라 당신의 옷을 모두 벗어 시궁창에 던져 버리고 싶어질 것이다. 하지만 너무 상심할 것은 없다. 그 새로운 도시나 나라에서 2~3일이 지나면 당신은 가지고 온 옷을 새로 산 몇 개의 옷과 조화를 맞추어 입음으로써 그 분위기에 맞추어 좀더 멋지게 보이게 될 것이다. 그것은 적어도 나의 경험인 것이다.

짐을 꾸리는 것에 대해서 한마디 당부를 하도록 하자.

첫째, 지나치게 많이 챙기지는 마라. 일반적으로 사람들은 여행할 때에 별 필요도 없는 짐까지 다 꾸리는 버릇이 있다. 그리고 가방 하나에 모든 것을 꽉 채워 넣는 것은 좋지 않다. 되도록이면 두 개 정도의 가방에 적당히 나누어 넣으면 가방의 지퍼를 올리건 단추를 잠그려 애쓰지 않아도 될 것이다. 만약에 많은 도시를 여행한다면 가방을 하나만 준비하는 것이 좋겠다.

둘째, 일 년 중 이때쯤, 그리고 이곳에서 필요하다고 생각되는 옷보다는 좀더 따뜻한 옷 한 벌(스웨터가 어떨까)과 좀더 가벼운 것 한 벌(실크 드레스가 좋겠다)을 가져가라. 그 옷이 당신이 매일 입게 될지도 모른다.

셋째, 8~10형 갈색 보자기를 두세 개 가져가라. 쇼핑 영수증과 여행 중에 오려낸 신문 기사, 그리고 새로운 친구의 주소 등을 싸두기에는 당신의 주머니보다 보자기가 더욱 좋다.

그리고 여행에서 집으로 돌아오게 되면 당신의 화장 가방을 즉시 보충해서 채워 놓아라. 그 순간에 당신은 무엇을 다 써버렸는지 기억해 내게 될 것이다. 그 다음 번 여행 때까지는 다 잊어버리게 될 것이기 때문에 모든 훈련된 상태에 있는 그것을 조사해야만 할 것이다.

당신이 여행을 하던 집에 있던 옷에 대해서는 이 점을 말하고 싶다.

멋진 여자와 다른 사람을 구별지을 수 있는 방법은, 멋진 여자는 충분히 많은 옷을 입는다는 사실이다. 지독한 여자는 너무 아낀다.

그들은 피터팬 칼라를 할 것이지만 그것을 여미기 위한 브로치는 착용하지 않을 것이다. 그들은 모든 것을 끝까지 다 준비하기를 거절한다. 즉 보석이나 스카프, 벨트, 주머니 속의 손수건, 그리고 무릎까지 오는 양말 등 모든 것을 말이다. 팔찌는 옷을 빈약하게 입는 사람이 제일 잘 빠뜨리는 품목이다.

내가 다이안 폰 푸르스텐버그를 맨처음 보았을 때 나는 그녀가 착용하고 있던 것들을 셀 수가 없었다. 그리고 그녀의 대단한 용모도 또한 흠잡을 데가 없었다. 나는 그녀의 목도리, 목걸이, 옷깃의 핀, 그리고 귀걸이와 두 개의 벨트, 손목시계, 소가죽 부츠 등을 하나하나 세어 보았다. 그녀의 액세서리는 저속한 것이 아니었고 완벽하였던 것이다.

헨리 벤텔의 소유주이며 회장인 제랄딘 스투츠는 항상 완벽하다.

패션 그룹의 점심식사 때뿐만 아니라 사무실에 갈 때에도 그녀는 귀걸이와 팔찌, 반지, 브로치, 그리고 종 모양의 모자를 쓴다. 만약 내 말이 이런 여자들을 조롱하거나 부담스럽게 만드는 것처럼 들리거든 그 말을 잊어 버려라. 아무튼 그들은 성스러울 정도로 밝고 자유스러워 보인다. 나는 많은 알뜰 살림꾼들은 옷을 충분히 입지 않는다고 생각한다. 왜냐하면 그들이 그것을 가지고 있지 않기 때문이 아니라(팔찌는 싸구려 상점에서도 팔고 있다) 그 모든 것을 다 한다는 것은 당신이 자기 자신과 패션에 대하여 너무도 진지하게 받아들이고 있다는 것을 의미하기 때문이다.

이 모든 것은 당신이 알고자 원하는 것보다 더 많을지도 모르겠다. 하지만 어쨌든 모든 패션 규칙에 유혹되어서는 안 된다.

당신이 가장 많이 입을 옷에만 돈을 소비한다면 당신은 결코 예술적인 야외용 가방을 사지 말아야 한다. 이미 우리가 말해 왔듯이 패션세계에서의 유일한 규칙은 패션에 취미를 갖고 그것을 즐기는 것이다.

08 운동
SPORTS

> 운동은 내 생활의 일부이다.

운동은 확실히 신체 균형을 좋게 하고 폐활량을 늘려주며 머리를 맑게 하고, 잠을 잘 자게 한다. 운동이 이처럼 좋다는 것은 누구나 다 잘 알고 있으나 그것을 실천하기란 참으로 어렵다. 어렵기 보다는 아마 결단력이 없다거나 게으르기 때문이라고 말하는 것이 더 정확한 표현이 될지 모르겠다. 나는 사실 마흔일곱 살이 넘어서야 겨우 운동을 시작했다. 그것도 운동의 성과에 대한 그 어떤 큰 기대도 없이 말이다.

나는 열 살, 꿈많은 고등학교 시절 때 다른 아이들이 체육관에 들어가서 운동을 하는 동안 나무그늘에서 쉬기만 했다. 그들이 하키 운동장으로 나가거나, 야구장에서 줄을 서거나, 또는 배구팀을 나누어 만들 때도 나는 20여 명의 몸이 허약한 친구들과 같이 우유 한 잔과 비스켓 두어 개를 먹고는 한 시간 동안 자곤 했다.

학창시절 때 운동경기라곤 단 한 번 농구경기에 참가한 적이 있었다. 그런데 슛을 하려고 막 폼을 잡는데 우리 팀의 모든 사람들이 큰소리로 외치며 내 동작을 막는 것이었다. 어이없게도 나는 우리편 골대에 슛을 하려고 한 것이었다. 그러나 그들은 소리를 치면서 나를 말릴 필요는 조금도 없었다. 내가 쏜 슛은 골대 근처에도 못 미쳤으니 말이다. 이 밖에도 나는 배구나 테니스에서 단 한 번도 공을 상대방 코트로 넘기지 못해 창피를 당하곤 했다.

이와 같이 운동과는 담을 쌓고 지내온 내가 어떻게 해서 운동을 시작했는지 그 정확한 동기와 시기는 알 수 없지만 어쨌든 지금 나는 단 하루도 거르지 않고 매일 한 시간씩 운동을 할 만큼 운동에 열중해 있다.

내가 눈을 다쳐 입원했을 때도 나는 눈을 감고서 운동을 해야만 몸이 가뿐해졌다. 학창시절에 그렇게도 운동을 싫어했던 내가 지금은 왜 이렇게 운동에 열중하고 있는가? 이제 나의 체험으로 얻은 운동의 효과에 대해 이야기해 보겠다.

운동은 힘을 솟게 하고
기분을 상쾌하게 한다

보통 늘 운동을 하는 사람의 몸은 컨디션이 운동을 하지 않는 사람과 다르거나 보다 낫다고 이야기한다. 그들은 보다 정력이 강하며 병에 잘 걸리지 않는다. 운동은 질병으로부터 우리를 보호해 준다.

뛰는 운동을 하는 사람에 관해 이야기해 보자. 만약에 그가 운동을 그만둔다면 심장기관계는 심장에 피를 공급하기 위한 박동을 충분히 할 수 없으며, 호흡기계는 필요한 산소를 충분히 공급할 수 없어 그는 심장질환에 걸릴 것이며 심한 스트레스를 느낄 것이다.

그 사람이 쉬지 않고 운동하여 그 두 기능계를 운동시킨다면, 그는 매일 달리기를 할 수 있으며 또한 두 기능계도 제 기능을 충분히 발휘할 수 있어 항상 기분이 상쾌할 것이다. 요양소에 있는 할머니께 혈압상승과 호흡곤란에 대해 물어보면 육체의 기능은 운동을 하면 쉽게 제 기능을 발휘케 할 수 있다는 것과 스트레스가 왜 생기는가를 알 수 있을 것이다.

물론 스트레스는 즐거운 일을 할 때도 생기는 수가 있다. 이를테면 성관계를 맺는다든가 혹은 운동경기를 관람하기 위해 스타디움의 계단을 올라가는 도중에도 일종의 스트레스가 생긴다.

운동을 규칙적으로 하는 이유는 심장계와 호흡기계의 최적의 건강 상태를 유지하기 위해서이다. 요즘은 젊은 사람들조차 추한 몰골을 하고 있다. 불과 몇년 전 미 육군에서는 입대시험에 응시한 사람 중 50% 이상을 탈락시켰다. 그 이유는 탈락자들의 체격이 볼품없는 약골이어서 늙은 사람같이 건강하지 못했기 때문이다.

운동의 필요성에 대해 두 가지를 더 말해보겠다. 뉴욕 항만 노동자에 관한 연구보고가 있었다. 그들은 생활고에 찌들려 잘 먹지 못했고 보통사람들보다 20파운드 몸무게가 더 나갔으며 그들은 건강하여 병에 잘 걸리지 않았다. 왜냐하면 그들은 일터에서 육체적인 일을 계속했기 때문이다. 이것에 관해 최근에 듀크대학에서 연구하여 「뉴욕타임즈」에 게재한 것을 보면 '규칙적인 육체적 운동은 사람의 피가 굳는 것을 녹이는 데 크게 영향을 미치며, 성장기에 있어서 육체적인 운동은 심장과 혈관의 질병을 격감시킬 수 있다.'고 하였다.

물론 당신은 지금은 건강하니까 운동에 대한 필요성을 별로 느끼지 않을지 모르겠다. 그러나 그 건강이 오래도록 지속되리라는 보장은 없다.

60세가 가까워오는 내 친구 중의 한 사람인 쥬디 드로건은 내게 이렇게 말하고 있다.

"운동은 내게 힘을 솟게 만든다. 내가 너무 피곤해서 걸어다닐 힘이 없어도 운동을 하고 나면 힘이 솟고 기분이 상쾌해진다. 나는 운동을 하지 않으면 우리에 갇힌 동물처럼 힘이 없어진다."

운동이 우울증이나 고독감에 빠져 있는 사람의 마음을 새롭게 일깨워 준다는 것은 과학적으로도 입증되고 있다. 위스콘신대학에는 우울증에 관해 연구하는 세 개의 그룹이 있었다. 한 그룹은 몸을 천천히 움직여 일을 했고, 다른 그룹은 흥분제를 먹었으며, 그리고 나머지 한 그룹은 아무 것도 하지 않고 혼자 조용히 있었다. 천천히 일을 한 사람들은 마침내 우울증을 벗어났다.

나는 구태여 이러한 실험결과가 아니더라도 우울증에 운동이 대단히 큰 효과가 있다고 단언할 수 있다. 나는 아침에 일어나 기분이 좋건 안 좋건 간에(때때로 나는 심한 우울증에 빠져 있기도 하다) 한 시간 정도 운동을 하고 나면 신기할 정도로 기분이 상쾌해진다. 몸의 건강이 풀어지면서 머리속에 가득 찬 독소가 말끔히 제거되어 기분이 상쾌해진다.

운동은 섹스에 도움을 준다

당신은 침실에서 당신의 상대에서 멋지게 보이고 싶을 것이다.

운동을 하게 되면 근육이 생기고 몸매에 균형이 잡혀 당신의 섹슈얼한 모습을 한층 돋보이게 할 수 있다. 뿐만 아니라 당신은 적당히 근육이 붙은 당신의 몸매에 스스로 반하게 될 것이다. 스스로의 육체를 통해 희열을 느낀다는 것은 매우 중요하다. 왜냐하면 자기의 몸매가 멋있고 건강하다고 느낀다는 것은 나도 섹스를 즐길 수 있다는 자신감을 주기 때문이다. 당신이 운동을 하고 있다면 실제로 운동이 섹스에 얼마나 큰 도움을 주고 있는가를 충분히 느끼고 있을 것이다. 즉 운동을 하지 않을 때는 도저히 상상도 못했던 체위로 섹스를 즐길 수 있게 한다.

운동의 결과가 아니면 도저히 불가능한 이러한 체위를 통해 남자들은 덩치가 자그마한 야들야들한 여자들이 희열을 참지 못하여 "오! 헨리! 나 미칠 것 같아요!"라는 말을 하는 것을 듣게 될 것이다. 지금 내 귀에는 운동으로 단련된 날씬하고 건강한 아가씨들의 희열에 찬 괴성이 들리는 듯하다.

운동은 아무 옷이나
몸에 잘 어울리게 만든다

늘씬한 체격에는 티셔츠나 칵테일파티용 저어지 또는 짧은 바지 등 아무 옷이나 잘 어울린다. 당신을 바라보는 사람들은 당신의 체격을 보고 선천적으로 당신을 멋있고 세련됐다고 생각할 것이다.

그러나 당신은 당신의 그러한 체격은 운동과 음식 조절의 결과라는 것을 잘 알고 있을 것이다. 음식 조절은 당신을 날씬하게 할 것이며, 운동은 당신의 체격을 딱 벌어지게 한다. 그래서 다른 사람이 손가락으로 당신의 배나 팔뚝을 찔러도 손가락이 들어가지 않는다.

옷을 입을 때마다 무슨 옷을 입을까 하고 고심하는 사람들은 지금부터라도 운동을 시작하라. 그러면 그런 쓸데없는 고민이 사라질 것이다.

지퍼가 달린 옷이나 앞이 터진 옷이나 또는 스커트나 바지나 어떤 옷을 입고 나가더라도 사람들은 당신을 아마 패션모델쯤으로 착각하게 될 것이다.

운동은 세상을 자신있게 살아가도록 한다

열심히 쉬지 않고 운동을 하는 사람들은 그 나름대로의 여러 가지 이유를 가지고 있을 것이다. 그 가운데 가장 큰 이유 중의 하나는 그들이 운동에 몰두한 후 운동을 통해 자신의 의지를 시험해보려는 의도가 아닌가 생각한다. 실패나 혹은 죽음까지도 대항하여 싸울 수 있는 의지력 말이다. 당신이 선택한 규칙적인 운동은 무기력해지는 자신을 일깨워주고 세상을 바르게 살아갈 수 있는 자신감을 주기 때문이다.

이미 말했듯이 육체적인 건강을 유지하기 위해 운동은 필요 불가결한 것이지만 더 나아가서는 정신적인 향상을 하기 위해서도 엄숙하고 진지하게 운동을 실행해야 한다.

운동은 나이를 의식하지 않게 한다. 나는 죽음을 두려워하지는 않는다. 그러나 여성미를 잃고 남자들에게 매력을 주지 못한다는 것은 생각만 해도 끔찍하고 두렵다. 내가 만약 지금이라도 죽는다면 사람들의 기억속에 매력적이고 건강한 하나의 여성으로 남아 있을 것이다. 그러나 여성미를 잃고 허약해진다면 남성들에게 버림을 받게 되고 영원히 고독하고 볼품없는 여성이 될 것이다.

운동이야말로 세상을 자신 있게 살아갈 수 있는 힘을 주는 것이다.

운동은 타인을 위해서가 아니라 자기 자신을 위해서 하라

운동은 당신의 침대에 같이 누워 있는 당신의 육체를 계속 매력적으로 느끼게 만든다. 그렇지만 당신은 대부분의 시간을 침대에서 보내지 않는다. 당신은 옷을 입고 있는 시간이 벗고 있는 시간보다는 더 많다. 때문에 남자들은 당신의 벗은 몸을 보지 않고서는 당신이 운동을 했다는 사실조차 알아차릴 수 없을 것이다. 그렇다고 해서 남자들에게 당신의 몸매를 보여주기 위해 핫팬티나 가슴이 다 들어나는 옷을 입고 다닐 수도 없는 노릇이다. 아무튼 당신은 당신을 위한 것이다. 너무 남을 의식하지 말라.

또한 당신의 친구들이나 애인은 당신이 힘든 운동을 하는 것을 달갑게 생각하지 않을 수도 있다. 당신이 45회 이상 팔굽혀펴기 운동을 한다거나 누워서 두 다리를 45도 각도로 들고 3분 20초 이상 참아내는 모습을 당신의 사랑하는 사람이

본다고 생각해 보라. 그렇게 즐거운 일만은 아닐 것이다.

한때 나는 36시간 동안이나 단식하고 난 후 위경련이 일어나 혼이 난 적이 있었다. 그때에도 나는 곧 일어나 운동을 했다. 이것을 본 나의 남편 데이비드는 불쾌한 표정으로 나에게 콕 쏘아 붙였다. "당신 죽으려고 환장했구만! 내가 꼭 당신이 죽는 것을 보아야만 속이 시원하겠소?" 하고 말이다.

그러나 나는 이렇게 해야만 기운이 솟고 기분이 상쾌해진다는 것을 그에게 어떻게 설명해야만 그가 이해할 수 있을까?

아무튼 운동하는 데 있어서는 친구나 애인들을 의식하지 말라.

그리고 그들에게 당신의 몸매가 얼마나 날씬해졌는가를 굳이 물어볼 필요도 없다. 당신 스스로가 옷을 벗고 보면 날씬해진 것을 확인할 수 있다. 그리고 난 후 어떤 운좋은 사람이 나타나서 당신의 날씬한 몸매를 보고는 성급하게 침을 흘릴 것이다.

인치로소(INCH LOSS) 작전

체격과 용모는 나면서부터 거의 고정되어 있다. 큰 눈, 예쁜 귀, 날씬한 다리, 탄력 있는 가슴…… 이 모든 것을 가지고 태어났다면 얼마나 좋을까?

불행히도 조물주는 우리에게 좋고 아름다운 것만 골라 주지는 않는다. 그러나 염려할 것은 없다. 매력, 특히 성적인 매력을 갖기 위해서는 당신의 신체 중에서 몇 가지의 부분만을 잘 가꾸는 것만으로도 충분하다. 즉 다리, 히프, 허리, 가슴 등이 그것이다. 이런 부분은 운동을 함으로써 자신도 놀랄만큼 군살이 빠지고 날씬하게 가꿀 수가 있는 것이다.

이것이 바로 인치로소(inch loss) 작전인 것이다. 나도 히프사이즈를 40인치에서 36인치로 줄였다.

날씬한 몸매는 체중감량과 탄력성으로부터 오는 것이며 체중감량은 다이어트로 이룰 수 있고 탄력성은 운동으로부터 얻을 수 있다.

아름답게 보이기 위해서는 좋은 자세를 유지하라

자세는 운동에 있어서 매우 중요한 부분을 차지한다. 어깨는 뒤로 펴서 자연스럽게 내리고(육군사관학교의 하급생도와 같이) 엉덩이는 안으로 잡아당겨 위로 치켜올리면 훨씬 더 아름답게 보일 수 있다. 그러나 그것을 기억하고 실천하기는 매우 어려운 것이다.

어떤 행운아들은 자기 부모들로부터 똑바로 서고 앉도록 교육을 잘 받지만, 우리들 대부분은 결국 자라서 허리가 굽어지게 된다. 좋은 자세를 유지하는 방법은 항상 자세에 관해서 신경을 쓰는 것이다. 당신 스스로 자신을 보살펴야 하는 것이다.

마이클 애브럼은 자세에 관한 한 전문가이다. 그의 헬스클럽을 방문하면 체중감량에 대한 공포심을 가지게 되는데, 이러한 두려움은 여러 해 동안 축적된 비곗살을 **빼면** 신체에 무리가 오지 않을까 하고 걱정하는 데서 오는 것이다.

의자에 앉을 때는 의자 깊숙이 엉덩이를 들이밀고 어깨는 뒤쪽으로 펴서 자연스럽게 내려라. 마치 석고상 같이 보일 것이다.

당신의 등을 벽에 밀착시키고, 양손은 당신의 코높이까지 깍지를 끼고, 발뒤꿈치는 벽에서 1인치 가량 띄우고, 허리는 벽에 강하게 밀착시키며 배를 잡아당겨라. 이것이 바로 완벽한 자세이다. 그런 자세로 걸어다녀 보아라. 더욱더 훈련을 쌓고 싶다면 약 70cm 길이의 빗자루나 지팡이 혹은 우산을 양쪽 어깨뼈 위에 가로 질러놓고 거기에 팔을 굽혀 오목한 팔꿈치 부분을 끼고 손은 어깨넓이보다 조금 더 벌리고, 손목은 펴보아라. 그런 자세로 한 번 걸어다녀 보아라.

지금까지도 나는 자세를 고치지 못했지만 반드시 고치기로 결심하고 지금도 항상 자세 연습을 하고 있다.

헬스클럽에 꼭 다녀야만 하는가

  대도시에는 각기 다른 훈련방법과 다른 운동기구들을 가진 수십 개의 헬스클럽들이 있다. 친구들에게 그들은 어느 헬스클럽을 다니는지 묻거나 전화번호부에서 찾아서 여러 헬스클럽에 전화를 걸어 문의하라. 거의 모든 헬스클럽에서는 자기들의 시스템이 최선의 방법이고 다른 시스템을 사용하면 몸에 해롭다고 주장한다. 물론 모두 잘못된 이야기이다. 규칙적인 운동이라면 어떤 것이든지 몸에 좋은 것이다.

  나는 특히 대퇴부와 겨드랑이의 군살(둘 다 굉장하였다)을 빼기 위해서 두 달 동안 맨하탄 58가에 있는 작지만 훌륭한 헬스클럽에 다닌 적이 있다. 지도교사인 캐로라는 열성적이었으나 나는 그 클럽에 가서 옷을 벗어 타이츠로 갈아입고, 운동을 하고 나서는 샤워를 하고 다시 옷을 갈아입고 사무실로 돌아오는데 시간을 허비하느니 차라리 집에서 하기로 결심을 했다. 집은 여러 가지 즐거움을 베풀어 준다. 한 예로서 텔리비젼을 보거나 음악을 들을 수도 있다.

살을 빼기 위해 운동을 하는 동안 음악을 듣는 것은 기분 좋은 일이다. 또한 전화를 받을 수도 있고 누가 오면 문을 열어줄 수도 있다.

 그리고 당신은 옷을 벗거나 운동을 하러 어디에 갈 필요도 없는 것이다.

 어떤 헬스클럽에 다니는 몇몇 여성들은 애인에게보다 그 클럽에 더 충실하다. 나는 헬스클럽이나 야외에서의 운동이 어디까지나 당신의 일상생활을 보장해 주는 것이어야지 그것이 일상생활을 대체해서는 안 된다고 생각한다. 어쨌든 내가 일하고 있는 「코스모폴리탄」지의 젊은 여성들은 과반수가 헬스클럽에 다니고 있다. 당신 생활에 무리가 되지 않고 또 당신이 좋다고 생각된다면 어디에서 해도 무방하다. 아무튼 중요한 것은 반드시 운동을 해야 된다는 것이다.

운동은 어떻게 시작하는가

 만약 당신이 아직 운동을 시작하지 않았다면 어떻게 시작할 것인가? 고양이 발걸음처럼 살금살금 걸어라. 매일 음식 조절을 하고 그리고 그것에 관해 많은 것을 생각해 보라. 그러면 머리에 와 닿는 생각이 있을 것이다. 그러면 곧 시작하

라. 운동을 처음 시작하는 단계는 체육관에 가거나 혹은 헬스클럽에 가라. 그러면 아마도 당신은 그들이 하는 것을 배우게 될 것이다. 그리고 나서 그것들을 집에서 연습하라. 집에는 운동을 위한 기구가 없지만 당신 혼자서 많은 것들을 할 수 있을 것이다. 당신 혼자서 그곳에 나갔어도 당신은 친구와 함께 운동을 시작하게 될 것이다. 책을 통해 배워라. 서점에 가면 운동에 관한 책이 많이 있다.

운동은 해 나갈수록 점점 어려워진다. 점진적으로 횟수를 늘려가라. 그러나 하루에 12분 이상은 하지 마라.

당신보다 운동에 관해 더 잘 알고 있는 전문가나 일반인들을 통해 일반적인 방법을 배우거나 혹은 여러 친구들의 운동방법 중 적당한 것을 선택하여 연습하라. 지난 수 년 동안 나는 이런 방법을 통해 연습해 왔다. 로이 스케이터에게서 두 가지 방법을 얻었고, 그들은 자신의 운동방법이 나에게 도움이 됐는지조차 모른다. 그러나 친구가 그들이 하고 있는 것을 나에게 이야기해 주어서 나도 그대로 했다.

또 한 가지 방법은 영화평론가인 스테링 실리판트에게서 얻었다. 나는 때때로 그가 사람이 아닌 것 같이 생각되었다. 그의 방법은 너무 힘들고 어려워 사람을 죽음에 몰아놓을 듯했다. 그리고 약간은 운동서적에서 얻었다. 지난해 바바라 펄맨(그녀는 『바바라 펄맨의 춤 교본』과 『바바라 펄맨의 날씬해지는 법』이라는 책을 저술했다)이 나의 집을 방문하여 옛날 방법과는 아주 상이한 새로운 방법을 가르쳐 주었다. 내가 존경하는 체격이 좋은 사람들은 자신이 세계에서 제일 체격이 좋다고 말하며 나도 노력해야 한다고 말했다.

그들은 전에 내가 무척 힘들어 했었던 것과 유사한 것들을 가르쳤다. 그러나 그러한 것들을 나는 무척 좋아한다(최근에는 묵직한 자세를 취한다). 그래서 나는 그것에 대단히 전념한다.

당신도 오래된 운동형을 완전히 마쳤으면 빨리 새로운 운동 방법을 시작해야 할 것이다.

미용체조, 요가, 발레, 에어로빅댄스, 체육관 운동, 이러한 모든 것들을 시작하면 모두 유익하다. 정말 확실하다! 어떤 사람들은 그렇지 않을 것이라고 말하지만 그러나 나의 말은 확실하다.

당신은 확실히 순서대로 운동을 시작해야 한다. 약간의 어려운 운동은 당신에게는 힘겨울 것이다. 왜냐하면 당신의 육체는 아직은 운동에 익숙지 않기 때문이다. 운동을 하여 기운이 모두 빠지면 쉬었다가 천천히 다시 시작하라.

운동을 일단 시작했으면 가벼운 운동으로부터 단계적으로 강화시켜라. 운동은 하면 할수록 점점 더 많이 하게 된다. 자신의 몸이 아름다워지는 것을 보는 동시에 몸안으로부터는 활력이 솟아오르는 것을 느끼게 되고 그래서 운동량을 증가시키게 되는 것이다.

운동을 시작하기 위해서는 우선 걷기부터 생활화하라고 권하고 싶다. 걷기는 다리를 건강하게 해줄 뿐만 아니라 온 몸을 움직이도록 하는 매우 중요한 운동이다.

요즘 미국에서는 조깅이 가장 인기 있는 운동으로 각광받고 있으며, 실제로 약 2,500만 명이 매일 조깅을 하고 있다고 한다. 조깅의 신봉자들은 조깅은 신체를 건강하게 해주는 동시에 정신을 맑게 해주므로 결국 행복감이란 계속해서 달리는 사람에게만이 보장된다고 주장하고 있다.

노련한 여성 조거들은 보통 하루 4~6마일을 쉬지 않고 달리지만 보통사람들은 하루 약 30분씩 2~3마일만 달려도 피부, 혈액순환, 정신건강에 놀라운 효과가 있을 것이다.

걷기를 하든, 조깅을 하든, 아니면 다른 어떤 운동을 하던 일단 운동시간을 결정했으면 규칙적으로 충실하게 지키는 것이 무엇보다 중요하다.

나는 아침에 일어나서 마루에 발이 닿는 순간부터 운동을 시작한다. 그때 운동을 하지 않으면 불안을 느낀다. 어떤 사람들은 밤늦게, 또 어떤 이는 점심때나 퇴근 후에 하는 사람들도 있다.

당신이 어느 시간에 하던 운동을 하기만 한다면 별 차이는 없다. 그리고 일주일에 2~3일간 운동을 많이 하는 것보다 조금씩이라도 매일 하는 것이 좋다.

안하다가 운동을 한다는 것은 마치 감금된 알코올 중독자가 오랜만에 술을 찾는 것과 같다.

 몸이 아프다거나 시간이 없어서 운동을 못한다고 하는 것은 어떠한 경우라도 변명에 불과하다. 배탈이 났거나 몸살 감기가 들었다거나 또는 생리기간 중이라고 해서 운동을 못할 이유는 하등 없는 것이다. 오히려 이런 때일수록 운동을 규칙적으로 계속하면 몸의 컨디션이 좋아지는 것이다.

 또한 대부분의 사람들은 시간이 없다는 것을 운동을 매일 할 수 없는 가장 큰 이유로 들고 있다. 그러나 사실 시간이라는 것은 상대적이며 똑같은 일을 하면서도 바쁜 사람이 있는 반면 여유 있게 하는 사람도 있다.

 하루의 24시간을 30시간 이상의 가치가 날만큼 잘 활용하면서도 여유 있게 생활하는 사람이 있는 반면, 어떤 사람들은 24시간 중에 불과 10시간 정도밖에 활용하지 못하면서도 무슨 일을 하던 불과 30분 동안 운동을 할 수 없을 만큼 바쁘다고 생각한다.

운동을 계속하면 그 효과가 나타날까?

 운동에 대한 신체의 반응속도는 당신의 나이에 달려 있다.

지금 당신은 10대인가, 20대인가, 아니면 30, 40대, 또는 50대인가.

당신이 만약 20대이고 규칙적으로 운동을 계속한다면 당신은 불과 3주일 만에 신체의 변화를 느낄 수 있을 것이며 또한 눈으로 볼 수 있을 것이다. 그리고 매일 3개월만 계속한다면 매우 아름다운 몸매를 가질 수 있게 될 것이며, 6개월이 지나면 그야말로 만점 여성이 될 것이다.

나이가 많으면 많을수록 시간은 오래 걸린다. 40대의 여성이라면 적어도 여섯 달 동안은 꾸준히 운동을 해야만 몸이 탄력 있고 매력 있게 될 것이다. 만약 50대라면 참으로 매력 있게 가꾸려면 거의 1년에서 2년은 걸릴 것이다.

이와 같이 운동을 시작하는 시기가 빠르면 빠를수록 그 효과는 빨리 나타난다. 하지만 좀 늦게 시작해도 정식으로 매일매일 한다면 일찍 시작하는 것 못지않게 좋다고 생각한다. 왜냐하면 당신이 20대 혹은 30대 나이에는 일상생활이나 휴가 중에 수영도 하고 춤도 추고 자전거도 타고 또 애인과 함께 산책이라도 할 것이지만 40대, 50대가 되면 데이트 약속도 없을 것이며, 춤도 출 기회가 드물 것이므로 자동적으로 신체는 그만큼 굳어져 있을 것이기 때문에 규칙적인 운동이 더욱 필요한 것이다.

내가 최근에 여성잡지에서 본 '3주일간의 살빼기 작전'과 같은 것을 당신은 희망하고 있을지 모르겠으나 천만에, 당신의 몸을 가꾸는 데는 적어도 어린 나무를 자라게 하는 것이나 어린아이를 키우는 것만큼이나 시간이 걸리는 것이다. 다이어트와 마찬가지로 운동도 꾸준히 하여야 그 효과가 나타나는 것이지 그렇지 않으면 근육이 풀어지기 때문에 처음부터 시작해야 하는 것이다.

나의 친구 중에는 정말로 운동에 열정적인 에레나란 친구가 있다.

그녀는 이미 50대가 가까워 옴에도 불구하고 거의 완벽에 가까운 탄력 있는 아름다움을 간직하고 있으며, 매일 밤 남편과 함께 황홀한 밀월여행을 즐긴다는 것이다.

여성들이여! 지금도 늦지 않았다. 무슨 일이나 해야 되겠다고 생각했을 때가 가장 이른 것이다. 자, 일어나라! 그리고 운동을 시작하라. 탄력성 있는 건강미는 가꾸는 것이지 주어지는 것이 아니다.

09 다이어트
DIET

여성과 체중

뚱한 여성을 좋아한다고? 우리는 결코 그런 말에 속지 않는다.

그렇게 말하는 남성은 분명 무슨 딴 저의를 품고 있거나 아니면 비정상적인 데가 있는 사람일 것이다. 그런 남자란 고작 걸터앉아서 쉴 수 있는 푹신푹신한 안락의자를 구하는 기분으로 여자를 구하는 남자이거나, 아직은 젖내나는 유아적 취미에서 벗어나지 못해서 애인이 아니라 어머니 같은 여성을 원하고 있거나 둘 중의 하나이기가 십상이다.

만약 이런 남성이 있다면 일단 그 사람을 의심해 볼 필요가 있다.

아주 특별한 경우를 제외하고는 뚱뚱한 여성을 좋아하기까지 되는 사람의 마술은 쉽게 일어나지 않는 법이다.

당신은 가벼운 체중을 유지해야 한다. 비록 모델과 같이 날씬한 몸매를 갖지는 못했더라도 체중의 감량은 당신에게 여러모로 유리한 것이다. 인간의 두뇌와 신체는 저칼로리, 저탄수화물의 상태에서 가장 산뜻하고 원활한 기능을 나타낼 뿐만 아니라, 필요도 없는 10~20파운드의 몸무게를 더 유지함으로써 가벼운 사람에 비하여 매일같이 가방 하나를 둘러멘 것처럼 살아가는 고역을 치를 필요는 없는 것이다.

콜롬비아 대학 식생활 연구소장인 마이론 위니크 박사는 이렇게 말한다.

"건강한 사람이라면 아무리 말랐더라도 상관없다. 마른 사람에게는 의학적인 문제가 거의 없다."

건강만 생각할 경우 이상적인 체중에서 5~10% 정도의 위 또는 아래의 체중은 크게 염려하지 않아도 좋다. 그러나 우리는 여성이다. 단지 건강뿐만 아니라 아름다운 상태를 유지하지 않으면 곤란하다. 그러므로 우리는 우리의 체중을 조절하여 가장 바람직한 상태에 도달하지 않으면 안 된다.

정상적인 체중에 미달하는 여성보다는 그것을 웃도는(그것도 훨씬) 여성들이 훨씬 더 많다. 체중이 남아돌 때 그 5~10파운드의 무게는 목이나 가슴이나 어깨로 가는 것이 아니라 복부나 히프로 간다.

그것이 문제인 것이다. 때문에 우리는 고통스럽기까지 한 다이어트라는 방법으로 우리의 체중을 줄이고자 하는 것이다. 아무튼 건강하고 매력적이고 또 남성들로부터 진정한 사랑을 받기를 원한다면 첫째 뚱뚱해지지 말아야 한다.

이제 나는 나의 경험에 의한 몇 가지 다이어트 방법을 소개할까 한다. 나는 의사는 아니지만 오랫동안 습관적이고 효과적인 다이어트를 해왔기 때문에 이 문제에 관해서라면 책을 쓰거나 잡지에 글을 싣는 의사들 못지않게 많은 것을 알고 있다고 생각한다. 나는 지난 20년 동안 다이어트와 적당한 운동의 덕택으로 아직도 건강한 몸을 유지하고 있으며 직장에 아파서 결근한 적도 없다.

다이어트에는 중요한 한 가지 원칙이 있다. 그것은 체중을 줄이기 위해서는 지금까지 먹었던 양 만큼 그대로 먹어서는 절대로 안 된다는 것이다. 또한 일단 줄인 체중을 계속 유지하기 위해서도 역시 그 양 만큼 계속 먹어서는 안 된다. 이것은 아주 간단한 법칙이다.

그러나 간단한 만큼 지키기 힘든 법칙이기도 하다.

실제로 다이어트, 즉 체중을 줄이거나 유지한다는 것은 지독한 고역이다. 겨우 800칼로리로 하루를 견뎌내야 한다는 것. 그걸 표현하기 위해서는 공포라는 말이 적합할 것이다. 그것은 암담하고 지독한 싸움이다. 그처럼 적은 칼로리로 버텨야 하는 하루라면 아침에 일어날 보람도 없는 하루라고 생각될지도 모르겠다.

아마도 당신은 다이어트를 계속하는 동안만은 죽은 듯이 잠들어 있었으면 하고 원할 것이다.

1파운드의 근소한 체중을 줄인다는 것이 그처럼 처절한 싸움이다. 음식을 먹지 않고 고통을 참으며 음료수 또한 절제해야 한다. 그래봐야 겨우 1파운드 정도가 줄 뿐이다.

한편 이상적인 체중에 도달한 후 그 체중을 유지하는 것도 결코 쉬운 일은 아니다. 왜냐하면 다시금 안일하게 마구 먹기 시작하면 즉시 체중이 슬금슬금 되돌아오기 때문이다.

이처럼 다이어트를 한다는 것은 참으로 참아내기 힘든 고역이다. 그러나 매력적이고 날씬한 여성이 되려면 그만한 대가를 치러야만 된다는 것을 알아야 한다.

적게 먹는 것과 실제로 적게 먹는 것

우리가 체중을 줄이겠다고 마음먹게 되면 '무엇을 먹을 것인가' 하는 문제보다는, '어떻게 덜 먹을 수 있는가' 하는 점이 더 중요하다.

이때의 덜 먹는다는 것은 비교적 양보다는 영양가의 정도를 가리킨다. 즉 어떤 특정한 음식이 다이어트식(食)으로 이야기될 때 그 음식은 양은 많고 칼로리는 적어서 포만감을 느끼면서도 지방질이나 단백질의 과다 섭취를 막는다는 뜻을 가진다. 사실상 900칼로리의 아이스크림은 같은 900칼로리의 야채, 구운 생선, 달걀 같은 것과 열량은 같으면서도 후자의 것만큼의 포만감을 주지 못한다.

실제로 누구도 아이스크림 다이어트는 계속하지 못할 것이다. 그것은 사실 양이 너무 적다. 1/2컵에 담긴 아이스크림 5개로 우리는 900칼로리의 열량을 섭취하게 되는데 그것으로선 도저히 배가 고파서 견디지 못하게 마련이다. 다이어트에 관한 책을 간행한 바 있는 캐러딘 후크는 이런 식으로 설명하고 있다.

"각 음식물은 각기 다른 비율로 신체에 흡수되기 때문에 무엇을 먹었느냐에 따라 포만감을 느끼거나 공복감을 느끼게도 되는 것이다. 순수한 설탕은 가장 빨리 흡수된다. 단백질과 지방은 다른 영양분보다 가장 천천히 소화되어서 혈액을 천천히 지속적으로 오르게 하기 때문에 오랫동안 그런 상태로 남아 있고 따라서 공복감을 적게 주는 것이다. 다른 말로 하면 탄수화물을 많이 섭취하는 다이어트는 식욕을 자극시키며 단백질을 많이 섭취하는 다이어트는 식욕을 억제하는 데 도움이 된다."

또한 몸속에서 단백질을 열량으로 바꾸게 하는 데에는 많은 칼로리가 소모된다. 그에 비해서 지방이나 탄수화물은 열량을 생산해내는 데 아주 적은 양의 칼로리만을 사용한다. 단백질은 섭취된 것들이 에너지로 바뀌는 동안에 지방이나 탄수화물에 비해서 30% 정도 더 열량을 소모하므로 실제로 조금 많이 먹더라도 같은 다이어트 효과가 있게 되는 것이다. 다른 사람이 실행한 방법을 따르든 자신의 방식을 따르든 간에 변할 수 없는 분명한 사실 하나는 지금까지 먹던 양만큼 먹어서는 안 된다는 것이다. 또한 한 번 줄인 체중을 유지하려면 계속해서 적은 양을 먹어야 하는 것이다.

일정한 페이스를 유지하지 않으면 안 된다

어떤 사람은 하루에 두 번, 심지어는 한 번밖에 식사를 하지 않는다. 그러나 그런 상태를 오래 계속할 수는 없다. 그럴 바에는 조금씩 세 번 먹는 쪽을 택하는 것이 처음부터 바람직하다고 할 것이다. 당신의 다이어트에 대한 희망이 아무리 급박하다 하더라도 첫술에 배부를 수는 없다는 점을 생각하라. 성급하게 한 끼를, 또는 두 끼를 굶는다고 해결되는 것은 결코 아니다. 오히려 그렇게 굶고 나면 그 다음 식사

다이어트 327

때 더욱더 배고픔을 느끼게 마련이어서 아예 조금씩 나누어 먹을 때보다 더 많은 양을 먹게 되는 것이 보통이다.

당신이 평소에 아침 식사를 걸렀다고 생각해 보자. 계란 두 개, 다이어트용 마가린과 커피를 곁들인 단백질 토스트만으로 끼니를 때우면 당신의 몸은 이렇게 하소연 해오게 마련이다.

"당신은 내게 음식을 빚지고 있어요. 그러니 이제 점심때 아침에 못 먹은 음식을 보충하여 주세요. 보통때 먹는 점식 식사 외에 특별음식을 곁들여 먹어 주세요."

그리하려 결국은 보충하는 데 그치지 않고 초과하게까지 되고 마는 것이 보통이다. 간단하게라도 식사를 하는 것은 대개의 경우 식사를 건너뛰는 것보다 낫다.

당신의 몸을 속이려 하지 말라. 당신의 몸은 하루에 지탱하는데 얼마나 많은 음식이 필요한가를 알고 있으므로 조금씩 천천히 줄여나가라.

사람들은 당신의 다이어트를 도와주기를 꺼려한다

아주 친하고 다정한 사람, 즉 애인이나 남편, 혹은 절친한 친구들만이 당신의 다이어트를 도와줄 것이다. 그러나 그 외의 사람들은 모두들 고개를 갸웃거린다. 심지어는 이렇게 말하는 사람까지 있을 것이다.

"당신이 조금만 더 살이 찐다면 아주 근사할 텐데……."

그들은 당신의 몸매에 대해서 너무나 예의가 바르다. 사실은 뚱뚱한 상태인데도 당신은 그들의 기분을 잡치지 않기 위해서 먹어 주지 않으면 안 되는 것이다.

그런 사람들에게 하고 싶은 말은 이렇다.

"그래요. 나는 맛있는 음식을 좋아해요. 하지만 난 좋아한다고 해서 다 먹을 수 있는 형편이 아닙니다. 사실 그건 굉장한 노력을 필요로 합니다. 나도 먹고 싶어 죽을 지경입니다. 그러니 제발 날 그냥 내버려 두세요.

도중 하차는 자기의 의지가
박약하다는 증거밖에는 되지 못한다

기막힌 음식들이 눈 앞에 어른거린다.

레스토랑이라든가 수퍼마켓 또는 당신의 집이나 친지의 집에 초대받았을 때 갖가지 맛있어 보이는 음식들이 당신을 유혹한다. 게다가 그때마다 그럴 듯한 변명이 가능하다. 크리스마스니까, 친구의 생일이니까. 동생의 결혼식이니까, 사랑하는 사람과 함께라면, 부모님의 결혼기념일 등등…….

오늘은 내 생일이다. 먹어야 한다. 휴가를 떠난다. 먹어야 한다. 누군가를 초대하게 된다. 먹어야 한다. 파티에 참석했다. 먹어야 한다. 우리는 매일매일 먹어야만 하는 조건 속에 있게 마련인 것이다. 핑계를 대자면 끝이 없다.

음식의 유혹은 끈질기게 당신을 뒤쫓아 온다. 그때 당신은 당신의 비대한 몸 때문에 겪었던 지난날의 고통을 생각하지 않으면 안 된다. 다시는 그런 고통을 겪지 않으리라는 다짐을 하라. 몇 파운드를 늘이기는 참 쉽지만 그것을 다시금 줄이기란 얼마나 고통스러운 일인가!

도중하차 하지 말라. 얼마나 나약한 짓인가. 끝까지 다이어트를 관철했을 때의 당신의 빛나는 성공을 상상하라.

 몇 가지의 제안들

1. 적은 양의 음식을 먹을 때는 느릿느릿 식사를 한다.
2. 음식을 먹는 동안에는 마시지 않는다. 니일 솔로몬 박사는 이렇게 말했다. "음료는 소화액을 묽게 만들고 음식을 쉽사리 씻어 내리므로 결과적으로 더 많은 양을

먹게 한다."
3. 배가 고프지 않는 한 먹지 않는다.
4. 완전한 포만감을 느끼기 전에 식사를 중단하라. 이것은 가장 지키기 힘든 법칙이다. 70~80%의 포만감에 만족하라.
5. 캔디, 케익 등 자질구레한 음식들은 옆사람에게 넘겨주어라.
6. 매일매일 체중을 체크하라.
7. 너무 조급해 하거나 또 너무 긴장을 늦추어서도 안 된다.
8. 다이어트에 대해서 적극적인 자세로 임하라.

단 한 번의 탐식이 계획을 무너뜨린다

다이어트에 해로운 음식은 두 번 다시 먹지 않는다든가 이로운 음식이라 해도 결코 많이 먹지는 않는다고 기대한다는 것은 다시는 불행해지지 않기를 기대하는 것이나 마찬가지이다.

그만큼 비현실적인 것이다. 일단 맛있는 음식을 즐기기 시작하면 그 음식을 절제한다는 것은 거의 불가능해진다.

내 경우가 그랬다. 나는 견딜 수 없는 음식에 대한 욕구로 고생했다. 그 대신 나는 나를 심하게 다루었다. 한 번 내 다이어트식의 절제에 한계를 범했을 때 36시간 동안 금식했다.

사랑스럽고 다정한 내 이웃들이 결과적으로는 그렇게 만들었다.

몇 년 전 내 생일날 한 친구가 아주 맛있는 초콜릿 한 파운드를 보내주었다. 현관에 앉은 채로 그 초콜릿을 몽땅 먹어버렸다. 그토록 많은 초콜릿을 내 뱃속에 집어넣을 수가 있었다니! 참으로 믿어지지 않는 일이다.

몇 년 전 에트긴스 박사는 내게 설탕을 끊으라고 충고했다. 나는 정말로 설탕을 끊었다. 4년 동안 단 한 번 계획된 상태에서 설탕을 먹었을 뿐이었다.

절식하기 시작한 지 1년이 되는 날을 기념하고 싶었다. 마침 그때 친구에게서 크리스마스 과자선물을 받았다. 그러나 그런 훌륭한 맛 뒤에는 언제나 후회와 더 크고 괴로운 금식이 뒤따르지 않을 수가 없었다.

단 한 번의 탐식이 십 년 동안 쌓은 공로를 와르르 무너뜨릴 수 있다는 것을 잊지 말라.

 ## 피로와 긴장은 다이어트의 적이다

 피곤하고 긴장되었을 때는 식욕을 잃게 된다고들 생각하나 보다. 사실은 반드시 그렇지 않다. 흥분한 상태이거나 수면 부족, 혹은 아주 지친 상태에 있을 때는 실제로 다이어트를 할 수가 없다.

 개인적인 문제, 또는 거의 파국적인 문제에 직면했을 때 음식조차도 먹지 말라는 건 무리일 수 있다. 그러므로 편안한 상태일 때 다이어트를 시작하지 않으면 안 된다.

 ## 단식 또는 전격작전

 뭔가 극적인 효과를 볼 수 있는 방법이 없을까 생각될 때 전격작전을 쓸 필요가 있다. 갑자기 한꺼번에 체중을 줄이는 방법 말이다.

 그 방법이 몸에 해롭다고 말하는 사람들이 있다. 그러나 그건 잘못된 생각이다. 엘빈스틸런 박사는 이렇게 말했다.

"내 경험을 통해서 볼 때 식사하는 방식을 급작스럽게 완전히 바꾸는 다이어트 행위는 체중을 감소시키는 가장 좋은 방법이라는 의심할 여지가 없다. 그것이 결국은 다시 체중이 늘어나는 결과를 초래할 것이라고 믿는 건 사실과 아주 다르다. 나는 많은 사람들이 서서히 체중을 줄여나가는 다이어트를 하다가 지쳐 중단하는 경우를 보았다. 그들의 체중은 다시금 불어난다. 그들은 전격작전을 모르기 때문에 아주 낙심하여 다시는 시도하려고 하지도 않는다."

다음은 내가 즐겨 쓰는 전격적인 다이어트 방법이다. 파운드를 줄이기 위해서 토요일과 일요일을 할애한다.

아침식사 : 버터를 사용하지 않고 요리한 달걀 한 개와 백포도주 한 잔.

점심 : 버터를 사용하지 않고 요리한 달걀 한 개와 백포도주 두 잔.

저녁 : 기름기를 제거해서 구운 스테이크와 포도주.

완전히 단식하는 방법이 있다. 이건 그야말로 극적인 효과를 보게 된다. 그러나 이 단식을 하는 24시간 또는 36시간은 거의 죽는 날과 같은 고통스러움이 따른다.

다이어트에 대해서 더 많은 말을 할 수도 있을 것이다. 특히 운동과 겸해서 하는 것도 효과적이다. 에어로빅 댄스도 도움이 된다. 그러나 무엇보다도 중요한 것은 끈기와 노력이라고 할 수 있을 것이다.

10 사랑받는 여성을 위하여
HAVING IT ALL

나는 지금까지 마치 모르는 게 없는 사람인 양 여러 가지 이야기를 써내려 왔다. 이렇게 하라, 그렇게는 하지 말라, 일하라, 사랑하라, 결혼을 하라, 하지 말라, 허리를 구부려라, 굶어라, 참아라!

누가 내게 그런 전지전능한 권위를 부여했는가? 아무도 없다. 사실 어느 누구도 전지전능할 수 없다는 건 너무도 분명한 사실이 아닌가?

그런데도 지금 나는 내가 알고 있는 것을 나누어 주고 충고해 주는 역할을 맡고 있는 것이다.

20년전 나는 『성과 독신녀』라는 책을 쓰고 있었다. 그때 발행인이던 비나드 게이스는 내게 좀더 주관적인 말, 최소한 자기의 독창적 견해가 들어 있는 글을 쓸 수 없겠느냐고 말했었다.

아, 그때 이후로 나는 부끄러운 줄도 모르고 아주 수월하게 이런 전지전능의 흉내자가 되고 말았던 것이다.

그러나 나는 내 나름대로의 신중함을 유지했다고 말할 수 있었다. 나는 최소한 나와 내 친구들에게 효과가 있었던 내용들만을 적었다. 나는 이 간단한 원칙을 신조로 모든 충고와 조언을 해 왔던 것이다. 그리고 지금까지 적어온 몇 백 페이지도 여기에 바탕을 두고 있는 것이다.

우리는 노력해야 한다. 우리는 앞으로 나가지 않으면 안 된다. 나는 인생의 반은 무언가의 성취에, 그리고 나머지 반은 장애를 극복하고 성공에 이르는 데 쓰여지는 것이라고 생각하고 있다.

때때로 나는 토요일 오후 황혼녘이면 서재의 소파 위에 담요를 두르고 앉아서 저물어가는 해를 바라보곤 한다. 나는 내가 살아 있는 동안 다른 것을 생각하지 못할지도 모르며, 심지어는 이 소파에서 일어나 저녁식사를 준비하지 못할지 모른다는 생각을 하기도 한다.

그럴 때면 나는 축복받은 일을 하지 못하는 대신 커피를 잔뜩 마시거나 케이크 조각이나 게걸스럽게 먹어대며 온갖 책을 읽어댄다. 나에게는 시간이라는 것이 주는 압력이 밀려온 징조일 것이다.

시간은 나이를 먹게 하고 나이는 우리의 인생을 점점 회색

빛으로 채워주는 것이다.

어느 날, 머브 구리핀 쇼에서 나는 나이라는 것은 암, 경화증, 장티푸스 등의 질병과 마찬가지로 써워서 극복해야 할 대상이라고 생각한다고 말했다. 다른 초대 손님이었던 로즈마니 클루니(나는 늘 그녀의 아름다움에 대해 경탄해 마지않는다)는 자기는 지금 다섯 아이의 어머니이며 지금까지 자기식대로 살아온 것에 대해서 자랑스럽게 생각하며 소위 자기를 개척한다는 투의 주장에는 왠지 거부감을 느낀다고 말했다. 그 순간 이후로 내가 말을 많이 하면 할수록 청중들은 그녀를 좋아하는 반면 나를 미워했다.

그녀는 분명 자신의 아름다운 몸매를 자각하지 못하고 있었다. 그녀의 그런 타고난 겸허함은 누구에게나 아주 사랑스럽게 보였던 것이다. 나는 청중들의 소리 없는 말을 들을 수가 있었다.

"로우지 클루니는 최소한 당신만큼, 또는 그 이상 더 잘났는 데도 아뭇소리 하지 않고 있는데, 당신은 어째서 마사지를 하라느니, 운동을 하라느니, 식이요법이 어떻다느니 극성스럽게 떠들어대고 있는가?" 라고 외치는 소리를 생생하게 느꼈다.

그러나 로우지는 나에게 유리한 입장에서 시작하고 있었다는 점을 생각해 보아야 한다. 그녀는 나처럼 운동을 하거나 식이요법을 하지 않고도 날씬한 여자이다. 또 그녀는 나처럼 극성스럽지 않고도 우아하며 지성적인 여자로 태어난 것이 분명하다. 그러나 그렇게 태어나는 행운을 받지 못한 우리같은 사람들은 극성스러울 만큼 노력하지 않을 도리가 없는 것이다.

나이에 대해서도 그렇다. 지금까지도 나는 나이에 대해서도 꾸준히 노력하고 현명하게 대처해야 한다고 생각한다.

누구나 대가를 지불하는 법이다.

인생은 대가이다. 당신은 인생으로부터 당신이 원하는 거의 모든 것을 얻을 수 있다. 만약 당신이 당신 자신에게 주어지는 몫을 다 차지하지 못한다면 당신은 무능하다는 말을 듣게 된다. 아직 성공하지 못한 사람들에게는 늘 역경이 닥치게 마련이다. 당신은 그 역경을 보상으로 성공을 쟁취해야 한다.

어떤 여배우가 최고로 성공한 여자가 되었다고 하자, 멋진 남편을 얻고, 아이를 낳고, 아카데미상에 후부로 지명되고, 타임지의 표지에 실리고, 그녀의 최근 영화가 열광적인 인기를 모으는 등등.

그러나 앞으로 10년, 20년 후의 그녀를 생각해 보라. 우리는 그때의 이 화려한 여배우의 고통을 보게 될 것이다. 사람은 누구나 늙게 마련이며, 사람을 늙게 만드는 그 시간의 위력 앞에는 누구도 속수무책인 것이다. 결코 누구나 황금기를 영원히 누릴 수는 없다.

어떤 사람들은 젊은 시절에 고통과 좌절을 겪지만 나중에 가서는 그 대가가 결코 헛되지 않게 된다. 대가를 치루지 않는 사람은 없다. 겉으로 보기에는 무지무지하게 행복해 보이는 사람들이 있으나 그들 역시 정신적인 고민 때문에 실제로는 비참할 수도 있다. 가장 축복받고, 아름답고, 부유하고, 유명한 사람들 가운데도 어떤 사람들은 우울증을 보이고 일에 지쳐 있거나 알콜중독자이기도 하다.

그들은 그런 식으로 대가를 치루는 것이다. 그런 사람들의 야비함을 꼬집는 대신, 우리는 단지 그것은 그들 문제에 대한 그들이 치르는 대가라는 점을 인정해야 할 것이다. 우리 또한 우리의 성공에 대해서 대가를 치뤄야만 한다는 점을 인정해야 한다.

우리 모두가 마릴린 몬로를 우상화하는 이유는 우리 시대의 가장 섹시한(그야말로 찬란했던) 여성 또한 고통 속에 살았다는 것을 알고 있기 때문이다. 그녀는 평생 마라화나에 시달렸던 것이다. 이러한 사실은 확실히 이 세상에 대가를 치르지 않고 사는 사람은 아무도 없다는 이론을 뒷받침해 준다.

누군가를 시샘한다는 것은 올바른 대가를 지불하는 태도가 못 된다. 그들의 행운이 이 순간 당신에게 시기심을 불러일으킨다면, 그들이 겪어온 역경들을 생각해 보는 것이 좋을 것이다. 당신도 대가를 지불할 마음가짐을 갖지 않으면 안 된다.

꽃향기를 음미하라

당신이 꽃 속에 파묻혀 있을 동안은 자기 자신의 향기가 얼마나 달콤한 것인지 거의 알 수 없을 것이다. 그것은 공기에 대해서 감사함을 느끼지 못하는 것과 같다.

나는 내가 광고 카피라이터로 일하던 시절의 꿈같던 봄날을 생각해 본다. 나는 그때의 본 브래 가의 낡은 아파트에 살면서 데이트도 하고 일도 하던 시절을 돌이켜 볼 때마다, 그때의 젊음을 생각하면 눈시울이 붉어질 때가 있다.

지금 이렇게 아무 탈 없이 살아 있고 모든 일을 잘해왔으면서도, 그때는 왜 그렇게 일이 잘 안 될까봐 불안해하고 또 모든 것을 즐기지 못했던가? 나는 결혼한 후에 『성과 독신녀』라는 책 속에서 내 독신 시절에 관해 썼다. 돌이켜보면 모든 것이 다 잘되었음을 알 수가 있다.

누구나 당시에는 그렇게 잘 되리라는 것을 알지 못하는 법이다.

조그만 침대에서 긴 여름밤을 낭비하고, 인생이 얼마나 귀중한가를 깨닫고, 50대, 60대가 얼마나 빨리 닥쳐오고 그 모든 것을 감사히 받아들이지 못한 것을 후회하게 된다는 것을 젊은 시절에 깨닫게 하는 방법은 거의 없는 것 같다.

젊은 시절의 주어진 모든 행복을 놓치지 않으려면, 모든 것을 이용하고, 모든 제안을 받아들이고, 무전여행도 해보고, 주말을 다른 사람의 집에서 보내 보기도 하고, 하룻밤쯤 멋을 내기 위해 모피코트를 빌려 입어도 보고, 파티에서 남은 과일을 싸들고 와 보기도 해야 한다.

혹시 가지고 있다면, 멋진 은장식이나 비단 혹은 보석도 모두 사용해 보아야 한다. 어느 것도 상자 속에 처박아 두거나 보관해 두지 말고 끄집어내어 마음껏 사용해 보는 것이 좋다.

친구도 올바로 이용할 줄 알아야 한다. 당신의 아파트는 친구들을 불러들여 즐기는 데 사용될 수 있어야 하고, 그 점에서는 당신의 섹스도 마찬가지이다. 즐거움을 얻을 수 있도록 사용되지 않은 그것은 당신이 낭비해 온 모든 것 중에서도 가장 큰 낭비일 것이다.

어쩌면 내가 진부한 허풍을 떨고 있는지도 모른다. 그러나 확실한 것은 당신이 후에 후회하게 되는 것은 당신이 해보지 못한 것들에 대해서이다. 독신시절에 나는 휴가 때 집구석에 처박혀 식당에서 설거지 따위나 할 정도로 돌지는 않았지만 누군가와 버뮤다로 여행할 기회를 놓친 적은 있다. 나는 아직까지도 버뮤다에 가보지 못했다.

어느 날 같이 점심 식사가 끝난 후 광고업계의 귀재인 잭 드레이퍼스는 그의 말 중의 하나가 달리는 모습을 보러 즉 경마장으로 가자고 제의했다. 나는 곧 '코모스'로 돌아가 보아야만 한다고 말하고 복도에서 작별했다. 그 말을 한 뒤 5초도 채 안 되어서 나는 내가 실수했다는 것을 깨닫고 차를 뒤쫓았으나 이미 때는 늦었다.

좀더 젊었던 시절의 아쉬웠던 얘기는, 미국 음악 방송국의 아침 라디오 쇼 편성의 비서로 일하던 시절, 나는 AFTRA 회원들의 지불 실적을 검토하는 등의 일을 마치자마자 즉시 사무실로 돌아갔다.

그러므로 아침 식사 파티에는 머물러 있을 수가 없었다. 심지어 사장이었던 사이목 리그까지도 내가 미쳤다고 생각했다.

어리석은 인간이 긴장을 늦추고 또 쾌활하게 즐길 줄 몰랐다는 고백은 제쳐두고라도 내가 할 수 있는 말은 어떤 일이 있었던 동안에는 사람들은 그 순간의 달콤함을 느끼지 못한다는 것이다.

그러나 당신은 그 일 속에 뛰어들어야 한다. 그래야만 후에 달콤한 회상을 간직할 수가 있는 것이다. 자기에게 주어지는 기회를 놓치지 말라.

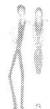 당신 역시 그곳에 한몫 낄 수 있다

사람들이 테니스를 치거나, 춤을 추고, 멋진 곳에 놀러 가고, 혹은 여럿이 자신에게는 주어지지 않은 것이라고 생각하는 수줍음이 많고 두려움이 많은 사람들이 종종 있다.

나는 50살이 되었을 때 디스코장에 처음으로 가 보았는데, 나 역시 그 전에는 그렇게 생각했었다. '스튜디어 54'라는 디스코장에 들어가는 것은 별 문제가 아니었다. 왜냐하면 주인인 스티브 러벨이 나의 친구였기 때문이다. 그러나 나는 '스튜디어 54'에 있는 사람들은 모두 화려하고, 수백 명의 브룩실즈 같은 하이틴들이 밤새도록 흔들어 대리라고 생각하니 두려운 마음이 앞섰다.

어느 날 밤 나는 그곳에 갔다. 하이틴이어야 할 사람들이 실제로는 그렇지 않았으며 고맙게도 그들은 멋진 시간을 보내고 있었고, 나에게 신경을 집중하지도 않았다. 물론 가끔 가다 보면 눈에 거슬리고 건방진 사람들도 있다.

그러나 그런 사람들은 극히 적기 때문에 별로 신경쓸 만한 것이 못되었다.

'21' 클럽에서 식사를 하는 대부분의 사람들('21'은 세상에서 가장 호화로운 식당이며, 권력과 특권을 가진 사람들이 드나드는 곳이다)도 사실은 아주 평범하게 보일 뿐이다. 왜냐하면 '21' 식당도 테이블에 손님을 채워야 할 것이고, 또 그곳에는 항상 많은 특권층만 있을 것이기 때문에 사람들은 당신이 들어가더라도 그저 곁눈질로 한 번 스쳐볼 뿐이다. 나는 이러한 점에 매우 정열을 갖고 있다. 만약 그러한 것이 당신을 자극하고 도전감을 주고 당신을 유혹한다면(그런 행동이나 장소가) 당신은 그곳에 가봐야 한다.

우리는 모든 것을 두려워한다

우리 알렌은 "젊은 시절 걱정의 파랑새가 나를 방문했다"고 말한 적이 있다. 나도 마찬가지이다. 매일 아침잠에서 깨어나 복도에서 운동을 할 때마다, 나는 걱정에 찬 하루를 얘기했다. 사무실의 사람들이 나에게 화를 내겠지. 그러면 나는 그들을 달래야만 할 거야.

그러나 어느 한쪽을 편들면 다른 쪽이 불평하겠지. 또 구입한 물건이 잘못된 것을 알고 그 물건을 샀던 가게로 돌아가 보면 '판매 끝'이라는 안내문이 붙어 있을 때도 있을 것이다.

도저히 어떻게 해 볼 수 없는 사람과 한 시간 동안이나 같이 보내야 할 때도 있을 것이다. 또는 담벼락에 구멍을 남겨 놓은 페인트공을 철저히 조사하려 했으나, 그는 이미 보수를 받고 떠나버린 경우도 있을 것이다.

어떤 날은 마치 토마스 케펠페처럼 느낀다. 그녀는 헨리 8세의 캐서린 하워드에게 붙잡혀 고문을 당하고 끌어내려져 사지가 찢겨 죽을 지경이었을 때, 그녀는 쇠사슬에 묶여 누운 채 그녀의 감방 동료에게 말했다.

"이 하루가 가기 전에 나는 고통이라는 것이 무엇인지 알게 될 것이다."

아! 그러한 말을 아무나 할 수 있는 게 아니다. 그녀는 두려워했으나 그 두려움을 이겨냈다. 두려움이 끝났을 때는 힘든 일이 끝나고 조용한 음악을 들을 때와 같이 당신은 환상적인 느낌이 들고 자부심과 기쁨을 갖게 될 것이다.

나는 결코 두려워하지 말라고 배운 적이 없다. 나는 내가 그 두려움을 극복해낼 수 있다는 것을 알고 있음을 깨닫는 데서 즐거움을 얻을 수 있다. 나는 매 순간마다 두려움에 떨지만 그 두려움이 끝났을 때는 장한 느낌을 갖게 된다.

 ## 당신은 역경을 이겨낼 수 있다

인생의 곤경을 당할 때나 낙심할 때 당신은 감정이 격노하게 되어 냉정한 이성을 잃고 당신의 인생을 팽개쳐 버리지는 않는가? 인생이란 단지 사랑과 아름다운 꽃들과 우정과 빛나는 즐거움뿐이라고 생각하는 어린나이의 청년들은 작은 곤경과 역경이 찾아오면 어린 가슴을 부둥켜안고 고통을 피하려 애쓰며, 나는 이러한 불쾌한 일을 당하리라고는 생각지 않았다고 말하면서 술이나 마취제 혹은 히피족의 생활로 빠져 들어간다.

괴롭고 고통스러운 일들은 언제나 당신을 공격할 준비를 갖추고 숨어 있으며 때때로 당신을 공격하고 또 앞으로도 그러할 것이다.

그러나 당신에게는 고통과 상처 그리고 좌절감을 받아들여 이겨낼 수 있는 거대한 힘이 있다. 당신은 땅 속에 숨어서 하루 이틀 혹은 이주일이라도 지낼 수 있을 것이다. 또한 당신은 보통 때처럼 신경을 곤두세우지 않아도 되는 날들을 보낼 수 있을 것이다. 그러나 너무 오래 그처럼 숨어 지낼 수는 없다. 그곳에 있으면 당신이 좋아하는 사람을 만날 수 없을 것이니, 당신을 만나기 위해 내가 거기까지 찾아가야만 하는 일이 없기를 바란다. 이제 나는 숨어 버리는 약자가 아닌 부딪히게 되는 중대한 문제에 대해 당신에게 얘기하고자 한다.

 시도해 보라

내가 우드버리 비즈니스 컬리지에서 직업을 갖기 위해 속기와 타자기를 배우고 있을 때였다.(실제로 그때 배운 것이 일생 동안 도움이 되었다). 내 얼굴에는 여드름이 꽃피어서 나의 삶을 벌레 먹게 하였다. 그래서 나는 매주 토요일이면 정장을 하고 로스앤젤레스의 번화가로 나가서 백화점 상가나 브로드웨이에 즐비한 진열상가에 들어가서 옷을 입어보면서 기분전환을 하였다(그때는 그 옷들을 살 돈이 없었다).

그때 내 나이 열아홉이었다. 어느 날 나는 학교에 낼 리포트를 쓰기 위해 인터뷰할 사람을 찾을 수 없을까 하고 힐 스트리트에 있는 호텔에서 안내원에게 도움을 청했다. 그 결과 한 친절한 안내원이 그 호텔에 여성 라디오 시사 해설자가 묵고 있다는 얘기를 해주었다. 그리곤 전화를 걸어서 아래층으로 내려오도록 해주었다.

나는 그녀의 목소리를 들어본 적이 없었다. 나는 작은 노트를 꺼내서 한 시간 가량 필기를 한 다음 그 내용을 타이핑하였다. 그러나 그 리포트는 전혀 흥미 없는 내용이었다. 모두들 그 여자의 논설을 들어본 적도 없을 뿐더러 실제로 그 연설은 우스꽝스러운 것이었다. 아무도 나에게 인터뷰를 나눈 명사를 캐묻지도 않았다.

아무도 나를 필요로 하지 않는 점 때문에 나는 상처를 받았다. 나는 자기 자신이 얼마나 남들에게 호감을 주지 못하며 외로운 존재인가를 절실히 깨달았다.

자기 자신의 조그마한 계획에 혼자만 사로잡혀 있었던 것이다.

그러나 바로 이러한 계획은 그날 오후만은 여드름을 잊어버리고 무엇인가 성취할 수 있는 동기가 되었다. 효과적이든 그렇지 못하든 간에 그날의 인터뷰는 독창적인 일을 하는데 있어서 훌륭한 연습이 되었다. 반드시 해야 할 필연성이 없을 때라도 어떤 일에 대해 곰곰이 생각하고 그것이 비록 우스꽝스럽고 남들에게 소용되지 않은 일일지라도 실행에 옮겨보는 것이 좋다.

당신이 젊고 아직 겁이 많을 때 더 나은 행동을 하기 위해서 자기 자신의 틀을 형성할 준비를 해야 한다. 나는 나이가 먹은 지금에도 여전히 그런 행동을 하여 일부러 겁을 내곤 한다.

 마지막 조언 17가지

다음은 내가 결론적으로 제시하는 당신에 대한 조언이다.
1. 일상생활 속에서 변화와 경이로움을 찾는다. 그것이 행복의 비결이다. 당신은 여름휴가 때 강물에 띄워 놓은 뗏목 위에서 아주 큰 즐거움을 느낄 수 있다. 그러나 그 즐거움은 영원할 수가 없다. 당신은 다시 일상 속으로 돌아오지 않으면 안 된다. 그러나 그런 일상생활로 1년을 보내고 나서 당신은 다시 뗏목 위에 누워서 일광욕을 즐길 수가 있을 것이다.
2. 자기와 아주 가까운 사람들, 즉 가족이나 친지 또는 몇몇 친구만을 사랑하는 사람은 아직 사랑을 터득하지 못한 사람이다. 진정한 사랑은 그런 좁은 울을 뛰어 넘는 곳에 있다.
3. 증오심 때문에 자기 자신을 온통 흙탕으로 만들어서는 안 된다. 그것은 자기에게 도리어 해가 될 뿐이다. 완전하게 증오심을 갖지 않는다는 건 어렵겠지만 절제할 수 있을 것이다.
4. 이혼을 하지 않는 사람들도 대개의 결혼생활 속에 작고

큰 불만이 있게 마련이다. 다만 그들은 참고 견디며 살고 있는 것이다.
5. 시간은 충분하다. 당신이 잘 아끼기만 한다면 말이다.
6. 당신이 상대방에게 어떤 동기를 유발시켜 주지 않는다면 당신은 결국 어떤 것도 기대할 수 없다. 편지를 부친 사람이 답장을 받게 마련인 것이다.
7. 조금 음식을 지나치게 먹는다든지 술, 담배를 약간씩 한다 해도 사람의 몸은 그리 쉽게 아프게 되어 있지 않다. 건강하려는 의지만 가지고 있어도(최소한 아프고 싶은 은밀한 욕구만 없어도) 당신은 아주 병 없는 사람이 될 것이다.
8. 마음에 드는 일을 갖는다는 것은 마음에 드는 사람과 사랑하는 것에 비할 만큼 소중하다.
9. 충고할 때는 칭찬과 함께 하라. 격려 없는 충고는 비난이 되기 쉽다.
10. 의사들을 멀리하라. 의사들은 당신을 아프게 만들려는 경향이 있다.
11. 당신은 대화를 재미있게 이끌어가고 있다고 믿고 있지만 사실은 그 반대일 수도 있다.
12. 간접적인 누군가를 헐뜯지 말라. 충고는 직접해야 한다.
13. 머리의 비듬기를 완전히 제거하라.

14. 좋은 자세와 운동만이 노후의 당신을 우아하게 보장해 준다.

15. 체중을 줄이는 유일한 길은 이제까지 먹어 온 양보다 적게 먹는다는 것이다.

16. 비록 지금은 생명이 다할 때까지 이 남자 이외에는 누구도 사랑하지 않을 것 같지만 지금과 마찬가지의 심정으로 다른 남성을 사랑하게 될 가능성은 있다.

17. 무슨 일이든 15분 일찍 준비 완료하라.

이 후로도 얼마든지 늘어놓을 수가 있을 것이다. 그러나 여기서 그치기로 하자. 이제 우리의 여행은 끝났다. 우리는 이 여행을 경험삼아 멋진 미래를 개척해야만 한다.

누군가가 말했다.

"많은 사람이 간 길로는 가지 말라. 거의 지워져서 흔적만 남아 있는 길을 따라서 가라."

당신도 그처럼 해야 한다. 남들의 선망받는 사람이 된다는 것은 안일한 평범함과의 끝없는 투쟁이다.

우아한 여성이 되라. 모두로부터 선망받는 여성이 되라. 나의 조언이 당신에게 조금이라도 도움이 되었으면 좋겠다. 이제 나머지는 모두 당신에게 달렸다. 앞으로 나가라. 당신에게 행복이 있기를. 행운이 깃들기를……